A ENERGIA DO AMOR

A perfeição da Criação-Divina

de

Benjamim Rodrigues

A ENERGIA DO AMOR

A perfeição da Criação Divina

ÍNDICE

ÍNDICE 7

FICHA TÉCNICA 9

AGRADECIMENTOS 11

PREFÁCIO 13

SOBRE O AUTOR 15

APRESENTAÇÃO 23

TUDO É ENERGIA 43

OS PERIGOS DE IR AO BRUXO 85

A REALIDADE ESTÁ NO PLANO ESPIRITUAL........ 89

A IMPORTÂNCIA DO PASSADO NA VIDA PRESENTE E NO
FUTURO 107

SER RICO É PRECISAR DE POUCO 131

A ENERGIA DA GRATIDÃO 139

A ENERGIA DOS ALIMENTOS 147

A ENERGIA DAS DOENÇAS 177

PORQUE É QUE UNS ADOECEM E OUTROS NÃO?..... 201

AUTO-SABOTAGEM E GANHOS SECUNDÁRIOS......... 219

OS CONTRATOS QUE FIZEMOS E FAZEMOS......... 239

DAR ATENÇÃO É DAR ENERGIA 251

PORQUE É QUE O APEGO NOS PRENDE 255

A SOLIDÃO NO CAMINHO ESPIRITUAL 273

COMO NOS PROTEGEMOS DAS MÁS ENERGIAS..... 279

O PODER DA MEDITAÇÃO 303

VÍCIOS E SUICÍDIOS - O SOFRIMENTO AGRAVA-SE E PROLONGA-SE 311

PORQUE DEVEMOS PERDOAR E COMO ISSO NOS VAI PROTEGER 317

O QUE SÃO MILAGRES 321

RELATOS ESPIRITUAIS: OS EQUÍVOCOS DE FAZER O BEM OU TALVEZ NÃO… 331

- Vícios, da bebida, do tabaco, etc. – Livro de Francisco Cândido Xavier – Nosso Lar (ver Fonte 21): 333

- Fazer aos outros e não fazer a nós – do livro de Francisco Cândido Xavier, Reportagens de Além Túmulo (ver Fonte 22).. 335

- Sobre o suicídio – Livro de Francisco Cândido Xavier – Reportagens de Além tumulo (22) - pag.35 339

- Sobre as obrigações do Lar – livro de Francisco Cândido Xavier – Reportagens de Além Tumulo (22) - pag.64 342

- Caso extra-conjugal - plano Espiritual ajuda com doença – Livro de Francisco Cândido Xavier – Reportagens de Além tumulo (22) - pag.85 344

- Ociosidade – do Livro de Francisco Cândido Xavier – Reportagens de Além túmulo (22) – pag. 89 347

- Morte antecipada para ensinamento – Livro de Francisco Cândido Xavier – Reportagens de Além Túmulo (22) - pag. 93 352

- Provas da Vida de pobre e de rico – Livro de Francisco Cândido Xavier – Reportagens de Além Túmulo (22) - pag. 108 356

FONTES 363

FICHA TÉCNICA

TÍTULO:
A ENERGIA DO AMOR – A perfeição da Criação Divina
***

AUTOR:
Benjamim Rodrigues
***

PREFÁCIO:
Paulo Marques
***

EDITORA:
AMAZON
***

ENCOMENDAS
- Páginas da internet da Amazon
- Encomendas ao Autor para o email:
benjamim.machado@gmail.com)
***

ISBN:
9789403632070
***

REDES SOCIAIS:
Facebook: https://www.facebook.com/A-Energia-do-Amor-o-livro-107093678338955
***

EDIÇÃO
1ª edição - Setembro/2021

AGRADECIMENTOS

Começo por agradecer àqueles que foram a minha inspiração e que contribuíram em grande medida pelo que hoje sou, os meus pais. Agora já mais longe fisicamente, à sua memória sou eternamente agradecido por tudo o que fizeram por mim. Se da minha mãe herdei a generosidade e a disponibilidade para ajudar o próximo (embora eu esteja muito aquém do que ela fazia), já quando à coragem, à boa disposição e alegria constantes, confesso que fico ainda mais distante, mas valeu o bom exemplo deixado. Do meu pai, além da aparência física, herdei a calma e a paciência que sempre fez questão de nos transmitir, e também valores morais e os ensinamentos mais diversos. Agradeço ainda todo o trabalho e dedicação que ambos manifestaram ao longo das suas vidas, servindo para mim de valioso exemplo de bem-fazer e de bem-estar com nós mesmos e com as pessoas à nossa volta. Sou grato por tudo que fizeram, na maior parte das vezes com enorme sacrifício e sofrimento, e por isso conto e acredito que desse lado estão bem, pois, pelo que fizeram enquanto andaram cá em baixo, merecem... *Que Deus vos continue a ajudar (por aí).*

Agradeço à amiga Céci, aquela que larga tudo para ajudar... aquela que pelos outros faz de tudo: desde um simples telefonema para saber as novidades... desde a ajuda no tratamento de mazelas (não fosse a Céci uma devotada terapeuta)... desde as palavras sábias e intuitivas para alguém que precisa de orientação de cariz espiritual (não fosse a Céci uma devotada adepta da doutrina Espiritual e trabalhadora assídua no Centre Espírita de Viseu)... desde a oferta de produtos da horta, e muito mais... para este Anjo na terra aqueles que mais precisam são os mais procurados.

Agradeço ao Paulo Marques, pela disponibilidade para escrever o prefácio deste livro e do anterior, com palavras sábias (embora com elogios um pouco exagerados) e o incentivo para escrever, que sempre fez questão de me transmitir, que, vindo de um exímio escritor e investigador destas e de outras temáticas, a que acresce uma cultura acima da média, me deixa lisonjeado e agradecido - obrigado por tudo Paulo.

Agradeço a generosidade da Tia Maria, que retribui a minha generosidade vezes sem conta.

Agradeço igualmente a generosidade do Tónio, com quem aprendo muito, em especial a tratar das plantas e igualmente me retribui em exagero o pouco que dou.

À Sandrine sempre disponível e sempre com aquela palavra amiga e com grande generosidade. Também para a Sandrine alguém necessitado é uma prioridade absoluta... gratidão por tudo.

Aos demais vizinhos, que se excedem em generosidade o meu muito obrigado.

Agradeço todos os ensinamentos que recolhi, nomeadamente através das formações online que tive, que foram mais um passo importante que contribuiu para o meu despertar... agradeço em especial os ensinamentos do Prof. Laércio Fonseca, do Hélio Couto e do Dr. Lair Ribeiro.

Por fim, sou grato a todo o meu pessoal do Plano Espiritual, gratidão imensa pela ajuda neste livro e por tudo o mais... *tamos juntos.*

O Autor: Benjamim Rodrigues

PREFÁCIO

Benjamim Rodrigues…

Um escritor de enorme talento com vocação para aflorar as ramagens espirituais, cuja temática vem estudando há muitos anos. Sem dúvida, um escritor a ter em consideração, que ainda não atingiu o seu Evarest, mas não tenho dúvidas o conseguirá.

Escrever sobre estes temas não é fácil, sobretudo, quando exige investigação, conhecimentos, experiência, fé, e esta não se adquire em livros, mas na vivência experimental do quotidiano. Benjamim Rodrigues, além de ser Hipno terapeuta, também, é um novo descobridor das novas Índias, com esta procura da matriz divina que, em espectro de holograma, cobre todo o universo.

A energia do amor, é sem dúvida um livro grande, diga-se, com letra grande, capaz de prender o leitor, como se este estivesse sempre na margem de um rio a ver a corrente passar. Cativa saber que por detrás de toda a criação do universo, existe uma energia, do amor claro está, que tudo preenche e em tudo circula ou tem permissão de estar plasmada no universo.

E com este livro, o autor ilustra muito bem essa energia, mais, consegue de forma audaz fazer uma simbiose entre a espiritualidade e a ciência. E depois, exemplifica, com grandes mestres espirituais, médiuns, no caso o grande e eterno XICO XAVIER, que será sempre uma referência espiritual e também recordado pela sua obra literária na área espiritual.

Ao leitor, recomendo vivamente a leitura deste livro, pela sua simplicidade, pelos ensinamentos espirituais, pela referência aos grandes mestres nesta área, pela enorme partilha de experiências científicas e espirituais, sabendo que ambas se ligam uma com a outra, e também, pela expectativa que cria no leitor em cada palavra do livro.

Conhecendo muito bem o autor deste livro, sei do seu valor, de um explorador dos segredos espirituais do universo, ou da nossa mente, e por isso, conseguirá dar ao leitor um conhecimento ousado, diferente e entretido, capaz de prender o mesmo à leitura com prazer de um livro. E também sei, que nesta exploração espiritual, conseguirá atracar nos portos das novas Índias ou dos novos Evarest.

Benjamim, segue em frente, sempre na busca do melhor livro para o leitor!

Paulo Marques

SOBRE O AUTOR

Comecemos então por saber: *quem sou eu?*

*- Eu Sou uma Criação Divina do Criador ou do Deus Supremo…
e por ser essa Criação Divina, só poderia ser uma Criação Perfeita ou
com as capacidades na exata medida que necessito para executar a
missão a que me propus.*

E agora, *o que é que eu sou ou que faço?*

Em primeiro lugar posso dizer-lhe que não sou um escritor que
trabalha as palavras e que domina a arte da escrita, sou antes de tudo,
uma pessoa que achou um propósito para aquilo que lhe acontece e que
por isso, teve a necessidade de o divulgar.

Posso referir que nasci de uma família de poucos recursos, numa
pequena aldeia chamada Meã, no concelho de Sátão, na Beira Alta, no
norte de Portugal.

Nasci de uma família bastante humilde, composta por cinco
pessoas, mas que, pese embora toda a dificuldade nunca passamos
fome nem necessidades significativos, tudo graças ao grande esforço
físico e trabalho dos meus pais, que, pese embora todas as dificuldades
económicas, sempre tiveram a preocupação de darem uma boa
educação/escolaridade a todos os três filhos, para que tivessem uma
qualidade de vida melhor do que a eles tiveram, pese embora todas as
dificuldades que tiveram, para suportar todos os gastos escolares, até
porque os rendimentos eram apenas os obtidos através de uma
agricultura quase de subsistência, mas mesmo assim, cada um dos três
filhos estudou até quando cada um achou por bem, sem pressão para
que esses estudos fossem encurtados.

Ao concluir o 6º ano de escolaridade, disse aos meus pais que
não pretendia estudar mais, até porque, os dois anos de estudo do Ciclo
Preparatório na Antiga Escola Secundária Ferreira Lapa, no Sátão, não
foram os mais agradáveis de passar, nomeadamente através de

algumas ações de *bulling*, que não sendo de gravidade extrema, me fizeram não apreciar o ambiente escolar, acrescido à minha tendência introvertida e tímida nas salas de aula, fez-me pedir aos meus pais que não pretendia estudar mais.

Com a sabedoria de uma vida, já que os estudos só foram até à antiga 3ª classe, lembro-me que o meu pai me disse o seguinte:

> *- se queres deixar de estudar, podes deixar, não te vamos obrigar a continuares, mas lembra-te que se continuares a estudar podes arranjar um emprego melhor, podes ir para um escritório, se não pode acontecer-te como a nós, que tenhas de trabalhar nas terras ou tenhas de ir para as obras, pensa bem...*

Esta conversa e aquele apelo sábio e pela positiva do meu pai, surtiu mesmo efeito em mim, pois, já mesmo depois das matrículas terem sido encerradas, lá fomos os dois fazer a minha matrícula para o 7º ano, já acrescida de uma multa, por ser fora do prazo... uma multa que, para os rendimentos da nossa família era um valor a ter em conta, mas mesmo assim, não houve um lamento dos meus pais, houve antes um incentivo para que tivesse uma vida melhor, sou grato por isso.

Relatei aqui este episódio da minha vida, pois o mesmo fez-me lembrar uma passagem do Livro de Dale Carnegie – *Como fazer amigos e influenciar pessoas*, em que é relatado numa passagem deste livro pelo seu autor, um episódio na sua família em que o seu filho no dia anterior ao ingresso no Jardim de Infância, começou por fazer uma grande birra e recusava-se a ir no dia seguinte para o Jardim de Infância. Refere Dale Carnegie que, em vez de o obrigar, optou por, juntamente com a família encenar um *teatro* com a intenção de lhe fazer ver (de forma indireta, pois o miúdo não participou na encenação!) as vantagens e o que ia ganhar ao frequentar essa Escola. Diz o autor que fazendo com que o filho visse aquilo que ia ganhar ao frequentar a Escola fez com que o filho no dia seguinte fosse alegre e bem-disposto para a escola. Aquilo que o meu pai fez comigo, foi semelhante, ou seja, em vez de me obrigar a ir para a escola (como a generalidade dos pais fariam), fez-me ver as vantagens que iria ter ao ir e as desvantagens que iria ter ao não estudar mais... não impôs a sua vontade, mas fez-me ver o positivo e isso valeume de muito. Deixo aqui em forma de gratidão e homenagem esta referência ao meu pai que na sua sabedoria inocente da sua terceira classe, conseguiu que eu continuasse os estudos, sem que para isso tivesse de impor pela força a sua vontade.

De personalidade extrovertida (ao contrário da minha) o exemplo de coragem e boa disposição, constantes (mesmo quando estava mais adoentada) da minha mãe, sempre foi um motivo de incentivo, de grande orgulho e admiração para mim. A minha mãe, enquanto esteve encarnada, foi um exemplo de generosidade - estava sempre disponível para ajudar quem quer que fosse. Naquele tempo era normal as pessoas na aldeia juntarem-se para ajudar nos trabalhos agrícolas, mesmo sem sermos retribuídos no trabalho que fazíamos aos outros (o pão com marmelada, com queijo ou com presunto servia como pagamento), mesmo assim, no ano seguinte lá íamos todos nós de casa ajudar novamente… recebi o ensinamento de *devemos ajudar a quem precisa* ou, na dúvida, *vamos ajudar quem precisa*.

Uma das situações que mais me impressionou durante a minha vida foi ver o sofrimento que a minha mãe progressivamente ia tendo, a princípio com crises de asma e mais tarde com outros problemas de saúde, como artrose, artrite, problema de coração, de locomoção, etc., e ainda os problemas secundários (que se vieram a tornar primários) decorrentes da forte medicação química. Pese embora estes últimos anos de vida da minha mãe tivessem sido anos de sofrimento, a sua coragem para enfrentar estas adversidades era notável e mostrava uma alegria contagiante, logo que os sintomas abrandavam, poucas pessoas ouviam um lamento pelo sofrimento que tinha, da sua boca.

Vi a minha mãe, nos últimos anos de vida, cada vez mais encharcada de remédios químicos, aliviando uns sintomas, mas criando e agravando muitos outros, chegando ao ponto de na parte final da sua vida, ter de tomar medicamentos que se destinavam a aliviar os sintomas ou efeitos secundários que outros remédios químicos causavam.

Com o sofrimento da minha mãe pude aprender que, tinha de haver alguma coisa errada, ou que algo poderia ser feito para minorar o sofrimento dela e de muitas outras pessoas nas mesmas situações. Eu não acreditava num Deus que não providenciasse remédios eficazes e sem aqueles efeitos secundários, a curto/médio prazo, que se vieram a tornar efeitos primários e tão ou mais graves que os primários que vinham tratar... eu acreditava que tinha de haver outro tipo de tratamento que não viesse a causar todo aquele sofrimento... eu acreditava (e acredito) que Deus o Criador nos tinha dado outros remédios mais eficazes e saudáveis... só tinha agora de descobri-los, pois Deus pode-nos dar, mas nós temos de os procurar e de os aceitar, ou seja, nós temos de fazer a nossa parte!

Esta evidência levou-me a acreditar e a procurar uma maneira diferente e mais saudável de tratar as pessoas, sem ser com remédios químicos que, se aliviam determinado sintoma, deixam efeitos secundários/sintomas que vão passar a ser tão ou mais dolorosos do que os sintomas primários e que, muitas das vezes até são a causa primária da morte dessa pessoa.

Para mim cresceu a convicção de que *tem de haver melhores remédios para tratar as doenças no geral...* e assim começou o meu interesse pelos tratamentos naturais e pelas terapias alternativas.

Durante aproximadamente vinte anos o meu interesse pelos tratamentos naturais e terapias alternativas resumiu-se a investigação e prática em mim mesmo (sim porque eu sou a minha cobaia preferida!), pois não dispunha de tempo para tirar outro tipo de formação, até porque estava a trabalhar a tempo inteiro como empregado de escritório...

Com quase vinte anos de trabalho de escritório, comecei a notar que aquele tipo de trabalho, além de já não me estimular profissionalmente, havia algo que eu tinha de procurar fora dali, pois se até ganhava bem, também tinha mais despesas como renda de apartamento, carro, etc., e não era aquela qualidade de vida que ambicionava.

Estas experiências de trabalho tinham valido a pena, tinham valido pelos ensinamentos, mas tinha de procurar algo mais fora dali... faltava algo.

Foi altura de deixar aquele trabalho e procurar fazer aquilo que mais me fascinava, que eram as terapias e/ou tratamentos naturais e/ou alternativos. Procurei este tipo de tratamentos e remédios naturais, porque acreditava e ainda continuo a acreditar hoje em dia, que são os melhores tratamentos, que quando feitos atempadamente e aliados a um estilo de vida saudável, vão evitar muitos sofrimentos no futuro, como aqueles de que padeceu a minha mãe.

Uma das terapias que mais me fascinava, até porque não necessitava de remédios químicos, era a hipnose clínica. Através de inúmeros relatos fiquei fascinado com esta terapia, pelas capacidades que demonstrou e demonstra, para promover uma melhor qualidade de vida, quer seja em doenças de carater mental, quer seja também ao nível físico, emocional, etc.

Quis o destino que, ainda antes de concluir o meu primeiro curso de hipnose, a minha mãe falecia, sem que pudesse com esta primeira formação aliviar-lhe algum sofrimento, fica o lamento...

Comecei por fazer formação em hipnose clínica no ano de 2009 e concluí no início de 2010.

Quando comecei a exercer hipnose clínica deparei-me com uma realidade que até aí desconhecia: as pessoas não acreditavam, nem queriam sequer experimentar (nem mesmo os familiares diretos), antes preferiam os remédios do Sr. Doutor que tanto sofrimento e pouco alívio proporcionaram à minha mãe, mas contra factos não havia argumentos!!

Foi altura então de explicar às pessoas o que é que é a hipnose clínica e desmistificar muitos mitos errados desta terapia. Foi altura de explicar às pessoas que a hipnose não é bruxedo, não é magia... que é apenas um processo natural que pode ajudar a pessoa nas mais variadas situações do dia-a-dia, ao permitir tirar maior partido do poder que cada um de nós possuiu na sua mente...

Foi altura de eu mesmo apresentar uma crónica semanal na Rádio Alive FM (na altura com o nome de Rádio Sátão), sobre esta terapia, crónica a que dei o nome de: *O poder da mente*, que pouco tempo depois deu origem ao livro *O poder da mente – Como usar o poder da sua mente a seu favor*, que editei e publiquei através da *Amazon.com* e que ainda está disponível para venda no site desta empresa (ver fonte 27).

Durante vários anos mantive aquela crónica semanal juntamente com o atendimento ao público e pude constatar que se algumas pessoas que experimentaram a hipnose clínica obtiveram bons resultados, já outros, apenas recorriam a esta terapia como último recurso e apenas porque a medicina tradicional não resolveu o seu problema e depois esperavam o milagre imediato, sem que seguissem os ensinamentos e práticas recomendados – ao contrário da receita do Sr. Doutor.... pelo que a minha experiência no atendimento ao público durou menos de uma dezena de anos, não por não continuar a acreditar nesta terapia, mas por achar que é uma terapia que *veio antes do tempo*, pois as pessoas ainda não estão preparadas para acreditar e aceitar que a nossa mente pode curar-nos... preferem antes acreditar que um remédio químico (que o nosso organismo não conhece) vai resolver os seus problemas e possibilitar-lhes continuarem a fazer o mesmo de antes que esteve na origem desses problemas... puro engano!

Se o ponto de viragem na minha atitude perante a vida e aquilo que fazia, começou quando, por minha iniciativa, deixei o trabalho como escriturário na empresa de construção civil onde estava há longo tempo, que me permitiu passar a ter mais tempo para estudar as terapias, investigar e comprar alguns livros. Foi por esses ensinamentos, que fui recolhendo da internet que dei o passo seguinte...

Qualquer terapeuta que se preze não fica pela formação de uma única terapia... no meu caso seguiram-se a terapia quântica por biorressonância, mesa radiónica, terapia Psych-K e muita investigação na internet e muitas práticas em mim próprio...

Foi, no entanto, com alguma resignação que notei que a força da indústria farmacêutica e o *negócio da doença,* ainda é demasiado grande e por isso decidi colocar de parte o atendimento ao público.

Por esta altura através de muita investigação fui parar ao tema espiritual, que já estava na hipnose clínica, até porque uma das principais técnicas é a terapia e vidas passadas. Recordo-me que as pessoas, ao nível espiritual mais me marcaram nessa altura e que mais contribuíram para encarar uma nova realidade de cariz mais espiritual, foram nesse início de despertar, dois: Prof. Laércio Fonseca e Hélio Couto.

Os ensinamentos de um e de outro além de serem complementares e se encaixarem um no outro, embora com vertentes diferentes, fizeram-se acreditar que afinal havia algo muito importante e que começava a fazer muito sentido que era a parte espiritual, ou a *vida para além da morte.*

O que passei a notar é que, quer os ensinamentos de um, quer os ensinamentos do outro, faziam sentido e tinham lógica com os meus próprios conhecimentos, nomeadamente através da prática da hipnose (já que as outras terapias vieram mais tarde) e de muita outra investigação que tinha feito por conta própria... tudo começava a encaixar, tudo começava a fazer sentido... afinal a parte espiritual tem influência na nossa vida,

Se tudo começava a fazer sentido, haveria muita coisa que teria de mudar, até porque todos esses ensinamentos, estavam em contradição com o estilo de vida que tinha.

Umas das mudanças que era essencial fazer na prática, foi na alimentação: primeiro vegetariano e depois *quase vegan:* - porque a alimentação é energia e se nos alimentamos de energia de dor e sofrimento, vamos trazer para nós energia essa negativa de dor e sofrimento, com implicações ao nível da saúde física, mas também ao nível espiritual e mesmo cármico (como mais à frente vou explicar).

A seguir veio o trabalho: não poderia continuar em trabalhos que não promovessem o meu crescimento espiritual, até porque ganhar dinheiro para gastar em futilidades que já não me acrescentavam grande coisa, deixou de ser uma prioridade.

Não poderia estar ou apoiar trabalhos, empresas ou pessoas, que promovessem, por exemplo, o sofrimento animal, que promovessem uma visão capitalista, o apego a bens materiais, ou que promovessem valores muito diferentes daqueles em que passei a acreditar, até porque, descobri mais tarde que uma das causas primárias do nosso mal-estar é não sermos minimamente coerente entre aquilo que pensamos e acreditamos e aquilo que vamos acabar por fazer.

Esta minha nova visão da vida e das minhas novas prioridades trouxe alguns afastamentos de pessoas, antes mais próximas, mas que eu aprendi a compreender e a aceitar, até porque, se passamos a pensar diferente e a ter prioridades diferentes dessas pessoas, vai ser normal, saudável e natural, que uns e outros se afastem, até porque, se agora uns e outros vão procurar coisas diferentes, vão ter de procurar em lugares diferentes… logo, se uns e outros vão a lugares diferentes, vai ser natural que uns e outros passem a encontrar-se menos e a fazer menos coisas em comum, porque uns vão fazer diferente e outros vão continuar a fazer o mesmo, logo este afastamento, além de ser saudável (embora em alguns casos doloroso), vai ser natural, para ambas as partes.

Vai servir, pois, este livro para contar a minha experiência, ou como as minhas descobertas, me permitiram perceber e compreender melhor o sentido da minha vida.

Se tiver a coragem de ler este livro, só lhe posso prometer que a minha intenção é que seja um livro positivo e que lhe consiga trazer alguma paz… ah e um dos medos que vou tentar tirar-lhe é o medo da morte. Como vê o desafio que lhe proponho é grande, mas compensador no final.

APRESENTAÇÃO

Antes de mais, peço desde já desculpa por algum lapso ou imperfeição de escrita, pois este livro foi feito quase em exclusividade pelo seu autor, sem que tal tivesse sido revisto por profissionais (como na generalidade dos livros se procede), que mais facilmente dariam conta de imperfeições de escrita, pois, é *mais fácil ver um cisco pequeno no olho dos outros do que uma trave no nosso próprio olho.*

Vai ainda notar que, nos vários assuntos abordados há muitos pontos em comum e por isso algumas repetições, que, podendo algumas ser por lapso do autor, outras são propositadas e necessárias, até porque não há *muitos caminhos para chegar ao nosso destino glorioso,* sendo um dos principais, o ensinamento que devemos fazer de tudo o que nos acontece, em especial do mais negativo – por isso a ênfase e repetição deste tema nos vários assuntos.

A ENERGIA DO AMOR – A perfeição da Criação Divina, é um livro que nasceu da necessidade de divulgar a minha nova visão e perspetiva da vida e das situações que se nos deparam. Passei a acreditar que afinal temos mais controlo do que aquele que pensávamos sobre aquilo que nos acontece.

Passei a ver lógica e coerência, em especial naquelas coisas menos positivas ou desagradáveis que nos acontecem... sim, porque em tudo aquilo que de agradável e que nos traz boas sensações, não é necessário compreender, basta continuar a fazer o mesmo: embora, quando soubermos a razão de termos o bom, isso vai servir para, além de continuarmos a ter mais desse bom, também possa servir para quando tivermos o negativo o possamos reverter para positivo.

Espero ser suficientemente convincente para lhe inspirar confiança para tomar conhecimento de algumas teorias (que estou a praticar no meu dia-a-dia) que aqui vou expor, até porque, o que lhe posso prometer, no caso de vir a aceitar estas ideias, é que o seu estilo de vida e por consequência, as suas prioridades nunca mas serão as mesmas, serão, no entanto, mais saudáveis tanto a nível físico, mental, emocional, espiritual, etc., permitindo-lhe uma qualidade de vida mais agradável.

O meu objetivo é que ao se dar conta de que afinal tudo é mais simples, coerente e lógico, do que lhe ensinaram e convenceram a acreditar, o resultado que pode vir a revelar-se é que pode desde logo começar a experimentar um bem-estar que antes não sentia, na certeza de que afinal tudo não é tão mau e sombrio como o quadro que lhe pintaram os seus educadores

Posto isto, estará já a pensar o leitor - *mas o que será de tão anormal que vou ler aqui?*

Para começar, digo-lhe que este livro é um livro positivo, que tem como objetivo mostrar-lhe a *minha descoberta pessoal,* que assenta, genericamente, em ver lógica e coerência naquilo que nos acontece, em especial em relação às coisas mais negativas e que por isso, podemos ter comportamentos diferentes para que possamos ter cada mais vezes, mais situações agradáveis e positivas e saber, por consequência, evitar fazer tudo aquilo que nos vai trazer sofrimento.

O que aqui vou contar não é mais do que a minha experiência... a experiência de alguém que achou um sentido ou que reconhece que tudo o que lhe acontece tem um propósito-maior e positivo, e que, em especial aquilo de menos positivo ou negativo que lhe aconteceu ou ainda acontece, não é um fim em si mesmo, mas antes um meio que é necessário para um fim muito melhor.

Dirão então alguns:
- se achas sentido para tudo, como é que por exemplo, explicas coisas como: o sofrimento, as doenças de nascença, as catástrofes, os acidentes, a desigualdade social, etc. ... em que, para uns parece que tudo o que é mau ou ruim e para outros até parece que não precisam de fazer nada, para que tudo de bom lhes aconteça?

Este é o desafio que me proponho explicar neste livro que é, *tudo tem uma razão-maior de ser*, basta que a conheçamos, ou então que acreditemos que ela existe.

Quando acreditamos que tudo o que nos acontece não é um fim em si mesmo, mas um meio para termos/sermos melhores, começamos a apreciar a viagem em vez de estarmos só a pensar no destino.

Como alguém diz:
- não há um grão de areia que se mova em todo o Universo que não seja do conhecimento de Deus o Criador de todas as coisas... nada acontece por acidente ou ao acaso, ou pensas que Deus quando criou o Mundo e tudo o que existe, o fez por acaso ou acidente e que não controla tudo, não há uma folha que cai de uma árvores ou um grão de areia que se mova, que não seja do conhecimento de Deus o Criador de todas as coisas... eu te digo que tudo é perfeito na Criação Divina, basta que, em primeiro lugar confiemos na bondade do Criador e em segundo, façamos a nossa parte para conhecer a Perfeição dessa Criação Divina.

Este livro é antes de tudo um relato da minha própria experiência pessoal, até porque se esta compreensão ou teorias, me fizeram encarar a vida de uma maneira mais saudável e positiva, senti a obrigação moral de passar esta mensagem a outras pessoas, para que possam experimentar esta mesma sensação, até porque acredito que o nosso bem-estar não é só importante para nós, mas vai ser energia que, se vai influenciar em primeiro lugar nós mesmos, logo a seguir, vai influenciar tudo e todos que nos rodeiam. Se com a nossa energia podemos influenciar tudo, com uma energia positiva e/ou de amor (que é a energia da nossa essência natural), vamos poder influenciar tudo positivamente, como refere Hélio Couto no vídeo *O Amor é a única coisa que aumenta a sua frequência.* (Fonte 14)

Este meu relato requer como disse atrás uma mente aberta, pois irá começar por tomar conhecimento de convicções diferentes, e *não-provadas cientificamente* – embora como irei tentar demonstrar, as ditas ciências, neste caso, se calhar mais as *ciências físicas* ou matemáticas, como a física clássica e a física quântica e a própria matemática clássica, não impeçam este meu raciocínio.

Comecemos então por desenvolver com mais pormenor certas questões, a começar por: - *quem sou eu?*

E a resposta é: e*u Sou uma Criação Divina do Criador ou do Deus Supremo.*

Como todas as Criações Divinas, eu acredito que eu sou uma criação perfeita do Criador/Deus, para o momento presente e para aquilo que preciso saber e para aquilo que preciso fazer.

Aqui está desde já a primeira convicção que o poderá chocar, até porque dirão desde logo alguns que porventura me possam conhecer:
- não és propriamente a perfeição em pessoa… não tens a aparência perfeita (vulgarmente designada por beleza física), não tens mais capacidades físicas, intelectuais, etc., do que os outros, ou até tens menos do que os outros… não tens mais talentos do que a grande maioria das outras pessoas, etc.. Reconheço tudo isso, mas mesmo assim, isso não impede de me considerar uma Perfeita Criação Divina… e porque será que, se não sou essa *perfeição aos olhos dos comuns mortais*, eu próprio me considero como tal?!

Em primeiro lugar cumpre esclarecer que toda a Criação de Deus é perfeita, para aquilo a que se destina. Para quê haveríamos de ter capacidades, talentos, etc., se não precisamos deles, se não sabemos como usá-los ou se os vamos usar a nosso desfavor e contra os outros? De que nos serviria um corpo com mais beleza física e mais talentos, se essas características em vez de nos ajudarem nos fossem prejudicar?! Para quê fazer uma *viagem terrena* carregado de bagagem que nunca vamos usar ou até nem sabemos usar?

Quando fazemos uma viagem levamos tudo connosco, ou levamos tudo aquilo que temos? Certamente que não vamos levar aquilo que não vamos precisar, pois vai carregar-nos desnecessariamente e pode até atrasar-nos na viagem...assim acontece com as nossas capacidades físicas, mentais, etc., que vamos ter na medida das nossas necessidades, sob pena, de poderiam ser empecilhos no nosso caminho terreno.

Relativamente à beleza física, muitas vezes criamos uma imagem na nossa cabeça, pensando que isso será a Perfeição Divina, mas essa perfeição está muito longe de ser a Perfeição Divina, é antes a Perfeição dos homens, na maioria dos casos, baseada em valores que não são os mais *divinos* ou *elevados.*

Se repararmos bem, os conceitos de beleza física têm mudado ao longo dos anos, sendo patrocinados pela comunicação social, tendo por trás delas, na maioria das vezes, puros muitos interesses económicos.

A beleza física já foi atribuída por exemplo a pessoas gordas no passado, assim como a pessoas com pelos... em alguns países grandes brincos ou pinturas são sinais de beleza, em outros lugares, cabelos longos, etc., etc..

Também certos comportamentos, que agora se sabem ser prejudiciais, antes foram considerados saudáveis, logo, o conceito do bom e positivo, muitas vezes por ignorância, mas na maior parte das vezes por ganância, foi incutido na mente das pessoas, a terem determinados comportamentos, que na verdade nada de positivo lhes trouxeram, mas apenas riqueza, poder e ganância a alguns que os patrocinaram.

O conceito de beleza, assim como muitos outros conceitos, como de bem-estar, ou de felicidade, em grande medida foram-nos impostos, sem que a maioria de nós tenha avaliado e sentido se isso era bom e agradável para nós ou não.

Por incrível que lhe possa parecer os ensinamentos que na generalidade nos têm sido passados baseiam-se numa imagem *patrocinada* por interesses que nada têm a ver com a Perfeição Divina, mas sim com a criação de riqueza e poder para alguns.

Antes de mais temos de ter a noção que todos nós fomos criados pelo Criador Supremo de todas as coisas, como Criações Perfeitas, pois dispomos de todas as *ferramentas* para executarmos com sucesso a missão a que nos propusemos, logo, uns e outros viemos com ferramentas (talentos) diferentes, mas cada um com as capacidades e talentos na exata medida que precisamos... para quê carregar com ferramentas que não precisamos nem nunca vamos usar?!

Deixo desde já uma pergunta para começar a refletir:
- porque não nos poderá ser mais útil um corpo menos-perfeito, uma doença, menos capacidade intelectual, etc., para cumprirmos com sucesso a nossa tarefa ou a nossa missão de vida, se essa aparente incapacidade nos impedir de fazer o que não deve ser feito (e para o qual podemos ter mais predisposição) e assim nos ajudar a fazer aquilo que deve ser feito?

Vai servir este livro para contar a minha experiência, ou como as minhas descobertas, me permitiram perceber e compreender melhor o sentido da minha vida.

Muitos esperam sempre algo no futuro para depois estar bem, eu através das minhas descobertas percebi que, tudo o que nos acontece, em especial o mais negativo, na verdade serve um propósito muito válido e positivo.

Passei a ver algumas situações menos agradáveis como fazendo parte de um Plano Divino que me vão permitir e ajudar a cumprir os meus objetivos e a evoluir enquanto ser humano e criatura criada há imagem e semelhança de Deus o Criador Supremo de todos e de tudo.

Quando temos a convicção que uma situação negativa e/ou mais dolorosa não é um fim em si mesma, mas antes um meio para algo melhor, vamos encarar aquela situação com mais ânimo e confiança e passamos a estar bem ou a estar melhor *durante,* em vez de estar à espera de ficar bem, só *quando* atingirmos determinado objetivo, que na maioria das vezes não sabemos quando e se o iremos alcançar.

Para mim não importa, estar bem só quando atingir o meu objetivo, mas estar bem também enquanto *caminho* em direção a esse objetivo, até porque assim, não estou à espera de sentir bem-estar mais tarde e começo já a sentir essa felicidade gora durante a *caminhada,* nem que seja só na expectativa ou certeza de vir a ser feliz mais tarde - ora diga lá, se não será este um objetivo nobre - *ser feliz desde já, em vez de estar à espera de o ser só quando atingir determinado objetivo?!*

Começa desde já o leitor a perceber para que *caminho* o quero levar...

Não, este livro não é sobre religião, pois o seu autor, embora não renegue as suas origens católicas, descobriu que a generalidade das religiões, incluindo a religião católica, foram deturpadas na sua essência, por interpretações calculistas que tiveram como intenção, através do medo, *criar na mente das pessoas a obrigação do culto dessas religiões (para se manterem e prosperarem),* sob pena de não o fazendo, as pessoas não terem a *salvação divina.*

A interpretação calculista e interesseira – embora haja muitos outros ensinamentos muito úteis na generalidade das religiões -, visa cativar as pessoas para o respetivo culto, pelo medo – argumentam que se não fizermos estas práticas seremos *pecadores* (um termo que a maioria das religiões continuam a referir, a meu ver erradamente, como pretendo explicar neste livro), além de que a maioria das religiões só se reconhecem a si mesmas e nas suas práticas como sendo aquelas que detêm a sabedoria das práticas que precisamos fazer, para podermos ter a Salvação Divina ou podermos almejar ir para um melhor lugar depois de morrermos ou desencarnarmos.

Este livro também tem como objetivo afastar todo o tipo de medo e porque não começar pelo medo da morte?! Acredite que a forma como lhe vou falar da morte física não lhe vai provocar medo algum, antes de mais porque não morremos, apenas vamos viver num corpo diferente, ou num corpo espiritual... muitas evidências aqui vou referir, fique atento...

Se vamos continuar a ter consciência de quem somos, daquilo que fizemos, da nossa família, etc., depois de morrermos, porque haveríamos de ter medo da morte?

Digo-lhe mais ainda... não só vamos estar bem vivos depois de morrermos – apenas vamos estar com outro corpo (de energia menos densa e só por isso não somos percebidos pelos humanos de energia mais densa), como aquilo que de bom ou menos bom fizemos, vai contar para o tipo de experiências (boas ou menos boas) que vamos ter no futuro mais e menos distante.

A grande e boa novidade é que o bem que hoje e algum dia fizemos vai contar para o tipo de experiências que vamos ter no nosso futuro e saber isso é muito gratificante e estimulante, pois passamos a saber que tudo o que fazemos afinal conta para alguma coisa, nada que fizemos caiu em *saco roto!*

É fácil perceber, compreender e aceitar que, se no passado tivermos feito o bom e positivo, vamos poder ter experiências boas e positivas no futuro, caso contrário iremos ter outro tipo de experiências de cariz mais negativo e de acordo com as nossas próprias energias, pois pretendemos experienciar o negativo. Este tipo de experiências negativas vai, no entanto, acarretar para nós mais tarde, sofrimento idêntico àquele que fizemos aos outros, não como forma de punição pura e simples, mas antes, para que, tendo noção dessa dor (igual à que infligimos no outro) possamos vir a fazer diferente e positivo no futuro.

Pelo que acabei de referir, já pode ver, que a Perfeição Divina se manifesta de várias formas e consoante as nossas escolhas do passado.

Quer tenhamos escolhido experiências mais negativas, quer tenhamos escolhido experiências mais positivas todos nós vamos poder evoluir, o Criador não exclui ninguém, no entanto, uns e outros vão demorar mais ou menos tempo, pela simples razão de que escolheram diferente, no entanto o Criador tem todo o tempo do mundo para esperar por cada um de nós, até porque Ele sabe que cada um de nós só tem um destino final possível que é aproximar-se cada vez mais da Sua própria imagem e semelhança.

Que grande satisfação, é pois, saber que tudo o que fizemos ou estamos a fazer não é indiferente para o futuro que vamos ter, logo o bom e bem que hoje ou algum dia fizemos, não só contou como vai ser tido em conta para o tipo de experiências que nos vão ser propostas para experienciarmos no futuro... tudo aquilo que fizemos ficou registado... o Plano Espiritual tem todos os registos de tudo aquilo que um dia fizemos - mais à frente vou explicar melhor...

O que lhe prometo desde já é que este vai ser um livro positivo, mesmo falando de morte!

Porque é que temos medo da morte? Temos medo da morte simplesmente porque não a entendemos, porque não entendemos a beleza e a perfeição da Criação Divina, que está presente naquilo que se convencionou chamar de morte... no final ou até durante este livro, conto que, ao pensar na morte, em vez de sentir medo, tenha uma sensação de alívio, do tipo: - *ainda bem que é assim, já estou mais descansado!!!*

A *energia do medo* que se manifesta na maioria dos ensinamentos das religiões, para mim, não pode estar associada a uma evolução como ser humano e espiritual que todos somos, até porque se estivermos a vibrar numa energia de medo a qualidade da energia que vamos estar a emitir vai aproximar-nos de Seres Negativos e afastar-nos de Seres Positivos, pela simples razão de que o medo é energia negativa e se nos aproxima dos Seres de Energia negativa a única evolução que podemos obter é uma *evolução na energia negativa.*

A nossa essência só pode ser uma energia de amor (embora alguns optem por outras experiências), logo a energia do medo que a grande maioria das religiões incute nos seus seguidores, para mim, não é um meio que promova o crescimento espiritual, até porque se estamos sintonizados com energia do medo, não vamos evoluir espiritualmente, por isso, pela minha parte descarto os ensinamentos que contenham este tipo de energia e energias similares como, ódio, rancor, raiva, etc.

Perguntará agora o leitor: - *mas ainda há pouco acabaste de dizer que tudo era uma Criação Perfeita, logo a energia do medo, que alguns optam por experienciar, também é uma criação perfeita?* A energia negativa é apenas e só uma energia *permitida* por Deus para um fim maior (pode ser por exemplo o abanão que essas pessoas precisam e/ou pediram para evoluir – vou neste livro tentar explicar porque é que acredito nesta hipótese), que vai ser sempre a evolução dessa pessoa como ser espiritual que na verdade o é, quer antes, quer depois de ser o ser humano que hoje é ou que já foi (se estiver no Plano Espiritual).

Devemos ter em conta que, como a noite é apenas a ausência de luz, a energia negativa é apenas a ausência (temporária) da energia do Amor.

A energia do medo é tão nefasta, que ao contrário da energia da precaução e do cuidado, vai paralisar-nos - quem tem medo pára, fica imóvel, não avança... já quem toma cuidado e precaução, vai avançando, embora mais devagar, pois vai tomar medidas de precaução, ou seja, vai avançar, se calhar, mais devagar, mas vai avançar, ao contrário do medo e de outras energias similares, que paralisam.

Começa o leitor já aqui a perceber algumas coisas que o poderão *chocar,* eu bem lhe disse para ter a mente *aberta*...

Se referi que este livro não é sobre religiões, também é verdade que em algumas delas, ou naquelas que mais conheço e com as quais mais me identifico, fui buscar referências e ensinamentos.

Para que tenha uma ideia de quais os ensinamentos de cariz religioso com que mais me identifico, posso referir o Budismo e a doutrina Espiritual, muito embora outros ensinamentos, nomeadamente da Igreja católica, e os deixados por Jesus e por muitos Santos venerados pela Igreja católica, além de outros Seres que conseguiram a iluminação como Buda, Maomé, Say Baba, etc., continuem a ser por mim muito bem considerados...

Também a minha experiência como terapeuta me ajudou a clarificar e a solidificar estas minhas convicções, a começar pela Hipnose Clínica, que me permitiu consolidar a minha crença nas vidas passadas, através de regressões que eu mesmo tive a oportunidade de conduzir. Outras terapias que me ajudarem, foi a Mesa Quântica, em que podemos *sintonizar-nos e obtermos respostas do Plano Espiritual...* a Terapia Psyck-K, que permite alterar crenças e convicções... a Terapia Quântica através de Biorressonância que me permitiu comprovar que o nosso corpo é energia que vibra de uma maneira (doença) ou de outra (saúde) consoante a sua qualidade (vibração e frequência).

O meu objetivo é que comece a ver lógica e coerência em tudo ou quase tudo o que lhe acontece, como eu descobri através da minha própria experiência pessoal e através das terapias que desenvolvi e de numerosos autores que consultei, dos quais posso destacar: Prof. Hélio Couto, Prof. Laércio Fonseca, Bruno Gimenez, Brian Weiss, Bruce Lipton, Lair Ribeiro, etc..

Espero que no final ou durante a leitura deste livro, possa considerar a possibilidade de aceitar que as coisas menos positivas que lhe acontecem sejam consideradas por si, como um *meio* útil para um fim muito maior... espero conseguir que deixe de amaldiçoar o que de mais negativo lhe acontece e comece a ver alguma lógica e coerência e com isso ter uma vivência mais saudável e pacifica.

Deixo ainda a sugestão para que investigue por sua conta estes assuntos, nomeadamente através da internet, onde pode confrontar várias fontes sobre estes assuntos e assim ver quais são os que fazem sentido para si.

Uma das formas de saber se um ensinamento faz ou não sentido para si é avaliar como se sente com essa informação... Essa informação faz com que fique mais tenso ou mais nervoso ou faz com que fique mais alegre e bem-disposto? Se temos boas sensações, com determinada informação/ensinamento é porque é boa para nós, se não temos, é porque não é boa para nós (a menos que haja algum ensinamento nesse mal-estar).

Claro que, quando estamos a vibrar em energia positiva, o *bom para nós,* vai ser uma situação que tenha energia positiva, enquanto o mau vai ser algo que tenha energia diferente (negativa) e vice-versa. Há apenas uma ressalva a fazer – que vou mais à frente explicar melhor -, que é quando vibramos em energia negativa, um dos meios/experiências que o Plano Espiritual com toda a certeza vai arranjar para nós serão experiências de dor e sofrimento, mas não como condenação ou punição, mas sim, para servirem de ensinamento (ao experimentarmos o lado oposto, agora do sofrimento) e resgate (ou ajudarmos o outro na mesma medida que o prejudicamos/magoamos).

Fique atento, pois pretendo neste livro explicar como a perfeição da Criação Divina se vai manifestar para termos as melhores experiências ou as experiências que melhor nos servem, sem acidentes ou acasos pelo caminho, até porque na Criação Divina não há acidentes de percurso, tudo vai estar onde deve estar e tudo vai acontecer como deve acontecer, salvaguardando sempre o nosso livre-arbítrio que nos vai permitir escolher o tipo de experiências que vamos ter.

Quando começarmos a ver lógica e coerência, em especial nas coisas negativas, a nossa vida nunca mais vai ser a mesma e uma paz cada vez mais sólida vai ficar e permanecer, a cada dia que passa, mais e mais fortalecida, que nos vai ajudar a superar as dificuldades do dia-a-dia com outro ânimo e coragem, na certeza de que essas situações servem um propósito muito válido e positivo para nós.

Sim, porque eu não lhe prometo que, depois de ler este livro tudo de bom lhe vai acontecer e que vai andar sempre com um sorriso nos lábios... o que eu lhe prometo é que, ao compreender melhor que o que lhe acontece a cada dia, em especial o menos positivo ou mais negativo, vai puder ultrapassar essas situações com mais energia e entusiamo, porque sabe que servem um propósito mais elevado e não são um fim em si mesmas.

Vai conseguir ter uma melhor qualidade de vida, consubstanciada numa paz interior que vai sentir cada vez mais, na certeza de que afinal não é uma vítima indefesa, mas que tudo o que lhe acontece (em especial o mais negativo), tem uma razão de ser, tem uma razão muito válida e positiva para si, num futuro mais ou menos distante.

Através de teorias que passei a praticar e a desenvolver e muita investigação, vou tentar demonstrar-lhe que, em especial as situações mais negativas que nos acontecem a nós (e também aos outros), afinal têm uma explicação lógica e coerente e servem um propósito que nos vai ser muito útil e são as situações ideais (na fase em que estamos), para nos trazerem os ensinamentos que precisamos para a nossa evolução.

Quando conseguir aceitar que o negativo que lhe acontece agora é a semente que precisa plantar para colher no futuro, vai encarar com ânimo redobrado e energia, cada vez maiores, as adversidades que lhe acontecem, na certeza de que estas, a seu tempo, vão dar lugar a novas experiências de cariz cada vez mais agradável e positivo.

Se conseguir que uma só pessoa que venha a ler este livro, consiga afastar alguns medos (que para mim são a base dos ensinamentos da generalidade das religiões, daquelas que eu conheço (com a exceção do Budismo), em especial da morte humana e os demais associados, para mim já valeu a pena ter escrito este livro.

O que me move, antes de tudo, é que alguém que leia este livro, se possa vir a sentir melhor, não importa se vai ser na altura em que o ler (pois pode ainda não estar preparado para aceitar certos ensinamentos), se vai ser mais tarde (se for a semente que vai desabrochar mais tarde), até porque cada um tem o seu próprio tempo…

Convém desde já referir que algum desconforto ao ler este livro pode ser natural (embora possa ser revertido com o tempo e com mais investigação da sua parte), nomeadamente:

- pode ser porque não faz o mínimo sentido para si;
- pode ser porque, *até faz um certo sentido* para si, mas vai contra muitas coisas que tinha como provadas pela *ciência e/ou matemáticas e/ou religiões*, professores, etc.
- etc..

Qualquer que seja a situação, o motivo principal do seu desconforto, é devido ao facto das informações que está a ler não ressoarem consigo, não lhe fazerem sentido, ou entram em contradição com aquilo que lhe ensinaram… mas isso esse desconforto até pode ser um bom sinal, até porque para o novo entrar o velho tem de sair e todos nós sabemos que estamos sempre mais confortáveis com aquilo que já conhecemos, logo, o novo pode provocar um certo desconforto, mas esse pode ser um bom sinal de que está a começar a haver uma mudança - o velho está a ir embora e está a vir o novo e positivo.

Uma coisa é certa, o que aqui vai ler, na sua generalidade vai ser contraditório, em relação àquilo que lhe ensinaram e que acabou por acreditar, por isso, para passar a acreditar no que aqui lhe vou relatar vai certamente ser preciso descartar alguns ensinamentos que tinha como verdadeiros, mas a boa-nova que lhe quero transmitir é que, se na grande maioria, as convicções e ensinamentos que tinha interiorizado, em grande medida se baseavam em energias negativas ou de baixa vibração (em especial do medo, mas muitas mais, como vou demonstrar mais à frente), o que lhe prometo é que a visão que aqui vou deixar vai fazer com que aprenda a afastar-se por completo desse tipo de energias de baixas vibrações e por consequência, a aproximar-se cada vez mais de energias positivas e de bem-estar.

Se só conseguir afastar de si, o medo da morte, a sua qualidade de vida já vai melhorar significativamente e isso, certamente compensará o desconforto de ter de descartar os antigos ensinamentos.

Acredite que se ainda não for o seu tempo para conseguir aceitar estas informações (mesmo que lhe viessem a trazer bem-estar a curto prazo (como foi o meu caso), nada de anormal se passa consigo (até poderá pensar que o anormal sou eu), apenas no seu caso optou por aceitar ensinamentos e experiências diferentes (e está no seu direito e de livre-arbítrio) e para conseguir aceitar estes ensinamentos e/ou teorias, se calhar precisa de investigar mais e consultar outros autores que lhe irão confirmar, ou não, os ensinamentos que aqui exponho.

A minha obrigação, ao escrever este livro é só de divulgar estes conhecimentos, que a mim me trouxeram mais paz-interior, para que mais pessoas possam ter este conhecimento em primeiro lugar e depois, se acharem que fazem sentido, que são coerentes e são bons para si próprios, experimentá-los no dia-a-dia.

O relato que aqui deixo tem apenas como objetivo, dar conhecimento de novas formas de analisar aquilo que nos acontece no dia-a-dia.

O que me proponho incutir-lhe é que, em vez de analisar tudo que lhe acontece de uma perspetiva negativa ou de vítima indefesa (a generalidade das pessoas avalia tudo desta forma), passe a analisar tudo de uma perspetiva mais positiva.

Para já, considere apenas uma possibilidade a ser estudada ou a ser tida em conta, até porque, se se sentir bem com outras abordagens a estes assuntos e não se sentir bem com estas, é evidente que deve confiar naquilo que lhe traz melhores sensações (embora se estiver a vibrar em energia negativa se possa sentir confortável com informações de energia negativa, pelo que sentir-se bem com situações negativas, pode não ser sinal de que está a vibrar em energia positiva).

Cada um de nós escolhe experiências diferentes, mas essas experiências, para uns e para outros vão poder ser aproveitadas para a nossa evolução, uns chegarão lá primeiro, fruto dessas opções e outros mais tarde, mas todos vão chegar, basta que cada um de nós tire os devidos ensinamentos de cada experiência que teve.

Podemos evoluir pelo Amor ou podemos optar por evoluir pela dor, a escolha vai ser sempre nossa, mas o nosso destino, que é a nossa evolução como Seres Espirituais criados para ficarmos à imagem e semelhança do nosso Deus e Criador, vai ser sempre esse, demore mais ou menos tempo, tenhamos escolhido uma ou outras experiências.

Eu próprio não lhe vou garantir que eu chegue primeiro a esse destino de evolução, ou que até já esteja mais à frente nesse caminho, não... pois embora acredite nas minhas convicções e aprendizagens, nada garante que o leitor já esteja mais adiantado e se assim for tem desde já o meu apreço, mas mesmo que, nesta altura o leitor ande a optar por experiências, mas densas na matéria (negativas), nada garante que não possa chegar primeiro a esse *destino glorioso*, até porque todo o tipo de experiências pelas quais passamos, é *aproveitado pelo Plano Espiritual (ou até pode por Ele ser patrocinadas)*, temos no entanto de fazer a nossa parte para a nossa evolução.

Algum desconforto que possa sentir ao ler este livro, pode ser apenas *uma crise de cura* (como aquele mal-estar que é sinal de que o organismo está a limpar a porcaria para poder ter o bom e saudável, neste caso será a descartar os velhos ensinamentos para estes entrarem), até porque para os novos ensinamentos, entrarem, os velhos que estão em contradição têm de sair. Claro que este desconforto pode ser mais doloroso se os novos ensinamentos *chocarem* com os ensinamentos que lhe foram transmitidos no passado por alguém que muito estima, que poderão ter sido os nossos pais, os nossos avós, professores, etc., pois neste caso, esses ensinamentos como estão ligados ao sentimento de afeição que podemos ter em relação a quem no-los passou, na nossa mente, a um nível mais ou menos consciente, poderemos ter mais dificuldade ou sentir mais desconforto.

O desconforto pode ser um sinal de que está a haver uma mudança e toda a mudança acarreta algum desconforto, pois vai ter de haver uma adaptação a uma nova realidade (mesmo que ela seja positiva), no entanto o que devemos ter em conta é que esse desconforto pode ser resultante da substituição do velho e negativo pelo novo e positivo.

À semelhança daquela água suja que mantemos num tanque, que quando queremos colocar água limpa, primeiro vamos ter de baldear essa água para lavar o tanque e nesse momento a água vai ficar ainda mais suja, para depois podermos juntar a água limpa, também com os novos ensinamentos, temos de limpar e retirar os antigos pensamentos, pois, à semelhança da água suja que se juntássemos mais água, apenas teríamos mais água suja, também com as nossas crenças e ensinamentos vamos ter de descartar aqueles que não nos servem para os novos poderem ocupar esse lugar.

Vamos ter de descartar os ensinamentos antigos, para podermos colocar novos, com toda a segurança, até porque os novos podem ser contraditórios em relação aos antigos ou podem ficar contaminados ou sujos pelos antigos ensinamentos.

Temos de perceber que, na maior parte das situações, quem nos passou esses conhecimentos e aprendizagens agiu na sua boa-fé, na convicção de que era o melhor para nós, por isso só temos de lhes agradecer de forma mais ou menos consciente, mas descartar todos os ensinamentos que verificarmos que não servem os nossos interesses.

Muitas vezes os novos ensinamentos, podem envolver mudança de hábitos e costumes, que podem não ser compatíveis com a convivência diária com quem no-los passou, como no caso da nossa família. Neste caso devemos estar preparados para seguirmos o nosso caminho, sem a convivência dessas pessoas, por muito que nos custe. Temos de encarar esta separação, como uma separação natural e saudável para ambas as partes, até porque quando os interesses são diferentes, as prioridades também passam a ser e por isso pode vir a ser incompatível a convivência em comum.

Como alguém diz:

- amem muito os vossos pais, mestres e professores, mas descartem todos os ensinamentos que eles vos passaram, que já não servem os vossos interesses atuais e propósitos mais elevados... e continua dando a justificação: *- porque muitos desses ensinamentos, se calhar nunca lhes foram úteis, nem agora, nem no passado, nem serão no futuro, porventura só poderão ter sido úteis para quem vo-los passou, ou nem mesmo para eles próprios, (que muitas vezes não tiveram oportunidade de aplicar esses conhecimentos na prática diária, ou se os aplicaram com sucesso pode ter sido num contexto completamente diferente do nosso). Agora é altura de descartarmos tudo isso que nos foi passado e que não serve os nossos propósitos, sem que com isso rejeitemos o sentimento de apreço e/ou afeição para quem no-los passou.*

Cada um, a seu tempo, irá seguir o eu caminho. Por isso é comum dizer-se que a busca da paz interior e da evolução espiritual, é um caminho solitário.

O caminho solitário na busca pela evolução espiritual, em vez de ser um *castigo* será antes uma bênção porque não havendo a possibilidade e obrigatoriedade do outro nos seguir no mesmo *andamento* e no mesmo *caminho* que escolhemos seguir, o melhor é que cada um possa seguir o seu caminho, na velocidade e nas experiências que mais lhe convêm, pois assim, nem um nem outro vai atrasar o caminho do outro.

Claro que não é de todo impossível, que por exemplo um casal, possa estar junto na caminhada pela evolução e expansão da consciência, mas não é fácil que tal aconteça, até porque cada um tem o seu tempo e pode precisar de experiências diferentes, para retirar os ensinamentos que precisa, que, na maioria das situações também vão ser diferentes.

Na feliz realidade de haver um casal que esteja sintonizado nesta evolução e nos caminhos a seguir, é da máxima importância que cada um considere o parceiro, não a razão da sua caminhada, mas apenas um companheiro de viagem a quem pode ajudar e ser ajudado, mas que, a qualquer altura, cada um pode optar por seguir caminhos e experiências diferentes, desde que isso seja o que melhor serve os interesses de cada um.

A caminhada num processo de evolução espiritual requer desapego, quer de coisas, quer de pessoas (que não desamor), pois se a pessoa não se sentir livre para seguir o seu caminho e estiver apegada a coisas ou a pessoas, este apego vai impedi-la de estar onde deve estar para ter as experiências que precisa de ter, para a sua evolução, logo não pode estar dependente ou apegado a nada, incluindo pessoas, mas também coisas e situações.

Manifesto-lhe desde já a minha gratidão por se permitir ler ou começar a ler este livro, até porque acredito que este livro lhe vai trazer bem-estar, se calhar sob a forma de paz interior, mais tarde ou mais cedo, na certeza de que, pelo menos, alguma coisa, que antes não conseguia compreender, vai começar a fazer agora algum sentido para si. Não se obrigue a aceitar tudo o que lhe digo, se achar por bem investigue por sua conta e para fazer isso, deixo-lhe uma sugestão: investigue, entre outros, os autores que refiro nas Fontes deste livro, aí pode encontrar as mais variadas informações e as mais variadas fontes e algumas comprovações de cariz mais científico.

Quando as pessoas começarem a compreender, a fazer e a aplicar na prática do dia-a-dia, um ensinamento muito simples que se resume a: *se eu hoje fizer o bem, no futuro vou ter experiências agradáveis... se eu fizer o negativo, vou ter experiências negativas no futuro*, vamos todos ter interesse em fazer o bem desde já, em vez de esperar para fazer mais tarde.

Quando percebermos que todo o bem conta... vamos ter um mundo em que as pessoas se vão concentrar em fazer o bem, quer a si mesmo, quer aos outros. Imagine um mundo em que as pessoas já têm esta noção o que é acha que vai acontecer?!! Cada um vai estar concentrado em fazer o bem, porque sabe que isso vai ter consequência positivas para si e para todos, vamos criar um mundo onde a energia do Amor é predominante... que bom vai ser viver num mundo assim. Como diz Hélio Couto: a Energia do Amor é a única que aumenta a nossa frequência (Veja o vídeo na fonte 14).

Imagine aquela velhinha que precisa de ajuda e de repente há uma disputa para ver quem chega primeiro para ajudar... imagine os mais necessitados a serem cada vez menos porque cada um tem várias ofertas de ajuda... que bom seria viver num mundo assim... não, não é utopia, até porque fazer o bem não é nada de extraordinário ou impossível de fazer, logo é possível viver num mundo de amor, basta querermos.

Lembre-se que o bem que algum dia fez ou o bem que está a fazer hoje, vai contar no futuro que vai ter... e este futuro vai muito mais além do que uma mera vida terrena. Comece por querer acreditar nestas evidências e prometo-lhe que a sua vida, aqui na terra vai ser mais agradável, mais prazerosa e vai fazer mais sentido.

Grato pela *coragem* que teve em ler este livro, deixo-lhe a minha energia de gratidão, que é uma *Energia de Amor*.

O Criador para nos ajudar não olha a meios.

TUDO É ENERGIA

Se Deus o Criador criou tudo, logo tudo tem a energia de Deus e não é concebível que algo que seja criado por Deus não tenha a energia do Amor.

A um nível *mais terreno*, certamente a maior parte de nós já ouviu a frase: *tudo é energia*. Esta é porventura uma das mais célebres frases do século vinte e foi referida e popularizada pelo físico Albert Einstein, que estabelece a equivalência quantitativa da transformação de matéria em energia ou vice-versa e que poucos ousam contestar.

Einstein conseguiu convencer os mais céticos com esta teoria, de que tudo o que na verdade existe no mundo não é mais do que simples energia.

Para desenvolver a sua teoria elaborou a fórmula $E = MC^2$ (sendo E=energia, M=massa e C^2 = velocidade da luz elevada ao quadrado). Para Einstein a energia não é mais do que o resultado da deslocação de uma determinada massa à velocidade da luz ao quadrado: (Ver Fonte 1).

Podemos ainda complementar a fórmula de Einstein com a fórmula de Newton F=m*a (onde F=força, m=massa e a=aceleração), em que aceleração é a variação da velocidade ao longo do tempo.

Existem ainda outras expressões que são referidas, como *partículas,* que são *coisas que nós podemos contar*, *campo* que é o espaço onde tudo se vai desenvolver/transformar e *onda* que é a energia antes de ganhar forma.

Baseados na equação se Einstein, podemos saber que, por exemplo a energia de um quilograma de *massa aparente* é de $9x10^{16}$ joules ou seja 900.000.000.000.000.000 joules por segundo ou 900.000.000.000.000.000 Watts por segundo. Para se ter ideia do significado desse número, segundo a equação de Einstein, a transformação completa de dez quilogramas de massa, produziria uma quantidade de energia suficiente para evaporar toda a água da Baía de Guanabara (Fonte 1 e 3) (Baía de Guanabara: comprimento 31km, largura máxima 28km, área 380km2, profundidade média de 3 a 8m e profundidade máxima de 17 metros).

Não é minha intenção socorrer-me destas fórmulas para comprovar a ideia que vou explanar neste livro, mas é tão-só para o leitor ter uma noção da quantidade de energia que se pode retirar de um quilograma de *matéria aparente*. A fórmula de Newton ajuda-nos a perceber que uma determinada energia ao sofrer variação da sua velocidade (aceleração) vai fazer com que essa aparente massa produza uma determinada *força*, ora isto também nos vai ser útil mais para a frente, para suportar as minhas teorias mais espirituais e menos prováveis cientificamente.

Logo, pelas físicas, o que diferencia as coisas aparentemente materiais à nossa vista é a velocidade/vibração ou aceleração de uma determinada energia ou onda, fazendo com que, à nossa vista essa energia nos apareça aparentemente solida ou material e com determinadas características mais ou menos palpáveis.

Os físicos, nomeadamente os da física clássica perceberam que existe uma fonte de energia muito grande e que quando libertada, dependendo da quantidade, pode-se tornar por exemplo numa bomba de grande potência, como a bomba atómica, como refere o físico Laércio Fonseca (Fonte nº 2), *para isso acontecer basta que corrompemos o núcleo com certas substâncias como o urânio.*

Se a física clássica ou, que é a *física mais científica* (que tem meios mais científicos para provar as suas teorias e formulas) é a ciência/matemática, que estuda o *macro-cosmos* já a física quântica, que estuda o *micro-cosmos*, é a física que está mais *próxima* do que vamos aqui debater, ambas, no entanto, não contradizem e até *apoiam* as *teorias* que aqui vou desenvolver.

Na física quântica, há uma experiência que muita gente deve conhecer e que vai servir também de apoio para o que aqui vamos desenvolver, que é a *experiência da dupla fenda (Fonte 4)*. Mas afinal o que é que esta experiência mostra? Mostra, nem mais nem menos, que nós ou o nosso olhar e/ou intenção, podemos controlar a *energia* de uma determinada coisa para produzir um determinado efeito ou resultado.

Ambas as físicas (quântica e clássica) referem que, o que existe não é mais do que energia e ao consideraram esta evidência vão abrir um vasto campo de possibilidades que podem ser exploradas – até porque elas próprias ainda não conseguiram comprovar certos fenómenos -, logo, os conceitos que aqui vamos desenvolver não chocam com nenhum dos conceitos *mais científicos* da física clássica, ou *menos científicos* ou prováveis da física quântica, pelo que se houver alguma expressão ou relato, menos corretos e/ou não provados cientificamente e/ou matematicamente/fisicamente, não é minha intenção ir contra aquelas físicas, que na verdade não domino, mas tão-só, apoiar-me naquilo que julgo perceber e nas evidências e comprovações que esses mestres nos deixaram.

Em resumo já vimos que a física clássica diz que tudo é energia e que o movimento dessa energia é que nos faz parecer à nossa vista e à nossa perceção, os objetos como sendo sólidos ou materiais, mas agora surge a pergunta:

- *para a energia se movimentar e criar objetos aparentemente sólidos, importa saber quem é que manobra essa energia, incluindo a energia que nos criou a nós mesmos e aos outros seres humanos, aos animais e todas as coisas que existem à nossa volta? Sim, porque nós quando abrimos os olhos essas coisas ou já cá estavam, ou como apareceram... quem foi que manobrou essa energia para estar na velocidade/frequência e quantidade certas para gerar tudo o que vemos à nossa volta?*

Ora aí é que entra também o que pretendo explorar nas páginas deste livro, mas para aguçar o *apetite* para a leitura, posso já acrescentar que quem comanda em primeira instância, esta energia que criou tudo é Deus, O Criador Supremo, no entanto todos nós dispomos de algum livre-arbítrio para manobrarmos alguma energia. Mas então como é que nós vamos poder manobrar essa energia?

Todos nós sabemos, muitos por experiência própria, que se por exemplo tocarmos num fio onde corre energia elétrica, vamos sentir um choque elétrico e podemos ficar feridos e não conseguimos reter ou manobrar essa energia. Já vimos então que não é com as mãos ou com o nosso corpo físico que conseguimos manobrar energia, até porque ela é não material à nossa vista e perceção, como no caso da energia elétrica... então como é que podemos manobrar energia, em especial a energia de que tudo e todos somos constituídos?

Todos nós sabemos que, no caso da energia elétrica ela é gerada através de meios técnico/mecânicos e é transportada através dos fios ou outros dispositivos. Claro que para manobrarmos certo tipo de energia mais específico e em estado puro, como a energia elétrica vamos sempre precisar de meios ou aparelhos técnicos, no entanto, quanto à *energia menos densa (que é aquela que nos interessa avaliar)* nós vamos poder manobrar essa energia (até certos limites) e depois *densificá-la*, para criarmos aquilo que queremos.

As coisas aparentemente sólidas, mais não são do que energia que alguém agrupou ou densificou, para que à nossa vista e perceção se pareça sólida e material, ou seja, tudo o que existe, não é mais, do que *energia e informação*, logo, para começarmos a criar coisas novas e/ou diferentes *só* temos de colocar informação (ordens) diferentes em energia, para assim criarmos o correspondente a essa informação/ordem.

Como é que podemos criar, quais as ferramentas de que dispomos para fazer isso?

Temos uma ferramenta que consegue agregar esta energia que é a nossa mente, através do nosso pensamento.

Através da nossa mente, vamos começar por emitir os pensamentos para dar início ao processo de criação.

A criação da nossa realidade mais material e palpável aos nossos olhos, foi passada ao grande público pelo Prof. Hélio Couto, através da experiência a que ele chamou de Ressonância Harmónica.

Em que consiste a Ressonância Harmónica?

Em resumo, o prof. Hélio Couto pede que a pessoa lhe indique o que pretende… normalmente ele diz que a maioria lhe diz *carro, casa e saúde*… então coloca num simples CD a frequência destas coisas e a pessoa só tem de ouvir o CD regularmente durante várias semanas para se *sintonizar* com aquela energia para começar a criar aquela realidade na vida da pessoa… O que o prof. Hélio Couto refere é que, a partir do momento em que a pessoa manifestou o desejo de ter aquelas coisas, imediatamente começou o processo de criação.

O pensamento dá início ao processo de criação, no entanto, como todas as coisas que começamos por fazer, este processo de criação que iniciamos com o pensamento não está concluído (ao contrário do que se pode depreender ao ler o livro O Segredo), com o pensamento apenas está iniciado o processo de criação, no entanto para que a criação se venha a manifestar na realidade física ou material da pessoa, existem outros pressupostos que essa pessoa terá de cumprir.

O processo de criação começa quando é manifestado o desejo da criação pelo *pensamento* que tivemos, continua quando *acreditamos e soltamos* o pensamento (pois o foco constante, segundo refere Hélio Couto cria pressão e se cria pressão é porque existe duvida na criação e essa dúvida porque é energia negativa vai interromper o processo de criação) e termina com a nossa aceitação dessa criação.

Porque é que muitos desses desejos ou coisas, mesmo depois de ter sido feita a Ressonância Harmónica, não se manifestaram? Pela simples razão de que, a pessoa não cumpriu as três etapas do processo de criação que acabei de referir.

Para simplificarmos vou aqui referir as situações que mais interrompem o nosso processo de criação:

- em primeiro lugar: *temos de ter a intenção de criar através dos pensamentos que vamos emitir.*
  Até aqui o caminho é curto e fácil;
- em segundo lugar: *temos de acreditar e soltar.*
  Aqui o processo de criação começa a complicar, pois acreditar e soltar, significa que temos certeza absoluta da criação que estamos a fazer... mas será que temos mesmo essa certeza? Até porque se, antes dessa coisa nos aparecer, emitirmos uma energia de dúvida, vamos interromper todo o processo de criação, como se de uma árvore se tratasse, que antes de crescer a cortamos, logo vamos ter de começar o processo todo de novo;
- em terceiro lugar: *temos de nos permitir receber aquilo que criamos.*
  Ao contrário do que muitos pensam, na maioria das vezes não nos permitimos receber aquilo que criamos – se for bom pode ser porque podemos não nos achamos merecedores, ou por pensarmos que vamos ter mais trabalho, mais preocupações, etc.

Tem uma expressão curiosa o Prof. Hélio Couto que refere o seguinte:

- *quando alguém me pede na Ressonância Harmónica, um carro, esse carro já existe (numa energia menos densificada), na garagem da pessoa, no entanto se a pessoa duvidar e for abrir a porta da garagem para ver se o carro já lá está, vai acabar por anular todo o processo de criação e manifestação do carro na realidade física da pessoa, e o carro não vai aparecer, porque a pessoa emitiu em relação a esse carro uma energia de dúvida que interrompeu e anular todo o processo de criação.*

O processo de criação começa com o pensamento sim, até porque nem que seja um milionésimo de segundo antes de fazermos algo, temos de pensar nisso, mas para cumprirmos todo o processo de criação, temos também de manter o foco ou acreditar e depois soltar (sem nunca duvidar) e temos depois de aceitar o resultado dessa nossa criação.

Porque é que por exemplo os grandes Avatares da Humanidade, como Jesus, Maomé, Buda, etc., realizaram milagres ou criaram *do nada* (ou através da manipulação da energia) e o comum dos mortais não consegue?

Antes de mais convém referir que milagres mais não são do que agrupar energia numa determinada frequência e vibração (ou informação), seguindo, os passos que atrás referi como: a intenção, a crença e a aceitação. O que acontece em muitos de nós é que até manifestamos a intenção, mas logo no segundo passo, da crença, temos pouca fé e duvidamos e mais tarde ou mais cedo, em especial se essa coisa não aparecer depressa, não acreditamos (ou só acreditarmos se virmos como São Tomé), logo essa coisa ou situação acaba por não nos aparecer na nossa realidade, pela simples razão de que, na maioria das vezes, não acreditamos, não tivemos fé e em questões de fé e crença, os Avatares que referi, fé era coisa que não lhes faltava. Eles conheciam os poderes da Criação, Eles tinham a intenção, Eles acreditavam (tinham fé) sem nunca duvidar dessa criação e depois permitiram-se receber essas coisas…

Como vê todos nós poderíamos fazer milagres, *basta*: termos a intenção, acreditarmos (sem fazer pressão e sem duvidar) e aceitarmos.

Antes de mais convém referir que nós conseguimos muitos milagres só que a maioria deles são milagres negativos. São milagres negativos porque estamos constantemente a criar o negativo para a nossa vida e para a nossa experiência, até porque, se na fase da criação positiva, na grande maioria das vezes interrompemos o processo de criação no passo dois da crença e no passo três da aceitação, como referi anteriormente, já nos milagres negativos, a crença da grande maioria das pessoas é tão forte (pelos ensinamentos que teve que geralmente lhe apontam culpas e não merecimento) que estão firmemente convencidos que merecem esse negativo e já estão predispostos para aceitar esse negativo como uma inevitabilidade.

Através dos ensinamentos que recebemos desde que nascemos, fomos desviados da nossa essência Divina que nos levou a acreditar que somos mais merecedores de coisas negativas ou que não somos merecedores do bom e positivo, logo, começamos desde a infância a sermos condicionados a criar tudo o que é negativo com mais facilidade do que o que é positivo e isso vai refletir-se nas experiências que vamos ter e criar durante a vida.

É muito importante ter em conta que esta Lei da Criação, funciona, mas funciona tanto para criar coisas e situações positivas, como para coisas e situações negativas.

Já estamos a ver então que, na verdade, somos nós que criamos tudo o que está à nossa volta ou damos o nosso consentimento mais ou menos consciente a essa criação.

Claro que para aqueles Avatares que referi, é mais fácil criarem o que para nós são milagres, porque nas dimensões superiores o pensamento manifesta desde logo a realidade (porque só é possível criar o positivo), o que não é permitido (criar de imediato, a menos que seja uma Avatar altamente evoluído) num planeta de terceira dimensão (a evoluir para a quarta e quinta dimensões) como é o Planeta Terra, pois se o Criador permitisse que o pensamento criasse desde logo a realidade num planeta de expiação e de terceira dimensão, logo de predominância de energias densas e negativas, seria o caus, pois seriam criadas sem cessar coisas e situações de energia negativa e seria criada uma anarquia completa, no entanto como em Planetas de baixas vibrações, como este em que habitamos a criação não é imediata, ainda há um lapso de tempo entre a criação e a manifestação física dessa criação, para poder ser alterada essa criação.

O que acontece é que o Criador ao fazer com que o pensamento, num planeta de expiação e de terceira dimensão, não crie de imediato a realidade é para dar tempo para ser alterada aquela criação, desde que assim o queiramos.

Em virtude do pensamento criar desde logo a nossa realidade nas dimensões superiores é que não é possível que nessas dimensões superiores possam sobreviver energeticamente Seres Negativos, pois se a Criação permitisse a sobrevivência energética destes Seres, numa dimensão que criasse a realidade de imediato, esses Seres com o poder criativo que têm, iriam criar o negativo e tentar manipular todo o restante poder de criação positivo, pois, ao contrário da Criação Positiva que visa o bem geral, ou o *quanto melhor, melhor,* já na Criação Negativa o melhor é o *quanto pior, melhor.*

Conforme é referido e aceite, nos meios espirituais, o planeta Terra é um planeta predominantemente de energias densas (negativas) pois é um planeta de expiação e provas, ou de terceira dimensão, que significa que aqui encarnam pessoas que escolheram ou vão ter experiências de cariz negativo, embora essas experiências tenham como objetivo principal, não a punição, mas sim aprendizagens e/ou ensinamentos que visam em última instância a evolução da pessoa.

A novidade é que o planeta Terra está a elevar as suas energias, como muitos especialistas atestam ao medirem a Ressonância Schumann (Fonte 11). Este aumento da Ressonância Schumann é associado nos meios espirituais a uma mudança energética no planeta Terra, ou seja, o planeta Terra está a passar de um planeta de energias densas (mais negativas ou de expiação e provas) para um Planeta de energias mais positivas (ou de regeneração), esta evolução energética foi então associada a uma transição planetária da terceira dimensão para quinta dimensão.

Acabei de referir que o planeta terra está em evolução da terceira dimensão para quinta dimensão e superiores, pois a quarta dimensão é uma dimensão mais associada ao Plano espiritual (embora o Prof. Laércio também associa a quarta dimensão tanto ao plano material do planeta Terra, como ao Plano Espiritual: - quarta dimensão inferior ou umbral, é zona de energias mais negativas no Plano Espiritual, mas também no Plano Físico, já a quarta dimensão superior é uma zona onde está o Plano Espiritual ou as colónias e cidades espirituais, para tratamento espiritual – ver vídeo *As sete dimensões Astrais do Prof. Laércio Fonseca* (14).

Segundo alguns, o planeta Terra já é um planeta de quinta dimensão, embora muito dos seres humanos ainda estejam a vibrar numa energia de terceira e quarta dimensão. Esta diferença, entre a energia do planeta Terra (através do aumento da Ressonância Schumann) e a energia dos seres humanos pode ser a origem de muito mal-estar, até porque se não estamos sintonizados com a energia que nos rodeia será normal que não nos sintamos confortáveis.

Conforme refere o Prof. Laércio Fonseca, à medida que vamos evoluindo a nossa própria energia (dos nossos corpos) esta vai tornar-se menos densa e vamos ser atraídos para as zonas onde essa densidade energética é mais parecida com a nossa, pois conforme ele refere, nós só podemos sobreviver num espaço (dimensão) em que as energias que nos rodeiam sejam o mais parecidas possível com as nossas.

Ora, o que acontece é que a energia que nos rodeia ou a energia do campo eletromagnético da Terra (também ela um Ser Vivo), designada por Ressonância Shumann, está a aumentar, se antes a média se situava nos 7,83Hz (energia mais densa ou mais negativa), ultimamente subiu para mais de 100Hz (energia menos densa ou mais positiva), daqui se pode deduzir que o Planeta Terra já está vibrar numa energia de 5ª dimensão, pelo que, a qualidade da energia que ultimamente nos rodeia está cada vez mais positiva.

É muito importante que todos nós tenhamos a consciência de que vamos ter de elevar as nossas próprias energias (para mais positivas), equiparando-as às energias do Planeta Terra, pois se não estivermos próximos da energia que nos rodeia, vamos sentir-nos cada vez mais desconfortáveis, sendo que, em última instância e se a diferença energética for demasiado grande, poderemos ter de desencarnar para voltar a encarnar num planeta em que essa energia esteja próxima da nossa própria energia.

Em relação à Ressonância Shumann e as suas implicações na saúde humana, refere a jornalista e astróloga Maína Mello que:

O aumento dos valores da medição da Ressonância Schumann que é a medição da vibração energética do próprio planeta Terra e é considerado uma energia positiva, até pelo facto de, em alturas de meditações positivas e importantes, a vibração energética aumentar dos 7,83hz em média, para mais de 100hz. Este aumento da vibração traduz-se numa energia menos densa, pois quanto mais densa é uma energia menor é a sua vibração e vice-versa.

Logo, é da máxima importância que cada um de nós comece a vibrar numa energia compatível com a energia do planeta em que vivemos, pois caso não nos aproximemos o mais possível desse tipo de energia, vai ser impossível a nossa sobrevivência física.

Na eventualidade da nossa energia não ser compatível com um planeta de quinta dimensão, que nesta altura já não será um planeta de expiação, mas terá passado para um planeta de regeneração, teremos de ir para outro planeta onde predomine uma energia parecida com a nossa, pois só assim podemos sobreviver e ter as experiências compatíveis com a nossa energia... e como é que vamos para esse planeta?

Claro que quando não formos compatíveis energeticamente com a energia predominante no planeta Terra, vamos sentir-nos desconfortáveis a todos os níveis, físico, mental, emocional, etc., como refere Maína Mello, pelo que, mais tarde ou mais cedo, o nosso corpo vai sofrer com esta diferença energética e, em caso extremo (se não modificarmos o nosso estilo de vida para elevarmos a nossa energia) teremos de desencarnar.

O desencarnar em virtude de a nossa energia não ser compatível com a energia do Planeta onde estamos e reencarnarmos num Planeta de energia mais compatível, ao contrário de ser uma punição, é antes de mais uma dádiva do Criador, para podermos continuar a ter as experiências que escolhemos – que se refletem na energia que emitimos. Se não conseguimos sobreviver num Planeta de energias mais elevadas (positivas), como estão já a existir no Planeta Terra, a generosidade do Criador é tanta que vai colocar-nos num Planeta que tenha a energia compatível com a nossa – ora diga lá se não é generosidade?

O que acontece pois, é que, caso ainda necessitemos de experiências mais densas na matéria (negativas), iremos depois encarnar, não neste Planeta Terra, mas sim num planeta onde predominem este tipo de energias, quer para podermos sobreviver fisicamente, quer para conseguirmos ter esse tipo de experiências. Este tipo de experiências mais negativas só é permitido pelo Criador, pois além de respeitar o nosso livre-arbítrio nessas escolhas, para Ele essas escolhas que nós fazemos, vão sempre poder ser aproveitadas para evoluirmos aos retirarmos os ensinamentos que precisamos – neste caso vamos aprender através de experiências de dor.

Os chamados *ceifadores*, de que muita gente fala, e têm pavor, como se de uma inevitabilidade se tratasse em que todos nós vamos desencarnar (o que não é verdade, como pretendo provar neste livro), mais não são do que acontecimentos que fazem com que um maior número de pessoas possa desencarnar para poder continuar a ter a sua experiência noutro planeta compatível energeticamente.

Caso as pessoas não elevem as suas energias, estima-se que a grande maioria das pessoas possa ter de desencarnar para continuar as suas experiências de energias de cariz negativo, noutro planeta, pois aqui no planeta Terra não será possível sobreviver, em virtude da energia predominante passar a ser muto diferente.

Aqui se começa a perceber que não há acidentes no Plano Espiritual, ou como ouvi recentemente numa canalização a seguinte expressão:

- vocês acham que o Plano Divino iria deixar desencarnar alguém que fosse imprescindível a sua presença no Planeta Terra, para ajudar ou concluir a sua missão? Claro que não. A este respeito aconselho que vejam os vídeos do Prof. Laércio Fonseca sobre os karmas (ver Fonte 17, 18, 19 e 20).

Para o Plano Espiritual não há acasos, não há acidentes, no Plano Divino tudo acontece quando tem de acontecer.

Dirão alguns: *- então toda a dor e sofrimento que muitos têm foi Deus que assim o quis?*

E a resposta a esta questão é: *todo o sofrimento pelo qual passamos, não foi Deus que o ordenou, foi antes uma proposta da nossa Equipa Espiritual, que aceitemos de forma mais ou menos consciente, para tirarmos as lições que precisamos... Deus, o Criador apenas permitiu que nós tivéssemos essas experiências que escolhemos (ou que alguém escolher/decidiu por nós quando nós não estamos capazes), para que tivéssemos uma experiência de energia negativa, mas sempre com o objetivo da aprendizagem e consequente evolução.*

O Criador apenas permite que criemos algumas experiências através do nosso livre-arbítrio, se criamos uma experiência positiva ou uma negativa, nós é que a definimos como tal, pois para o Criador todos os tipos de experiências são passíveis de nos ajudarem a evoluir, apenas vai variar o tempo que cada um vai demorar e o tipo de experiência (positiva ou negativa) que cada um vai escolher, pela simples razão de que uns e outros escolheram experiências diferentes, mas quer para uns quer para outros, o destino final é a evolução e ficar cada vez mais à imagem do nosso Criador.

Se Deus, o nosso Criador é a imagem da perfeição, da evolução e do Amor, etc., o nosso destino final só pode ser esse mesmo... podemos até divagar pelo caminho, mas não há outro destino final que possamos alcançar se não esse.

Deus não tem qualquer prazer ou vontade que soframos, apenas permite que possamos ter as experiências que escolhemos, sendo que muitos de nós escolhemos experiências de sofrimento, mas todas elas nos podem encaminhar para o nosso destino glorioso, até porque, durante essas experiências menos positivas, vamos ser ajudados a tirar os ensinamentos que precisamos, pela nossa Equipa do Plano Espiritual, que nunca nos vai abandonar.

Podemos optar por experiências de energia negativa que dificultem a comunicação e influência da nossa Equipa do Plano Espiritual, mas acredite, que essa equipa nunca nos vai abandonar... podemos não conseguir sentir a sua presença (pela nossa vibração negativa), mas eles vão estar sempre disponíveis para nos ajudar, basta que o peçamos, que o queiramos e que permitimos.

O que acontece quando escolhemos experiências de dor e sofrimento, é porque escolhemos aprender e evoluir com esse tipo de experiências, que até nos podem fazer dar um salto evolucional mais rápido do que se não escolhêssemos esse tipo de experiências, mas esta evolução vai depender sempre dos ensinamentos que retirarmos ou não retirarmos dessas situações, para fazermos diferente no futuro em situações parecidas.

Muitos amaldiçoam a vida que têm, no entanto, a nível espiritual e antes de encarnarem, mas nós, o Plano Espiritual e a nossa Equipa Espiritual, vão fazer com que tenhamos as capacidades físicas ou talentos, ou a falta deles, para termos as experiências que mais nos servem, nomeadamente

- *se forem positivas, como saúde, talentos especiais, etc., para <u>fazermos</u> algo e aprendermos;*
- *se forem negativos, como doenças, deficiência, ou doença, essa limitação tanto pode ser para <u>nos impedir de voltar a fazer o mesmo</u>, como pode ser para <u>retirarmos algum ensinamento</u>, que pode ser na forma de sentirmos dor e/ou sofrimento igual ao que provocamos ao outro.*

Em primeiro lugar cumpre esclarecer que O Criador deu-nos o livre-arbítrio para que pudéssemos experienciar o bom e positivo e o mau e negativo. Se nos deu esse livre-arbítrio tanto vamos poder experienciar o positivo quanto o negativo, a escolha é nossa, até porque como poderíamos optar entre o positivo e o negativo se só tivéssemos como escolha o positivo?

O que o Criador fez foi permitir que escolhêssemos, ou optássemos por pelo menos duas situações distintas e muitas vezes opostas, assim criou a dualidade, o positivo ou de energia de amor, paz, harmonia, saúde, etc. e o negativo ou de energia de medo, dor, raiva, sofrimento, etc.

É muito importante ter em conta que em última análise as Trevas ou Seres Negativos, embora de maneira indireta, estão ao serviço da Luz, por muito que custe a alguns aceitar esta situação.

Convém referir que as Trevas ou os Seres Negativos, não obrigam ninguém contra a sua vontade a fazer aquilo que não querem, o que estes Seres fazem é, ao terem conhecimento da vibração energética da pessoa e até terem acesso ao *historial dos atos de energia negativa, ajudam* estas pessoas a terem as experiências que procuram e que são equiparadas a esse tipo de energia,

Uma pessoa que vibra numa energia negativa, nem sequer poderia sobreviver ou permanecer em um ambiente de energia positiva, logo para criar as experiências que escolheu só pode ser ajudado pelos Seres de energia negativa.

Constatarão alguns com espanto: - *então a obsessão é permitida pelo obsidiado?!!*

Não, a obsessão não é pedida nem permitida diretamente pelo obsidiado, até porque, de forma consciente, enquanto encarnado, ninguém gosta de sofrer. A obsessão é permitida energeticamente pelo obsidiado (em virtude de estar a vibrar em energia semelhante) e é também permitida pelo Plano Espiritual ou Justiça Divina, não como punição (como espero demonstrar neste livro), mas antes como uma forma de *resgate e aprendizagem pela dor (igual à que infligiu no outro)..*

O sofrimento de origem cármica visa sempre retirar algum ensinamento por esse sofrimento: - que pode ser o mesmo tipo de sofrimento que infligiu ao outro e assim retirar o ensinamento de que não vai voltar a fazer o mesmo no futuro, porque experimentou um sofrimento igual à ação que praticou no passado - vai servir também, por consequência, como resgate/anulação, ou seja, vai compensar o outro na mesma medida que o prejudicou.

Optando por experienciar o negativo e/ou experiências de dor, ou o positivo e/ou experiência de amor, vamos poder evoluir, embora possa ser diferente o tempo que uns e outros vão demorar.

Uma das máximas do Plano Espiritual é: *podemos evoluir pelo Amor ou pela dor, a escolha vai ser sempre nossa.*, logo a permissão duma obsessão pelo Plano Espiritual não visa apenas satisfazer a vontade do obsessor, mas também permitir que o obsidiado evolua através de experiências de dor e sofrimento. Esta permissão de obsessão até pode ser considerada uma *ajuda* do Plano Espiritual positivo, pois se a pessoa escolhe este tipo de experiências, o Plano Espiritual positivo vai fazer tudo para que essa pessoa possa aproveitar, com as experiências negativas que escolheu para retirar o ensinamento correspondente.

Outra verdade a ter em conta é que o Plano Espiritual só permite a obsessão, porque antes disso, já o obsidiado pode ter estado na pele de obsessor, ou pode ter feito sofrer o outro, pelo que o obsidiado, estar do lado oposto, ou a sofrer a obsessão, não é nenhuma injustiça, até porque ele mesmo certamente já fez ao outro igual ou pior ao que agora lhe esta a ser feito, mas tal só é permitido, porque o fim que se pretende atingir não é a punição em si mesma, mas sim uma aprendizagem ou ensinamento.

Se só houvesse possibilidade de optar por experiências positivas não seria possível experienciar e evoluir através de experiências negativas... sim, porque as experiências negativas e/ou dolorosas pelas quais passamos, embora por outros *caminhos,* também têm como finalidade última a nossa evolução, por muito que custe a alguns acreditar.

Os Seres negativos, mais não fazem do que *ajudar* as pessoas a ter uma experiência que elas pediram e/ou em que estão a vibrar.

A nossa vibração ou qualidade energética é aquela que que vai determinar quais os Seres do Plano Espiritual que vão chegar até nós e influenciar-nos. Se estamos a vibrar em energia positiva vamos atrair para nós Seres dessa energia, enquanto que, se estivermos a vibrar em energia negativa, vamos atrair também Seres dessa energia.

Também a energia do medo é uma energia que nos aproxima dos Seres de energia negativa, por esta razão confesso que estranhei a mensagem de medo que, em especial algumas Casas Espíritas e alguns médiuns/canalizadores, fizeram passar nesta altura (ano 2020 e 2021), até porque se há religiões que não reconhecem que a qualidade da nossa energia é o fator mais importante para nos aproximar ou afastar de Seres Espirituais positivos ou negativos, já a doutrina espirita e o Budismo, entre outras, reconhecem esta evidência, por isso muito me espantou, que muitas mensagens difundidas até esta altura (Abril de 2021 – altura da chamada pandemia que assolou o mundo), viessem carregadas dessa energia de medo, até porque um dos ensinamentos-chave da doutrina espirita é que *semelhante (energia) atrai semelhante,* logo, se estamos a emitir energia negativa (de medo) vamos atrair até nós Seres de energia semelhante, ou seja Seres de energia negativa.

Para o Plano Espiritual não há acidentes e tudo acontece quando tem de acontecer, claro que nós enquanto encarnados, temos de fazer a nossa parte, mas para que façamos a nossa parte, como na situação que ainda estamos a viver, tal tem de ser com energia positiva (que não é compatível com a energia de medo que predominantemente foi transmitida à população), como mensagens de esperança, confiança e fé, sob pena de não transmitindo estas mensagens de energia positiva (o que em muitas situações não aconteceu), as pessoas se ligarem à energia do medo que fez com que as pessoas se ligassem a Seres de energia negativa.

Não nos podemos defender dos Seres de energia negativa se estamos a vibrar numa energia de medo ou equiparada – não podemos apagar um fogo com lenha seca ou com gasolina – fica o reparo.

Claro que, reconheço que, como todos nós que estamos num planeta de expiação e provas, também aqueles que estão à frente das Casas Espíritas e os canalizadores, também podem ter sido influenciados pela energia de medo difundida nos meios de comunicação social, ficando assim mais suscetíveis a serem influenciados por Seres de energia negativa, quer sejam eles do Plano Espiritual, quer sejam mesmo de outros Seres encarnados, através da comunicação social, etc., até porque quando estamos a vibrar em energia de medo a influenciação negativa é muito mais fácil e pode vir de qualquer lado (espiritual ou humano).

Outra evidência que devemos ter em conta é que aqueles que estão no Plano Espiritual e que fazem chegar aquela energia de medo, ou podem não saber tudo, ou o Plano Espiritual pode não lhes dar permissão para revelar a verdade... ou essas informações de cariz negativo podem ter chegado, porque a energia do canalizador baixou tanto que permitiu que um Ser de energias negativas do Plano Espiritual pudesse transmitir aquele tipo de mensagens., etc.

E porque é que os Seres positivos do Plano Espiritual não poderão contar todas as situações nomeadamente as situações mais catastróficas? Pela simples razão de que se contassem com precisão, essas situações não aconteceriam. Imagine que estava previsto pelo Plano Espiritual o desencarne das pessoas que iriam num determinado voo, acredita que alguém do Plano Espiritual iria revelar concretamente qual o voo que se ria despenhar e no qual iriam morrer todas as pessoas? Claro que não podia revelar, pois se o fizesse com precisão ninguém iria comprar passagem para essa viagem e não haveria viagem alguma e o Plano Divino para aqueles pessoas era sabotado... por esse mesmo Plano Divino, logo, facilmente se pode constatar que quando são referidas catástrofes com precisão, tais não são certamente canalizadas de Seres de Luz ou positivos e na maioria das vezes não acontecem, são antes canalizações de Seres negativos para transmitirem energias negativas, como a energia do medo.

Aquelas situações de catástrofe que estão anunciadas pelos grandes visionários como Nostradamus e muitos outros, antes de mais, são referidas metaforicamente e sem especificar datas concretas, que eles até podem saber, mas também sabem que não podem revelar todos os pormenores, sob pena de criar pânico antecipado e/ou fazer com que as pessoas fujam para outros locais e assim prejudicaria a própria previsão.

Outra razão para que um determinado acontecimento que possa ser visualizado para o futuro, não se concretizar, pode ser porque, a energia predominante do momento em que esse acontecimento foi visualizado, fazia com que estivesse iniciado o processo de criação, ou uma linha do tempo, que levaria esse esse acontecimento a ser criado, mas essa energia no momento futuro previsto do acontecimento, já pode ter mudado e criado outra linha do tempo, com outras energias não-compatíveis com aquelas energias de catástrofe ou acontecimento negativo, logo esse acontecimento não se vai tornar realidade.

Como refere o físico Prof. Osny Ramos, todos os acontecimentos possíveis futuros estão criados (emaralhamento quântico), mas a consciência do observador é que faz a partícula se materializar, a consciência cria a função do colapso da função de onda que vai criar isso na nossa realidade. Daqui se depreende que é a nossa consciência ou a energia que dispensarmos que vai criar o nosso futuro mais ou menos positivo, consoante a energia que formos emitindo para criar essa realidade, logo todo o futuro previsto, mais não é do que previsões baseadas na energia atual, mas que no futuro, mais ou menos distante, não é possível determinar se essa energia se vai manter e com que qualidade e capacidade criadora, logo todos os acontecimentos futuros são meras previsões baseadas na energia do momento em que foram feitas.

Muitas pessoas contestam que nunca pediriam uma experiência negativa e/ou dolorosa, no entanto esquecem-se que este pedido, na maioria das situações foi feito, antes de encarnarem, por isso não se vão lembrar. No entanto este esquecimento, muito antes de ser uma punição, vai ser antes um benefício para a pessoa, se não imagine a seguinte situação:

- *como conseguiria uma pessoa ter uma vida equilibrada emocionalmente se soubesse antecipadamente que em determinada idade iria ter uma doença e/ou acidente?* Claro que se a pessoa soubesse antecipadamente que iria sofrer determinado acidente e/ou doença, poderia de forma consciente evitar ter essa experiência e perder assim os ensinamentos que essa situação lhe traria.

Porque para o Plano Espiritual não há acidentes e todos nós estamos no lugar e hora, certos, para termos as experiências que precisamos (basta que não contrariemos essa atração), os desastres naturais e/ou acidentes em que morrem mais pessoas, raramente são *vistos* e/ou anunciados, pelo Plano Espiritual positivo (através de canalizações de médiuns), pois, se assim o fizessem não haveria esse acontecimento, e em consequência não retiraríamos os ensinamentos associados.

Claro que nós, através da energia que emitimos, podemos atrair acontecimentos mais ou menos dolorosos, e esse tipo de acontecimentos e experiências é que nos vão ajudar a evoluir, através do carma (negativo) ou Dharma (positivo) e dos ensinamentos e resgates (o retribuir ao outro positivamente em medida equivalente ao que lhe fizemos de negativo) que vamos ter de fazer.

Acredite que, se por exemplo, estiver previsto pelo Plano Espiritual um determinado acidente ou catástrofe natural na zona onde vivemos e não estiver previsto o nosso desencarne nessa altura, nem estar previsto que tenhamos algum ferimento nesse acidente, o Plano

Espiritual vai-nos *desviar ou tirar dali,* por forma a não sofrermos e/ou de desencarnemos, pois o Plano Espiritual e a nossa equipa pode entender que não precisamos dos ensinamentos e/ou resgates que estariam associados ao sofrimento e/ou desencarne que esse acontecimento nos traria. Quem nunca soube daquela pessoa, que por um imprevisto não apanhou determinado voo e depois esse voo acabou por ter um acidente e morreram todos os passageiros? O que aconteceu foi que o Plano Espiritual desviou essa pessoa desse voo porque ainda não era a altura para ela desencarnar.

Quer nos acidentes quer nos desastres naturais em que morrem grande número de pessoas, acredite que nenhuma dessas pessoas vai morrer antes do tempo, por acidente, ou porque estava no lugar errado, na hora errada, não…, tal aconteceu porque estava previsto aquele tipo de desencarne pelo Plano Espiritual. A este propósito conta o Prof. Laércio no vídeo O Karma Coletivo (Fonte 18), a história de como o Plano Espiritual atuou numa situação específica e real:

> *Havia uma importante reunião de negócios em Israel, onde estava um grande empresário Americano… chegando a hora do almoço esse empresário deixou a reunião para almoçar… dirigiu-se a um restaurante self-service nas redondezas… pois dispunha de pouco tempo para almoçar… tendo descoberto um pequeno restaurante nas proximidades, notou, no entanto que havia uma fila muito grande e ele não dispunha de tempo para aguardar no final da fila até ser atendido…*
>
> *Notando o seu desespero uma pessoa que estava no início da fila cedeu-lhe o seu lugar, pois essa pessoa poderia aguardar…*
>
> *Logo após este empresário ter sido atendido e quando já se afastava do restaurante com a comida para almoçar fora dai e estava já distante aproximadamente cinquenta metros do local onde comprou a comida, uma violenta bomba explodiu nesse restaurante através da explosão de um homem-bomba (que era usual nessa altura acontecer), fazendo com que todos os clientes daquele restaurante*

que estavam dentro e na fila para serem atendido tivessem morrido ou ficado gravemente feridos...

Ao notar a explosão e as vítimas que provocou, o empresário americano verificou que se aquela pessoa lhe não tivesse cedido o lugar, era ele que poderia ter morrido ou ter ficado ferido com gravidade... procurou a pessoa que lhe cedeu o lugar para lhe agradecer e manifestar a sua gratidão e solidariedade.

Encontrou-o mais tarde num hospital, manifestou-lhe gratidão e predispôs-se a custear todos os tratamentos... Não sendo necessário pagar os tratamentos em Israel, pois foi informado que o governo custeava esse tratamento, disponibilizou-se para eventuais tratamentos futuros...

Mais tarde recebe a chamada do filho dessa pessoa que tinha sofrido o acidente e que ainda estava hospitalizado a solicitar ajuda para um tratamento que o pai teria de fazer lá nos Estados Unidos da América... O empresário americano de imediato se disponibilizou e ele mesmo foi buscar essa pessoa ao aeroporto e conduziu-o ao hospital indicado...

Acontece que, quando o empresário americano estava a acompanhar o israelita para ser tratado nesse hospital, o americano ausentou-se do seu escritório que estava situado precisamente numa das torres do World Trade Center, precisamente no dia 11 de Setembro de 2001, precisamente no momento em que as Torres foram atingidas por ataque terrorista em que vários milhares de pessoas morreram que estavam naqueles prédios.

Pela segunda vez este empresário americano foi desviado pelo Plano Espiritual de ter falecido num acidente...»

Claro que, na situação que acabei de referir, em que alguém se consegue salvar, como que por milagre, foi porque o Plano Espiritual viu que essa pessoa não precisava nem lhe era útil desencarnar e/ou ter o mesmo tipo de experiências das outras pessoas que acabaram por desencarnar nesse acidente, ou a sua ação positiva, pode ter levado o Plano Espiritual a entender que ele não precisava de passar por aquela experiência, pois já teria aprendido o ensinamento que aquela situação lhe iria trazer.

Quando alguém se salva em acidentes deste tipo, é apenas um sinal de que essa pessoa, não precisa dessa experiência, ou não lhe é útil nessa data e assim sendo o Plano Espiritual desvia essa pessoa desse acidente.

A situação mais dolorosa pela qual passamos, quando programada pelo Plano Espiritual é sempre para nos ajudar e até pode ter sido do nosso consentimento e aceitação (se nessa altura estivermos em condições de perceber).

Claro que quando alguns alegam que nunca pediriam tal sofrimento ou acidente, não conseguem conceber que o pediram antes de encarnarem (se calhar nem acreditam na reencarnação), nem que lhes pode vir a ser útil.

O esquecimento, especialmente das experiências negativas, quer das que pedimos, quer das que nos foram impostas, para termos numa encarnação futura, vão ser-nos úteis, pois se soubéssemos aquilo que fizemos de negativo no passado e, por consequência, das experiências (mais dolorosas) que vamos ter passar no futuro: iríamos, viver no remoroso de termos feito o que fizemos... já em relação ao futuro e às experiências mais dolorosas que nos esperam, se não tivéssemos o esquecimento iriamos tentar por todos os meios não ter essas experiências, para não sofremos por antecipação, sendo que o resultado seria o de não retirarmos os ensinamentos e aprendizagens que precisávamos daquela situação.

Acredite, que, quer o esquecimento daquilo que fizemos no passado, quer daquilo que vamos ter de passar no futuro – em especial o mais negativo e/ou doloroso, muito longe de ser uma punição, é antes de tudo uma bênção ou ajuda que o Plano Espiritual nos concede.

Todas as experiências, quer as mais positivas, quer as mais negativas que em alguma vida experienciamos (embora quando encarnados a maior parte de nós não se lembre), estão registadas, como se de um filme se tratasse, que está guardado nos Arquivos do Plano Espiritual, para que o Conselho Cármico o possa avaliar e em resultado dessa avaliação, quais as consequências, se positivas – para experiências de energia positiva; ou negativas – para experiências de energia negativas.

Muitos de nós não aguentaríamos emocionalmente saber que determinado sofrimento tem a ver com sofrimento idêntico que infligimos a outro numa vida passa, sendo que esse outro, com toda a certeza é aquele que está mais próximo de nós ou com o qual temos uma relação mais tensa, pode ser o nosso parceiro: esposa/marido, filho, irmão, pai/mãe, etc.

Uma das maravilhas da Perfeição da Criação Divina para mim, é mesmo o esquecimento do que fizemos em anteriores encarnações ou o esquecimento do que aceitamos como vivências nesta e numa encarnação futura, até porque com este esquecimento (que não é apagamento, até porque o poderemos rever se for necessário e conveniente) vamos poder compensar o outro, sem remorosos ou mal-entendidos do passado, até porque na maioria das vezes esse a quem fizemos mal ou vice-versa está junto de nós para que o possamos compensar e ajudar na mesma medida que o prejudicamos (o chamado resgate cármico).

Para ilustrar a Perfeição Divina no que se refere ao esquecimento de vidas passadas, deixo aqui uma situação que ilustra bem a *perfeição do esquecimento*:

- *imagine que numa vida passada, nós próprios que causamos dor e sofrimento a uma determinada pessoa:*
  Para retirarmos o ensinamento que precisamos, para compensarmos ou resgatarmos o mal que fizemos (na mesma medida prejudiquemos) a essa pessoa numa vida passada, uma das formas que pode ter sido acordada ou imposta pelo Conselho Cármico (que decide quais as experiências que vamos ter de passar, como aprendizagem e resgate), pode ter sido, essa pessoa, numa próxima encarnação, ser nosso filho.

O que vai acontecer, é que aquele a quem fizemos sofrer, numa vida passada, agora é o nosso filhinho querido que acabou de nascer e a quem nós estamos prontos e disponíveis para lhe dispensar muito amor, carinho, proteção, etc.. Claro que só vamos estar disponíveis emocionalmente para dar esse amor, carinho e proteção a essa pessoa que acabou de nascer e que agora é o nosso filho adorado, porque não temos a lembrança do que lhe fizemos e que ele também nos fez numa vida passada.

A Perfeição Divina do esquecimento é tal que, neste caso, vai permitir que comecemos a amar, a cuidar e a proteger, aquele que nos magoou e que nós magoamos numa vida passada, sem que estejamos condicionados por esses acontecimentos do passado em que vivemos e fizemos sofrer essa pessoa e vice-versa.

Porque não estamos condicionados pela lembrança de um passado de dor e sofrimento que cada um causou ao outro, vamos estar disponíveis para poder retribuir, mas agora com amor, carinho e proteção a uma pessoa a quem fizemos sofrer e vice-versa, sem que isso signifique estarmos a fazer isso a contragosto - o que aconteceria se tivéssemos conhecimento dos sofrimentos e zangas do passado... e assim estamos disponíveis para retribuir com energia positiva (e em proporções mais ou menos iguais ao que prejudicamos no passado), e podemos retirar o ensinamento que precisávamos, quase sem nos darmos conta.

Ora diga lá se isto não é Perfeição Divina, pagarmos uma dívida quase sem nos darmos conta, com toda a boa vontade e com todo o contentamento?!!

Algum mal-estar que determinada pessoa da nossa família nos pode causar, também pode ser devido às experiências em comum que ambos tivemos, pois à semelhança do exemplo que acabei de referir, em que acabamos por retribuir com amor, carinho e proteção, também pode haver alturas em que a relação com uma pessoa dessas pode ter fases menos pacíficas resultantes de alguma memória que possa ser despoletada.

Porque aquilo que vivemos no passado não está apagado, apenas está esquecido, para que possamos ter novas experiências sem estarmos condicionadas pelo passado, mas com a vivência em comum, é possível que, através das mais variadas situações, que pode ser uma palavra, um comportamento, etc., tal possa despoletar em nós ou na outra pessoa, um mal-estar, que pode estar associado com essa pessoa (ou com outras pessoas ou acontecimentos mais traumáticos ou dolorosos). Isto verifica-se pelo facto de que, essa palavra e/ou comportamento fez despoletar na pessoa em questão uma lembrança inconsciente de dor e/ou sofrimento que está associado com o que essa pessoa possa ter feito (ou ter lembrado) numa vida passada, ou vice-versa e por isso vamos sentir algum desconforto, quando essa pessoa tem esse comportamento, pela simples razão de que esse acontecimento traumático do passado foi recordado de forma inconsciente e pode haver esse mal-estar entre nós e essa pessoa. Se não foi essa pessoa que nos fez sofrer, pode ser esse comportamento que nos faz lembrar uma situação dolorosa do passado.

É, pois, natural que numa determinada família haja mais afeição, carinho e mesmo amor entre uns e menos entre outros e isso é perfeitamente normal e explicável. Em relação a uns podemos ter tido apenas experiências positivas e podem estar nas nossas relações mais próximas para nos ajudarem e por isso termos mais afeição... já outros podem estar na nossa família mais chegada, mas para que possamos ter agora, por oposição, uma nova experiência de amor e assim, além de resgatarmos a dívida que tínhamos para com essa pessoa, retirarmos o ensinamento que precisamos.

Para resolvermos uma situação de dor que infligimos a alguém no passado, temos de alterar o nosso comportamento, ou a energia que emitimos, em relação a essa pessoa.

Só vamos saber que resolvemos uma situação do passado em que causamos dor e sofrimento a alguém quando conseguirmos emitir energias positivas em relação a essa pessoa agora e no futuro e numa situação igual ou parecida futura, tivermos depois um comportamento diferente e positivo, que tenha resultado da aprendizagem que fizemos.

Se em situações mais ou menos parecidas no futuro continuarmos a agir como agimos no passado, causando dor e sofrimento ao outro, é porque ainda não retiramos o ensinamento devido e, em consequência disso teremos de fazer novos resgates cármicos e passar por experiências de dor e sofrimento para, ao sofrermos na mesma proporção dos nossos atos passados, possamos retirar o ensinamento de que aquilo que fizemos ao outro não foi positivo e que no futuro vamos fazer diferente, mas positivo.

Devemos ter em conta, que se queremos resolver definitivamente uma desavença do passado, não poderemos permanecer no mesmo padrão energético/comportamento de antes.

Se mantemos o mesmo tipo de comportamento, vamos estar a emitir o mesmo tipo de energia, até porque, se enquanto encarnados podemos não perceber no imediato as energias que o outro emite em nossa direção, já quando algum de nós estiver no Plano Espiritual essa energia vai perceber-se mais claramente (embora cada um vá perceber até ao seu tipo de energia).

Só vamos poder resolver uma questão do passado, alterando o comportamento no presente (em relação aos intervenientes da situação dolorosa do passado), passando a emitir em relação a essa pessoa, energia positiva que se vai traduzir em pensar positivo, falar positivo e fazer positivo ou ter um novo comportamento e reação em relação a um mesmo comportamento que essa ou outra pessoa teve no passado em relação a nós mesmos.

Só alteramos o tipo de energia que emitimos em relação a uma pessoa, se começarmos por mudar positivamente aquilo que pensamos… aquilo que falamos… e aquilo que fazemos.

Em termos de vibração e atração energética entre pessoas e coisas nunca há enganos, até porque em questões de energia, enquanto o Plano Espiritual positivo consegue perceber, quer as energias positivas, quer as energias negativas e tem em seu poder o registo em imagens que comprovam o comportamento que deu origem a essa tipo de energias de uns e outros; já o Plano Espiritual negativo, também consegue perceber as energias das pessoas que emitem energia negativa, apoiado também em registos de imagens, pelo que, em questões energéticas de uns (positiva) e de outros (negativa), cada um de nós vai estar nos lugares apropriados e rodeado dos Seres de energia de qualidade mais próxima e/ou compatível com a sua.

Enquanto o Plano Espiritual positivo tem registo e percebe desde as energias negativas até às energias mais positivas equiparadas às suas, já os Seres do Plano Espiritual negativo só percebem as energias negativas e até às suas próprias energias, pelo que um Ser Negativo não consegue perceber claramente as energias de um Ser de energias positivas mais acentuadas, enquanto o Ser Positivo consegue perceber os dois tipos de energia.

Poderíamos dizer que ao vibrarmos em determinada energia, mais não fazemos do que estar num espaço energético correspondente, que vai ser um espaço frequentado por Seres de energia positiva: se estivermos a vibrar em energia positiva, e vai ser um espaço frequentado por Seres de energia negativa: se estivermos a vibrar em energia negativa.

Ninguém vai invadir ou permanecer num espaço energético que não combina com o seu, até porque se vai sentir desconfortável.

O que acontece com as obsessões é que, através da nossa energia (negativa) nos colocamos num espaço (ou somos percebidos pela energia que emitimos) onde existem outros Seres com o mesmo tipo de energia, e estando aí (ou vibrando nesse tipo de energia) vamos estar mais perto de alguém a quem podemos ter feito sofrer num passado mais ou menos recente, e assim ficar à mercê da sua vingança, mas foi sempre a qualidade da nossa energia que nos colocou aí e nunca fomos forçados por ninguém a estar lá.

Quando aprendemos com o mal que fizemos, vamos tomar consciência que aquilo que fizemos não contribuiu, quer para o nosso bem-estar, quer para o bem-estar da outra pessoa, por isso vamos passar a fazer diferente. A nova aprendizagem pode começar por pedirmos desculpa à pessoa a quem fizemos sofrer e penitenciando-nos pelo que fizemos – tal pode ser feito também no Plano Espiritual em viagens astrais que podemos fazer durante o sono, ou quando desencarnarmos.

Não espere por desencarnar para fazer as pazes e retirar os ensinamentos devidos em relação a alguém, até porque isso vai contar para o tipo de experiências futuras e mesmo o lugar para onde vai ser atraído quando desencarnar, ou seja, na dúvida, faça o bem hoje mesmo e por consequência será recompensado.

Mais importante do que assumirmos a nossa falta perante aquele a quem fizemos sofrer, é no futuro, em outras situações mais ou menos similares, passarmos a fazer diferente e positivo, pois só assim o ensinamento e aprendizagem teve o efeito pretendido e quebra-se esse ciclo vicioso negativo.

Todas as experiências que nos são apresentadas numa determinada encarnação visam todas em grau maior ou menor, algum ensinamento, pelo que, se não retirarmos nenhum ensinamento vamos ter de continuar a ter experiências mais dolorosas, não como forma de punição, mas sim, como forma de *acordarmos* ou o *abanão* que precisamos para fazermos diferente.

Quando estamos confortáveis não vamos ser atraídos nem pode compensar-nos fazer diferente, pois já estamos bem… só quando não estamos bem é que o risco de fazermos diferente pode compensar, pois se o fazer igual nos dá dor, continuando a fazer o mesmo o mais provável é continuarmos a ter dor, pelo que, fazer algo diferente na situação de dor, tem mais lógica porque não queremos a dor e se continuarmos a fazer o mesmo a probabilidade de continuarmos a ter essa dor vai ser maior, ou seja, fazendo o mesmo já sabemos que o resultado vai continuar a ser o mesmo, fazendo diferente pode haver a possibilidade de termos diferente, neste caso, sem dor ou com mais prazer.

Quando interiorizamos de forma mais ou menos consciente o novo ensinamento e aprendizagem que tivemos, que nos vai puxar para pensarmos e fazermos diferente, é da máxima importância, que logo que tivermos consciência mais efetiva do novo fazer, que comecemos e ver coerência entre o novo pensar e o novo fazer, ou seja, não podemos pensar de uma maneira nova e positiva e depois no dia-a-dia voltarmos a cair nos mesmos comportamentos, pois isso, é a causa principal da generalidade das doenças e mal-estar, físicos.

O mero ato de pensar, falar e depois de fazer, vai libertar energia que é percebida, mais nitidamente ainda no Plano Espiritual, pelo que, mais do que aquilo que possamos dizer, é a energia que emitimos a cada instante (que é resultado do nosso pensar e do nosso fazer) que vai ser percebida e vai atrair para nós, os Seres desencarnados com a mesma qualidade energética.

Se estivermos e emitir energia positiva vamos atrair Seres de energia positiva e se estivermos a emitir energia negativa vamos atrair para nós Seres de energia negativa e quer uns, quer outros, vão ajudar-nos a ter:

- experiências cada vez mais positivas - se estivermos a emitir energia positiva; ou
- experiências cada vez mais negativas - se estivermos a emitir energia negativa.

A qualidade da nossa energia é que vai atrair os Seres (quer estejam no Plano Espiritual, quer estejam ainda encarnados) de energia semelhante e vai afastar Seres de energia oposta, pelo que, se queremos ser ajudados pelos Seres positivos e estarmos protegidos dos Seres negativos, só temos de emitir energia positiva, se queremos ser notados e ajudados pelos Seres negativos e dificultar a ajuda dos Seres positivos, só temos de emitir energia negativa.

Se quisermos que os Seres Negativos se sintam mal junto de nós e se acabem por afastar, só temos de criar um ambiente à nossa volta em que esse Seres se não sintam confortáveis (pode ser orar, rezar, ouvir música de energia positiva, estar na natureza, etc.), logo, se esses Seres não se sentirem confortáveis junto de nós (por estarmos a emitir energia positiva), mais tarde ou mais cedo vão afastar-se, até porque ninguém gosta de estar num lugar onde se não sente bem. O mesmo acontece com os vírus, bactérias e afins que nos podem causar dor, sofrimento e doenças várias… que ao serem energia negativa, não se vão sentir confortáveis num ambiente de energia positiva, pelo que se os queremos afastar, deveremos vibrar numa energia diferente e positiva daquela em que eles operam (neste livro vou deixar muitas dicas de como pode fazer isto).

Quando sentirmos que podemos estar a ser obsidiados, podemos criar desde logo também o ambiente energético para que esses Seres não se sintam confortáveis junto de nós.

Se fizermos ações de energia positiva, como: mantras positivos, orar, rezar, ouvir música inspiradora positiva, ler um livro positivo, ver um filmes espiritual positivo, etc., acredite que os Seres de energia negativa não vão gostar daquilo que estão a ver/ouvir, pelo que, se mesmo assim esses Seres Espirituais insistirem em continuarem connosco, têm duas hipóteses: ou se afastam de imediato por não se sentirem confortáveis e não gostarem do que ouvem e vêm e da energia em que estamos a vibrar; ou, continuam connosco e nesse caso até podem ser doutrinados para o bem-fazer (o Plano Espiritual positivo pode aproveitar esta situação), pois vão ter de ouvir e ver aquilo que nós estamos a ouvir e a ver.

De tudo o que acabei de referir resulta que, ninguém entra na nossa energia ou campo energético, se essa qualidade energética não estiver próxima da nossa, pelo que, quer uns (positivos), quer outros (negativos), ao estarem junto de nós só lá estão porque a nossa energia o permite.

Como se diz na Doutrina Espírita: *ninguém tem o encosto que não merece,* ou, *todos temos o encosto que merecemos,* pelo que, se estamos a ter determinada experiência mais negativa e/ou dolorosa infligida por um obsessor, é porque ainda estamos a vibrar numa energia parecida com a dele… e só nos vamos ver livres dessa obsessão quando alterarmos a nossa vibração energética e/ou obtivermos o perdão do obsessor.

Uma das formas de nos livrarmos da influência de um obsessor é retirarmos algum ensinamento positivo dessa situação dolorosa, que mais tarde se vai traduzir em passarmos a pensar e a fazer diferente, mas positivo, e se vamos passar a pensar e a fazer diferente, vamos passar a emitir energia contrária à desses obsessores o que na prática, vai fazer com que nos desalinhemos da energia desses obsessores, afastando-nos da sua influência.

Nunca nos vamos livrar de um obsessor, amaldiçoando-o (energia negativa), pois assim estamos a vibrar na energia desse obsessor (ou equiparada) e com isso além de não nos afastarmos, podemos até ficar ainda mais ligados a ele e a outros de energia semelhante, pois estamos a alinhar-nos mais energeticamente nesse tipo de energias.

O sofrimento que um obsessor nos está a infligir, vai começar a desaparecer à medida que o nosso próprio comportamento em geral e o nosso comportamento em relação a esse obsessor mudar para mais positivo, pelo que, se continuamos a odiar (de forma mais ou menos consciente) um determinado obsessor, não esperemos que ele deixe de nos influenciar negativamente, pois vamos estar sintonizados energeticamente.

Quando mudamos o nosso comportamento em relação a alguém, a um nível mais ou menos consciente é porque retiramos algum ensinamento dessa situação, até porque enquanto não retirarmos nenhum ensinamento, a tendência natural será continuarmos a fazer o mesmo. Se vamos fazer diferente é porque houve algum ensinamento que nos encorajou a fazer diferente, porque isso iria significar sempre algum ganho para nós e/ou para outros.

Não se pressione para retirar determinado ensinamento de imediato, até porque esse ensinamento pode chegar até si mais à frente, pode ser mais à frente nessa vida através de um *insight* que vai ter, ou o ensinamento pode chegar ainda mais à frente quando estiver no Plano Espiritual, onde até vai poder comparar aquele sofrimento que teve com um sofrimento semelhante que poderá ter infligido a outros e assim, perceber que sofreu em si o mesmo sofrimento que causou ao outro e aprender que não deve fazer mais isso futuramente para seu bem e bem de todos os envolvidos.

Claro que todos nós queríamos que a aprendizagem fosse o mais rápido possível, mas acredite que muitos ensinamentos só os vamos perceber de forma mais consciente, muito mais tarde, embora muitos deles até os tenhamos incorporado de forma inconsciente, que se poderão ter traduzido em mudança de comportamentos, mudança de hábitos, mudança de profissão, etc., por isso, mesmo que não os tenhamos percebido, mas desde que os tenhamos incorporado através de novos comportamentos, isso já é o bastante, até porque o que é importante é mesmo fazer diferente e positivo, se é por intuição mais ou menos consciente, isso não importa muito.

Não nos devemos pressionar para retirarmos determinado ensinamento de imediato, até porque se forçarmos a compreensão de um eventual ensinamento, tal pode não ser o mais acertado, porque foi retirado sob pressão, pelo que deveremos optar por confiar na sua intuição e sentir as nossas sensações (positivas ou negativas), que o nosso novo-fazer, nos faz sentir, para perceber e sentir melhor, se aquele é efetivamente o ensinamento que aquela situação nos veio trazer.

Para conseguirmos ouvir o que a nossa intuição nos quer transmitir, uma das técnicas que pode ser útil é fazer uma meditação, pois assim, libertos dos barulhos da mente, podemos escutar melhor o que a nossa intuição nos quer dizer.

Quando estamos a vivenciar um momento de paz e tranquilidade, a nossa mente não vai estar condicionada para perceber determinada situação, pelo que, quanto mais neutra tivermos a nossa mente, mais certeza vamos poder ter de que aquela intuição pode ser o ensinamento que precisamos retirar dessa situação.

Como é costume dizer-se, o nosso destino é a evolução, agora nós podemos optar por fazer escolhas que nos levam a evoluir pelo amor ou pela dor, a escolha é sempre nossa, mas o nosso destino é sermos e ficarmos à imagem e semelhança do nosso Criador.

Claro que não é fácil *aceitar* o sofrimento até porque não é agradável e muitos de nós porque não percebemos antecipadamente o *porquê desse sofrimento,* mais difícil se torna esta aceitação.

Quando tivermos a noção que o sofrimento pelo qual estamos a passar é o *meio* mais adequado para a nossa evolução, vamos minimizar esse sofrimento ou mesmo acabar com ele, pela simples razão de que quando percebemos qual o ensinamento que esse sofrimento nos estava a transmitir, esse sofrimento já cumpriu o seu propósito, logo já não é necessário que continue... e a partir daqui, vamos encontrar o tratamento certo e/ou comportamento, diferentes, que vão acabar definitivamente com aquela dor e sofrimento.

Embora o nosso processo natural de desenvolvimento seja caminharmos para ficarmos à imagem do nosso Criador, Ele permite, através do livre-arbítrio que nos concedeu, que cheguemos a essa perfeição de várias formas, sendo que, genericamente podemos dividir essas situações em duas principais que são: *evolução pela dor* ou *evolução pelo Amor.*

O que é importante ter em conta é que o nosso destino não pode ser outro, logo, podemos demorar mais ou menos tempo, de acordo com as experiências que optámos por experienciar, mas todas elas, vão contribuir para a nossa evolução, desde que retiremos os ensinamentos devidos, embora umas vão promover uma aprendizagem e evolução mais rápidas do que outras.

Quando persistimos num determinado comportamento que não promove a nossa evolução, poderá ser necessário numa encarnação futura, sermos limitados, fisicamente, mentalmente, etc., para que, não dispondo destas capacidades, possamos ser impedidos de voltar a fazer o mesmo de antes e/ou até fazermos diferente e positivo e assim podermos retirar algum ensinamento. Limitações com que nascemos ou que poderemos vir a ter, podem ser um meio que nos ajuda na nossa evolução – esta é uma certeza que devemos aceitar o mais rapidamente possível, para que possamos enfrentar com mais coragem e determinação essas situações que nós mesmos ou alguém mais próximo possa enfrentar.

Evoluir pela dor, será uma das opções que podemos escolher, mas isto só vai acontecer, ou por nossa opção mais ou menos consciente ou porque essas experiências nos vão permitir o ensinamento e resgate que precisamos.

Para a nossa evolução podemos ter variadíssimas missões, mais ou menos notadas socialmente, mas não é forçoso que tenhamos missões de elevado relevo social.

A missão que nos pode ter sido destinada, pode apenas ter sido a de cuidar da nossa família e transmitir-lhes valores positivos e para isso o Criador deu-nos as ferramentas (ou a falta delas, se servirem para nos impedir de fazer o negativo ou aquilo que não nos traz nenhum ensinamento) mais adequadas para cumprir a nossa missão, desde um corpo físico mais ou menos dotado, desde uma capacidade intelectual mais ou menos desenvolvida, desde meios financeiros maiores ou menores... tudo isso, em maior ou menor grau, consoante a nossa necessidade de usar essas aptidões, ou na falta delas, nos possa impedir ou ajudar a fazer o positivo e impedir o negativo de antes, pois, por exemplo, se não conseguirmos fazer o mesmo que antes, por não termos capacidades físicas para isso, vamos estar mais perto de fazer diferente e positivo.

As condições que nos vão ser oferecidas serão aquelas que se mostrarem as mais necessárias, quer para fazermos (o positivo), quer para evitar de fazermos (o negativo) e isso vai também incluir a família em que nascemos (mais ou menos amorosa e mais ou menos disfuncional), os relacionamentos que vamos ter, que também serão mais ou menos positivos, consoante as nossas necessidades de termos experiências de dor ou de amor.

Para os mais céticos pode ainda continuar a interrogação:
- como é que um corpo físico menos dotado ou com alguma limitação física, ter menos meios financeiros, ter uma determinada doença, etc., nos pode ser vantajoso em relação a ter esses mesmos meios ou ferramentas considerados mais positivos?

A resposta a esta questão é muito simples: *é porque não dispondo de condições físicas podemos não conseguir voltar a fazer o mesmo mal e/ou o negativo de antes, evitando assim que continuemos num ciclo-vicioso de comportamento negativo.* Quando conseguirmos aceitar este conceito, vamos perceber e aceitar, que por exemplo, aquelas deficiências de nascença ou aquelas doenças mais dolorosas que nos podem chegar a nós próprios ou a algum familiar mais próximo, não são castigos Divinos, mas antes um meio útil e necessário para podermos ter o bom e positivo mais tarde. Quando nos depararmos com alguém nestas condições, devemos, pois, encorajá-lo e enaltecer até a sua coragem (até porque até pode ter sido ele que pediu essas experiências mais dolorosas).

Pese embora uma pessoa com limitações físicas de vária ordem, possam ser um dos meios necessários e úteis para evitar que essa pessoa faça o negativo ou para que essa pessoa retire algum ensinamento, isso não quer dizer que não podemos ou que não devemos ajudar essas pessoas quando elas nos pedem ajuda, antes pelo contrário, devemos sempre ajudá-las, mas desde que nos peçam essa ajuda.

Claro que se notarmos que a pessoa limitada fisicamente que nos pede a nossa ajuda é para conseguir ter um comportamento ou obter algo negativo que essas limitações poderiam estar a impedir, é evidente que não deveremos ajudar, agora se a ajuda que essa pessoa nos pede é para ter uma melhor qualidade de vida (que pode funcionar como motivação ou ensinamento para enfrentar melhor situações menos fáceis), deveremos sempre ajudar, pois, nestas situações, a nossa ajuda não vai prejudicar o ensinamento que essa pessoa precisa retirar dessa situação.

Embora a generalidade das limitações físicas ou até mesmo doenças, possam ser um dos meios que a pessoa pediu para retirar o ensinamento que precisa, isso não impede que a possamos e devemos ajudar sempre que possível, até porque a nossa ajuda pode potenciar e ajudar essa pessoa a retirar esse ensinamento e se isso acontecer de forma mais ou menos direta, através da nossa ajuda, isso será um gesto muito meritório e relevante (positivamente) quer para nós, quer para a pessoa que ajudamos, no entanto, deveremos ter sempre alguns cuidados, quando ajudamos alguém nessas circunstâncias, para que a nossa boa-vontade de ajudar estas pessoas, não acabe por resultar em prejuízo dessas mesmas pessoas e até de nós próprios (através de algum carma negativo que podemos vir a sofrer).

Vamos saber que podemos ajudar uma pessoa, sem que com isso estejamos a prejudicar ou a impedir essa pessoa de retirar o ensinamento devido dessa situação, se:

- se essa pessoa nos pedir ajuda.
  Se essa pessoa não quiser a nossa ajuda, nunca a devemos forçar a aceitar, mesmo que nós pensemos que essa ajuda a vai aliviar ou ajudar, pois embora isso até pudesse acontecer, se essa pessoa não quer a nossa ajuda, isso pode significar que ainda não retirou qualquer ensinamento dessa situação, logo, ainda pode precisar desse sofrimento e/ou limitação para retirar esse ensinamento, pelo que, se nessa situação, forcássemos ou impuséssemos a nossa ajuda contra a vontade da pessoa, embora na prática possamos pensar que a podemos ter ajudado, essa nossa ajuda podia trazer mais malefícios do que benefícios para si.

- se notarmos que a nossa ajuda vai fazer com que essa pessoa melhore a sua qualidade de vida e por consequência, melhore a sua auto-estima, coragem, alegria, predisposição, etc..
  Ao ajudarmos nestas situações, que pode ir desde a ajuda direta em atividades físicas, até ao estímulo positivo, etc., vamos estar a ajudar, embora de forma indireta, essa pessoa a retirar o ensinamento que essa situação lhe vem trazer.

- se notarmos que essa ajuda (ou falta dela) vai contribuir de forma objetiva e eficaz para que essa pessoa retire o ensinamento que precisa dessa situação.

É muito importante termos a noção de que, nem sempre o ajudar de forma sistemática o outro, isso pode ser o melhor para ele... Temos de ter sempre a noção que nem sempre o melhor para nós pode ser o melhor para o outro, devemos sempre avaliar se a nossa ajuda vai ou não ajudar aquela pessoa, sob pena, de, com a nossa ânsia desenfreada de ajudar não estarmos a prejudicar essa pessoa.

Quando nos propomos ajudar alguém temos de ter sempre em conta que vai haver uma parte que vai ter de ser feita sempre pela outra pessoa e nunca podemos ser nós a fazer tudo por ela. aquilo que é a outra pessoa que tem de fazer, vai ter de ser sempre ela a fazer, nós só podemos e devemos fazer a nossa parte. Se persistirmos em ajudar sem ter estas noções, além de não estarmos a ajudar no essencial aquela pessoa, pode até acarretar carma negativo para nós, que será tanto mais grave, quanto mais conhecimento efetivo tivermos antecipadamente dessa situação.

Devemos ter a noção, que, quer em nós, quer nas outras pessoas, as missões mais dolorosas que nos estão destinadas, não só podem incluir alguma deficiência ou doença que venhamos a ter, como vão colocar entre nós e nas nossas relações mais próximas, as pessoas para nos relacionarmos mais frequentemente, como pais, irmãos, esposa/marido, amigos, etc., que nos vão ajudar a cumprir a nossa missão. Uns podem estar mais próximos de nós, para nos ajudarem de forma ativa na nossa missão, já outros podem estar nos nossos relacionamentos menos positivos para que possamos retirar algum ensinamento e resgatar (ou ajudar na mesma medida em que prejudicamos) algum carma, entre nós e essas pessoas que possa vir de um passado, mais ou menos distante.

Pelo que acabei de referir é fácil aceitar que na nossa família mais próxima vamos ter, relacionamentos mais fáceis e positivos, e relacionamentos mais difíceis ou mesmo negativos. Isto pode significar que com uns (de relacionamento positivo) tivemos bons relacionamentos no passado) e com outros (de relacionamento difícil ou negativo) tivemos relacionamentos negativos no passado... e que uns (de bom relacionamento) podem estar nas nossas relações mais próximas para nos ajudarem (porque sempre tivemos uma boa relação com eles em outras encarnações), já outros (de mau relacionamento), podem estar para retirarmos algum ensinamento e/ou resgatarmos algum carma.

Embora a razão pela qual determinada pessoa (com a qual temos um relacionamento difícil ou pouco saudável) esteja junto de nós para retirarmos algum ensinamento, isso não quer dizer que devemos aceitar todos os relacionamentos negativos que eventualmente venhamos a ter, quer eles sejam com a nossa família direta, como pais, irmãos, etc., quer sejam com família mais afastada ou simplesmente amigos ou conhecidos, o que quer dizer é que devemos sempre avaliar e retirar os ensinamentos que cada relacionamento (em especial os mais difíceis ou dolorosos) nos trazem, que podem ir desde a compreensão e o perdão, até ao afastamento dessas pessoas, se, intuitivamente considerarmos que é esse o ensinamento que deveremos retirar desse relacionamento.

Muitas vezes suportar um mau relacionamento por demasiado tempo, pode não ser o melhor ensinamento que podemos dar ao outro, até porque o outro pode perpetuar esse mesmo comportamento, quer connosco quer com outras pessoas e, por exemplo, uma situação de abandono da nossa parte (que até pode causar dor e sofrimento a essa pessoa), pode ser o abanão (por passar a sofrer com a nossa ausência), que essa pessoa precisa para ter um novo comportamento e mais positivo no futuro e ser esse pois o ensinamento que essa pessoa precisa retirar do relacionamento difícil que teve connosco.

Muitas pessoas vão perpetuar um comportamento negativo se não sofrerem na pele a dor resultante desse comportamento, pelo que, podemos ser nós aqueles que, ao não consentirem aquele comportamento vão quebrar esse ciclo-vicioso de comportamento negativo dessa pessoa. Claro que, mesmo que uma pessoa nos esteja a fazer sofrer, não estamos autorizados a fazê-la sofrer na mesma medida como vingança, até porque isso acarretaria mais carma negativo para nós em relação a essa pessoa, o que devemos fazer é, ao não permitir um comportamento abusivo do outro em relação a nós, permitir e/ou dar a essa pessoa e a nós mesmos, a possibilidade de retirar os ensinamentos que ambos podemos precisar daquele comportamento.

Muitas pessoas que fizeram sofrer outros poderão estar destinadas a sofrer na mesma medida aquilo que fizeram os outros sofrer, mas sempre com o objetivo de experimentarem a mesma dor e sofrimento que causaram e assim poderem retirar algum ensinamento para mudarem esse comportamento, no entanto isso não dá o direito, nem abona a seu favor se mantiver o mesmo comportamento, pois isso vai significar que não retirou nenhum ensinamento e não se afastou daquele tipo de energia, continuando por isso também a ter de resgatar aquela carma em relação a essa pessoa no futuro.

Devemos ter sempre em conta que um comportamento negativo do outro para connosco não o resolvemos de forma positiva se continuarmos a ter com comportamento igual àquele que o originou no passado.

Claro que em desavenças do passado entre duas pessoas, uma pode retirar os ensinamentos e aprendizagens mais depressa do que a outra e nessa altura o que vai acontecer é que a pessoa que retirou o ensinamento devido vai alterar o seu comportamento, mesmo sem que o outro o tenha feito e com esta mudança vai quebrar um ciclo-vicioso de comportamento negativo entre os dois, fazendo com que o obsessor cada vez se sinta menos confortável na presença do obsidiado.

O que devemos ter a noção é de que se estamos a vivenciar uma situação menos confortável isso se deve a algum ensinamento que precisamos dessa situação, no entanto, cada caso vai ser um caso diferente e deveremos sempre analisá-lo de forma independente, para que possamos retirar o ensinamento que precisamos que pode ser diferente do ensinamento que outra pessoa retirou em situações mais ou menos parecidas... a nossa intuição é que nos vai dizer o ensinamento que precisamos retirar de uma determinada situação, pelo que, não devemos ter como garantido que seja o mesmo ensinamento que outra pessoa retirou de uma situação mais ou menos parecida.

Em muitas situações, a nossa missão de vida pode implicar que um relacionamento ou comportamento nosso provoque alguma dor ou sofrimento a outro, para, por exemplo, esse comportamento fzer com que essa pessoa possa retirar o ensinamento que precisa, como nas situações que referi. Claro que nunca deveremos provocar sofrimento no outro, por puro prazer ou diversão, pois se assim o fizermos o objetivo já não vai ser o de ajudar o outro a retirar algum ensinamento, mas sim a nossa satisfação pessoal, que até vai criar carma negativo para nós em relação a essa pessoa, embora esse comportamento nosso possa ser aproveitado pela outra pessoa possa retirar algum ensinamento positivo.

Na dúvida, vamos ajudar, se depois de ajudarmos notarmos que a nossa ajuda, não ajudou, ou não contribuiu de forma direta ou indireta para que o outro retirasse algum ensinamento, não vamos ajudar mais dessa forma, mas vamos e devemos ajudar sempre que possível, mas sempre que acharmos que essa ajuda acrescenta positividade a essa pessoa.

Ao contrário de vermos pessoas com deficiência como pessoas com menores capacidades físicas, que até poderão ter, deveremos enaltecer a coragem que tiveram, até porque estas pessoas até podem ter sabido antecipadamente ou mesmo pedido estas limitações, demonstrado coragem e sacrifício, para aprenderem o que precisavam.

Uma das máximas das terapias que me foi passada é que não deveremos ajudar ninguém contra a sua vontade ou que essa pessoa não deseje expressamente, pela simples razão de que, se vamos ajudar e resolver a situação, sem que essa pessoa tenha retirado o ensinamento devido, em vez de estarmos a ajudar, vamos estar a prejudicar, pois quando não retiramos nenhum ensinamento de uma situação dolorosa, o mais provável é que venha nova situação, mas agora mais dolorosa para *ser ouvida e percebida*.

Enquanto não retirarmos nenhum ensinamento de um determinado tipo de comportamento mais negativo, a nossa tendência, vai ser de sermos atraídos para o mesmo tipo de comportamentos, até porque, enquanto não retirarmos os devidos ensinamentos, vamos estar a vibrar numa energia, que além de nos atrair para situações similares, vai ainda atrair até nós os Seres (desencarnados ou encarnados) que nos vão ajudar para que isso aconteça.

Em resumo, quando a pessoa que sofre de um obsessor, começar a retirar algum ensinamento positivo, vai a pouco e pouco começar a livrar-se do seu obsessor, até porque, ao passar a pensar, falar e a fazer diferente, passa a desalinhar-se desse tipo dessa energia e ao desalinhar-se desse tipo de energias mais negativas, vai ficar automaticamente cada vez mais protegido dessas energias e mais suscetível de ser ajudado e de receber energias positivas do Plano Espiritual positivo.

OS PERIGOS DE IR AO BRUXO

Uma situação a ter em conta e à qual muitas pessoas recorrem e que pode acarretar enorme perigo é quando alguém recorrer ao bruxo para resolver algum problema de caracter mais espiritual.

A gravidade de recorrer ao bruxo, mesmo em questões aparentemente mais positivas, pode acarretar graves prejuízos para quem recorre a estes serviços se não avaliar junto desse bruxo quais são as entidades do Plano Espiritual que vão fazer esse trabalho:

- se forem ações de energia positiva, certamente serão entidades positivas ou Seres de Luz, Santos, etc., por isso nada de mal vai acontecer a quem recorre a esses serviços, pelo que, com o pagamento ao bruxo, fica resolvida a questão;
- se forem ações de energia negativa, como amarrações, etc., só as entidades de energia negativa é que vão poder fazer esse trabalho, pelo que vai ser com essas entidades que depois a pessoa vai ter de ajustar contas quando estiver no Plano Espiritual.
  Pagar ao bruxo para fazer algum feitiço a alguém pode equiparar-se a alguém que contrata um assassino ou delinquente para fazer mal a outra pessoa. Nestas situações, embora a pessoa não faça com as suas mãos, pagou a alguém para fazer, logo vai ser culpada, porque foi a mandante.
  O dinheiro que alguém paga ao bruxo não paga o trabalho das entidades negativas que fizeram o trabalho, esse dinheiro apenas paga o trabalho do bruxo, pelo que, quando a pessoa desencarnar vai ter de pagar àquelas entidades negativas que o ajudaram… e como é que vai pagar, até porque no Plano Espiritual, não há dinheiro?
  Vai ter de trabalhar ou até ser escravo dessas entidades… vai ter de fazer trabalho negativo, quem sabe até, fazer o

trabalho de obsessor em relação a alguém que está encarnado.

Devemos ter o máximo de cuidado quando recorremos a alguém para algum trabalho de cariz espiritual, pois se não soubermos quem está a fazer esse trabalho no Plano Espiritual, podemos estar a arranjar um grande problema.

Claro que há trabalhos que certos bruxos fazem os quais só poderão ser feitos no Plano Espiritual, por Seres de Energia negativa, como por exemplo: - amarrações, feitiços, mau-olhado, etc., pelo que, quem recorreu a estes serviços, depois quando desencarnar vai ter de pagar muito caro estes trabalhos, quer às entidades de energia negativa que fizeram esses trabalhos, quer àqueles a quem foram dirigidos.

Já quando recorremos a algum bruxo para efeitos positivos e meritórios e sabemos que aquele bruxo está ligado a entidades positivas (podemos avaliar, por exemplo através das imagens que possa ter, de Santos, Seres de Luz, Avatares, etc, que possamos conhecer e pelas invocações que pode fazer), nada temos a temer, até porque estas entidades gostam de nos servir e até ficam contentes, quando lhes pedimos ajuda.

É da máxima importância termos a noção de que quando fazemos algum pedido ao Plano Espiritual, que vai interferir negativamente ou vai obrigar o outro a fazer algo contra a sua vontade e que por isso viola o seu livre-arbítrio, esse trabalho no Plano Espiritual, só pode ser efetuado por Seres negativos.

Nenhum Ser positivo do Plano Espiritual nos vai ajudar quando essa ajuda implicar obrigar o outro a fazer algo contra a sua vontade, pelo que, se algum dia fizemos um pedido deste género, mesmo que tal tenha sido em jeito de prece ou oração ao nosso Santo predileto, ficamos já a saber que não vamos poder ser ajudados por Eles – não esperemos que os Seres de Luz nos ajudem para podermos prejudicar os outros, se formos ajudados será por Seres de energia negativa.

Para prejudicarmos os outros, só vamos poder ser ajudados pelos Seres negativos do Plano Espiritual, mas isso como referi acarreta muitos dissabores e sofrimentos futuros, nomeadamente quando estivermos desencarnados no Plano Espiritual, pelo que, se ainda havia dúvidas: façamos o melhor pelo outro, agora e sempre.

Consumir alimentos da natureza é confiar no Criador, consumir alimentos transformados e processados é confiar no homem.

A REALIDADE ESTÁ NO PLANO ESPIRITUAL

«Quando uma pessoa morre, o corpo material, que na verdade é apenas um veículo projetado por inteligências superiores para ser usado como uma roupa nesta densidade planetária... a consciência e o corpo espiritual acopla-se a este corpo biológico e utiliza-o para de manifestar nesta realidade como um veículo de manifestação.

É tudo uma questão de perceção... se todos vocês fossem paranormais ou médiuns perfeitos (com as capacidades de mediunidade totalmente desenvolvidas), não chorariam nenhuma morte... não existiria velório e ninguém choraria a morte de ninguém... iria continuar a ter a mesma relação com essa pessoa... continuar uma conversa, etc....

Tudo no nosso mundo é uma questão de perceção... se o homem percebesse o Plano Espiritual (especialmente que ninguém morre, apenas vai ter um corpo de energia menos denso), todo o planeta se transformaria, todos os ideias, todos os valores... tudo mudaria no mundo. Quando uma pessoa morre, é apenas o corpo material que deixa de funcionar, que na verdade é apenas um veículo projetado por inteligências superiores para ser usado como uma roupa nesta densidade planetária e por um tempo limitado.

O indivíduo extremamente apaixonado que morre, ele continua apaixonado... o indivíduo perturbado quando morre, vai continuar perturbado e confuso depois que morre... o suicida que põe termo à vida achando que vai resolver os seus problemas continua com um problema muito maior do outro lado, porque vai ter de enfrentar de caras os seus remorsos, as suas frustrações, as suas dúvidas e o seu sofrimento, que não vai conseguir acabar.

As almas em sofrimento do outro lado, elas tentarão a morte, mas não conseguem, porque já estão mortas.

Na bíblia, no livro apocalipse é referido: 'haverá um tempo em que as almas em sofrimento do outro lado tentarão a morte, mas não conseguem'-, essa é uma frase que quem conseguir entender melhor a visão espiritual, se refere às pessoas que estão em desespero do outro lado (Plano Espiritual) que quererão suicidar-se, mas elas já estão mortas, então não encontrarão a morte e vão ter de viver integralmente o plano da sua consciência.

As questões afetivas, as questões sexuais, as emoções e os sentimentos que as pessoas carregam dentro de si, elas estão intimamente ligadas à dimensão (espiritual – mais ou menos elevada/positiva) em que se encontram, de acordo com a grau de abertura da consciência do espírito.

Se uma pessoa comum se apaixona doentiamente, ela vai carregar isso para essa dimensão (dimensão respetiva) ... se ela odeia, ela vai carregar esse ódio... se ela era apaixonada por uma pessoa, ela vai carregar essas emoções com ela...» - estas são citações do Prof. Laércio Fonseca.

Comecei por aqui colar as citações de uma palestra (ver Fonte 23) do Prof. Laércio Fonseca, para ilustrar o que aqui pretendo aqui relatar.

Quase poderíamos afirmar que: *Se um dia acordarmos especialmente bem-dispostos, se calhar já morremos e ainda não nos demos conta disso.* Claro que pode não ser exatamente assim, mas também pode ser, passo a explicar melhor...

Aquilo que se convencionou chamar de morte, mais não é do que um sono um pouco diferente, do qual vamos acordar, só que, a nossa consciência, já não vai estar no corpo físico, mas antes num corpo espiritual, que, por ser espiritual e de energia menos, só por isso, não é visível para os outros humanos, mas esse novo corpo espiritual, até pode ser visto por quem tem capacidades para isso, os chamados médiuns.

Como disse atrás, acordar depois que o corpo físico já morreu ou deixou de funcionar, pode ser uma experiência agradável, até podemos vir a sentir uma leveza e bem-estar maior e imediato, em relação a quando estávamos no corpo humano. Isto não quer dizer, de forma alguma, que devemos provocar ou antecipar, a nossa própria morte, até porque, o suicídio, quer ele seja voluntário, quer ele seja mesmo involuntário (sob a forma de comportamentos – como vícios de tabaco, bebida, etc., ou de estilos de vida menos saudáveis), vai acarretar enorme sofrimento quando essa pessoa passar para o Plano Espiritual, pelo que, o acordar bem-disposto quando morrermos nunca vai estar associado a suicídio mais ou menos voluntário, que isso fique bem claro.

Se está pronto para abreviar a sua estadia nesse corpo para ir para melhor, desengane-se, se o fizer, mais ou menos premeditadamente ou mais ou menos de forma consciente, o que vai encontrar no imediato no Plano Espiritual, vai ser grande sofrimento e vai ter de voltar em nova encarnação (provavelmente com deficiências físicas) para completar essa encarnação.

Se, no meu caso particular, um dia aparecer sem vida neste corpo humano, de uma coisa poderão ter a certeza, de suicídio voluntário não foi, com toda a certeza que tenho hoje e naquilo em que convictamente acredito. Que esta minha declaração possa servir para abrir a mente de alguns que possam ter dúvidas sobre este assunto em particular.

O suicídio (mesmo o involuntário, embora este seja menos gravoso por ter atenuantes) nunca vai ser solução para problema algum, antes pelo contrário, com o suicídio, os problemas, além de não ficarem resolvidos, vão ter de voltar a ser vivenciados, mas agora, em condições menos favoráveis (como aprendizagem).

Quem morre em grande sofrimento, embora possa desde logo sentir um grande alívio, pois já saiu daquele corpo, se for uma pessoa que tenha uma energia muito forte de apego, em especial a esse corpo, pode continuar a sentir aquelas mesmas dores, até que seja tratado no Plano Espiritual e nas Colónias para onde será encaminhado.

Muitas pessoas, a maioria por ignorância ou por medo, mantêm-se apegadas ao corpo que foi seu, continuando por isso a sentir as mesmas mazelas e até poderão sentir os efeitos da sua decomposição, no entanto, o que é importante saber é que, cada um de nós só vai ficar nessa situação, se assim o quiser, já que vai sempre haver ajuda da nossa Equipa Espiritual, para sair dessa situação, o que pode acontecer é que, aquela pessoa, por ignorância, pode não querer aceitar aquela ajuda.

Um fator muito importante é que depois de morrermos ou desencarnarmos, como passamos a estar num corpo *mais energético* ou de *energia menos densa*, vamos ser atraídos para os lugares do Plano Espiritual (isto é, se não insistirmos em ficar nos mesmos lugares na terra enquanto estivemos vivos ou encarnados, o que pode acontecer), compatíveis com essa energia.

Depois de desencarnarmos, não esperemos ir para um *paraíso* – que será a partir da 5ª dimensão - se as nossas energias forem de 4ª ou 3ª dimensão ou inferior.

Se enquanto estivemos encarnados privilegiarmos experiências com esse tipo de energia negativa, quando desencarnarmos, iremos para lugares do Plano Espiritual que tenham esse tipo de energia. Uma questão a ter em conta é que, mesmo que vamos parar a estes locais do Plano Espiritual, vamos ser ajudados pela nossa Equipa Espiritual a sair dai o mais rapidamente possível, mas desde que queiramos e estejamos em condições de receber essa ajuda, pois, muitos querem essa ajuda, mas apenas porque estão a sofrer, mas não pretendem mudar, neste caso o pedido de ajuda pode não ser atendido, porque essa pessoa irá voltar ao mesmo comportamento de antes, que a levou àquela situação. Quando houver uma vontade convicta de quem está já desencarnado nestes locais, em sair dali – que pode ser resultado de algum ensinamento apreendido -, a ajuda vai chegar e vai ser efetiva, eficaz e duradoura. Refere o Prof. Laércio, em jeito de ironia, que quem vê e ouve as suas palestras vai evitar grande sofrimento para si e trabalho às equipas positivas encarnadas nos trabalhos de desobsessão e no Plano Espiritual.

Se quando desencarnarmos estivermos a vibrar em energias de 5ª dimensão ou energias de amor ou equiparadas – que serão resultado também da nossa vivência e das nossas experiências nesse corpo enquanto encarnados -, então podemos esperar, além do nosso despertar poder ser mais suave a agradável e sem grandes traumas (quando acreditamos neste processo), podemos, inclusivamente, sentir-nos muito melhor no nosso corpo espiritual (sem os sofrimentos que tínhamos no corpo humano), sentindo mais saúde, mais alegria e bem-estar, logo, a frase que deixei atrás em forma irónica de que se acordarmos a sentir-nos especialmente bem um dia, pode ser que já tenhamos morrido e ainda não tenhamos dado conta, refere-se, como é evidente a termos desencarnado quando estávamos a vibrar neste tipo de energias de amor ou equiparadas e termos já um conhecimento efetivo deste processo de mudança para um corpo espiritual, que vai fazer com que, em vez do trauma e pavor que muitos vão sentir quando morrerem, podermos um alívio e uma expectativa positiva para conhecer o nosso novo lugar onde vamos passar a ter novas experiências.

Muitas pessoas têm pavor da morte, pela simples razão que desconhecem todo o processo. Pela amostra que nos deixou o Prof. Laércio - ele que é um médium e faz projeção astral consciente (viaja pelo mundo espiritual de forma consciente), logo que conseguirmos compreender que a morte física do corpo humano é apenas uma etapa e que nós vamos continuar a viver e a ter a noção de quem fomos e do que fizemos, este medo vai começar a dissipar-se e vamos começar até a ver a Perfeição Divina nestas situações.

Como diz o Prof. Laércio (com conhecimento de causa, até porque ele vê e fala com os espíritos e vai até ao mundo espiritual em viagens astrais conscientes), se as pessoas tivessem consciência de que há vida depois da morte toda a nossa vivência seria mais pacifica e prazerosa, até porque um dos maiores medos dos homens é a morte.

O que vai mudar quando morremos ou desencarnamos é apenas o corpo que vamos passar a usar: se antes era um corpo humano mais material ou com energia mais densa e que por isso o conseguimos ver; quando morremos, o que acontece é apenas que deixamos de usar aquele corpo humano e vamos passar a usar um corpo diferente – um corpo espiritual: – que é igualmente um corpo (onde vai estar a nossa consciência) só que com energia menos densa em relação ao corpo humano e que só por isso, a maioria de nós não consegue interagir com esse tipo de energia/consciência.

Quem tem faculdades mediúnicas mais desenvolvidas (como é o caso do Prof. Laércio), vai continuar a ver e a falar com essas pessoas dos mesmos assuntos de antes (enquanto ambos estavam encarnados) ... a situação que vai ser diferente é apenas a interação a nível físico, apenas pela simples razão de que uns (do plano espiritual), possuem um corpo de energia menos densa e outros (que ainda estão encarnados), possuem um corpo humano de energia mais densa.

Como diz o Prof. Laércio, se as pessoas tivessem as faculdades mais desenvolvidas como os médiuns têm, não haveria drama algum nem o medo associado à morte humana, até porque o relacionamento continuaria a ser quase o mesmo, o que iria diferir seria apenas a interação física entre ambos, só pela simples razão de que um e outros têm corpos com densidades energéticas diferentes: o que está a usar um corpo humano tem energia mais densa; o que está a usar um corpo espiritual tem energia menos densa. A interação só não é possível na sua plenitude, por causa desta grande diferença energética entre o corpo de uns (encarnados) e outros (desencarnados).

Quando a energia, de duas coisas é muito diferente, quer seja entre pessoas encarnadas, porque energia de uns e de outros difere muito, é mais difícil haver interação física, enquanto em casos em que a diferença energética é menos acentuada, podemos interagir e ser mais facilmente influenciados por essas pessoas, estejam elas desencarnadas ou estejam elas encarnada num corpo humano.

Quando não nos sentimos confortáveis na presença de algumas pessoas, isso pode significar que pode haver grande diferença entre a nossa energia e a energia dessa pessoa, que tanto pode ser porque a energia dessa pessoa é muito mais positiva em relação à nossa (acontece em menos situações, mas pode acontecer se a diferença for muito acentuada), como pode ser o contrário, por a nossa energia ser muito mais positiva em relação à energia dessa pessoa.

Para vermos a normalidade que deveria ser a morte física, refere o Prof. Laércio que, por exemplo, quando a mãe dele morreu, ele mesmo viu a sua mãe fora do corpo depois de morrer e ser levada por amigos seus para o Plano Espiritual e passado aproximadamente três meses após ela ter falecido, ele foi ter com ela ao Plano Espiritual, através de viagem astral consciente e esteve durante bastante tempo a falar com ela e com os familiares que já moravam com ela.

Para que possa começar a *investigar* por sua conta (o que deve fazer), deixo também já a seguir algumas citações do filme *Salvo pela Luz* (5) que relata a experiência de uma pessoa que passou pela experiência de quase-morte ou morte cerebral e que relata as suas experiências. *Salvo pela Luz* é um filme baseado numa história real e que, por retratar fielmente o assunto que acabei de referir, passo a referir algumas citações e o convite para que vejam este filme (veja link na Fonte (5):

> *"Nós não somos daqui, nós somos de lá (...) estamos na Terra a fazer o trabalho de Deus, como soldados (...) alguns obtêm sucesso, outras fracassam e falham, mas todos somos heróis apenas por estarmos aqui (...) e disseram que o amor é importante para todos... Eles disseram para amar... (...) porque acredita nestas coisas? Quero acreditar que a morte não é apenas escuridão, não é isso que toda a gente quer?! Que precisa de haver outra chance de reparar os erros, de ver as pessoas que perdemos e talvez, o mais importante, fazer com que eles nos vejam e saibam o quanto sentimos a falta deles."*

Para si que é cético em relação a este assunto, se achar por bem, deixo apenas algumas sugestões: - quanto a filmes o já referido Salvo Perla Luz (5) e Nosso Lar baseado no livro com o mesmo nome de Chico Xavier... quanto a livros, recomendo a basta bibliografia (Fonte 6) de Francisco Xavier, com mais de quatrocentos livros e ainda o livro *Violetas à Janela* e muitos mais... também pode investigar através de todas as Fontes que indico no final deste livro.

Investigue por sua conta e vai ficar fascinado com as descobertas que vai fazer.

Acredite que, tudo aquilo que desconhecemos, apenas porque desconhecemos é que está fora da nossa compreensão e aceitação e por isso requer força de vontade no início, por isso, não se obrigue a aceitar tudo o que lhe digo, investigue e procure outras fontes e veja se para si faz sentido, avaliando como se sente com todas estas informações – se têm lógica e coerência ou não...

Temos sempre a tendência para rejeitar tudo aquilo que desconhecemos e então se desses assuntos já tivermos ouvido *suposições* erradas (muitas vezes de pessoas que não conhecem, não investigaram, nem experienciaram nada), que nos induziram ao medo e ao desconforto, é natural o nosso receio de começarmos a investigar, no entanto, como diz a célebre frase: *a ignorância é a origem de todos os males*, pelo que, quando começarmos a ver alguma lógica e coerência através de alguma aprendizagem e investigação que tenhamos feito, não só através deste livro, mas da mais variada informação que já existe sobre esta temática, o nosso bem-estar e paz interior vão ser cada vez maiores, o que vai compensar largamente o esforço que tivemos na incorporação e aceitação desses novos ensinamentos e aprendizagens.

Para compreendermos e para fazer sentido muito do que nos acontece nesta vivência terrena, temos de ter em conta que, como está amplamente provado, na morte física é apenas o corpo que morre, a nossa consciência ou a nossa alma, que é a nossa essência primária da criação, e que sempre teve a sua individualidade, desde a sua criação, quer antes, quer depois de encarnar, vai continuar a manter essa individualidade e consciência única, após a separação do corpo, ou morte física – esta é uma convicção que deverá aceitar, demore o tempo que demorar, investigue os autores que tiver de investigar, pois é aqui que reside a base para começar a aceitar estes novos ensinamentos, que, por serem novos e estarem em contradição com muitas crenças e convicções, podem ser menos fáceis de aceitar.

Ao contrário do que muitos julgam, acreditar a vida depois da morte, ao contrário de causar medo – como a mim mesmo causava (quando soube por exemplo que uma pessoa que tinha falecido falou através de um dos filhos, por incorporação mediúnica), agora para mim é motivo de satisfação porque sei e acredito convictamente que aqueles que morreram, na verdade apenas têm um corpo diferente (corpo espiritual) que nós não conseguimos ver, mas que depois que morrem até podemos conseguir comunicar (nos casos de incorporação mediúnica), com eles, pelo que, na morte, não perdemos ninguém, apenas deixamos de estar juntos.

Uma das máximas que o Prof. Laércio refere é que nunca devemos dizer, quer por pensamentos, quer por palavras, que uma pessoa das nossas relações mais próximas que morreu, nos deixou para sempre, ou que nunca mais a vamos ver, pois isso, além de acarretar sofrimentos para nós próprios, vai também acarretar sofrimento para essa pessoa, esteja ela onde estiver, até porque vai sentir essa energia de dor e sofrimento.

Se queremos bem à pessoa que morreu nunca devemos emitir em relação a ela energia de dor e sofrimento, pois não a estamos a ajudar em nada, antes pelo contrário.

Mais satisfação me dá ainda, saber da vida depois da morte, quando acredito convictamente que aquilo que cada um fez vai ter influência naquilo que cada um vai depois experienciar também do lado espiritual e futuramente em novas encarnações.

O bem que todos nós fizemos enquanto seres humanos encarnados, na verdade vai contar sempre, ao contrário, daqueles que não acreditam na vida depois da morte, que ao viverem num medo incessante de morrer e pensarem que vai acabar tudo para eles, vão tentar experienciar tudo, à custa do que quer que seja, sem se importarem de fazer o bem e positivo, arrependendo-se mais tarde desta ignorância mais ou menos alimentada por eles mesmos enquanto encarnados, que depois lhes vai trazer grandes sofrimentos através de experiências mais dolorosas que terão de passar, em virtude da sua ignorância mais ou menos consentida em relação ao bem-fazer.

A convicção de que tudo continua e que tudo de bom que fizemos conta e vai continuar a contar, vai dar-nos a certeza e a força para, enquanto estivermos encarnados fazermos o melhor, tanto por nós mesmos, como por tudo e todos os que nos rodeiam.

O que acontece com o desencarne ou morte física, não é mais do que, a nossa alma ou consciência que antes estava ligada a um corpo físico, que agora vai passar a estar ligada a um *corpo espiritual* ou espírito, apenas e só isso.

Tudo aquilo que algum dia em alguma existência fizemos vai contar para o tipo de experiência que vamos ter no futuro: se fizemos algo de negativo, o mais provável é termos de aprender pela dor, ou *estar do outro lado* (sofrendo essa dor), ou seja, em vez de sermos nós a provocar dor, vamos ser nós a sofrer essa dor, apenas para podermos ver e sentir os dois lados, pois pode ser esta a única forma de aprendermos que aquilo que fizemos causou dor; se fizemos positivo, vamos poder ter experiências na energia positiva com vista a aprendermos pelo amor. Ou seja, quer sejam experiências de dor ou experiências de prazer/amor, o objetivo último vai ser sempre a nossa evolução e a nossa aprendizagem.

Uma das situações que para muitos não teria lógica na Criação Divina é aquela boa pessoa que morre ainda nova… argumentam que, porque aquela pessoa praticava o bem, não teria de morrer tão cedo, ao contrário de outros que se fartam de fazer mal a outras pessoas e vivem até idade avançada.

Os que assim pensam, partem do pressuposto de que, estes que morrem em idade mais jovem, é por castigo, no entanto pode ser como prémio. Se tivermos a convicção e certeza de que estes, na verdade não morreram e vão viver até melhor e com mais qualidade de vida depois de desencarnarem, aí se calhar já mudam de opinião e vão enaltecer a Perfeição Divina, mas se calhar, antes disso terão de alterar algumas crenças e convicções que os impedem de acreditar no que acabei de referir.

Muitos destes que morrem em idades mais jovens, pode ser por três motivos principais:

- *uns porque já cumpriram a missão de vida a que se propuseram e tinha sido essa a idade prevista para desencarnarem;*
- *outros, embora a idade de desencarne prevista fosse mais tarde, concluíram com êxito a sua missão mais cedo e o Plano Espiritual, pelos bons serviços prestados pode entender que essa pessoa, não precisa de passar pela velhice e pelas doenças associadas e como prémio, pode fazer com que essa pessoa regresse ao Plano Espiritual mais cedo, mas aqui não como punição, mas antes como agradecimento ou prémio;*
- *outros ainda, porque estão tão distantes de cumprirem a sua missão e tendo o Plano Espiritual a certeza de que não há possibilidade de retomarem a missão e os ensinamentos que lhes estavam destinados, pode fazer regressar essa pessoa ao Plano Espiritual mais cedo, para que seja possível preparar uma nova reencarnação o mais brevemente possível.*

O desencarne antecipado ou em idade mais jovem, considerado por muitos como uma punição, quer para o desencarnante, quer para a sua família, pelo sofrimento da suposta perda, só é assim, pelo facto das pessoas não acreditarem:

- *que essa pessoa, continua viva, só que sem esse corpo, mas num corpo de energia ou 'forma espiritual';*
- *que essa pessoa (no caso de ter feito boas ações enquanto esteve no corpo físico), certamente está muito melhor, até porque certamente vai estar numa dimensão espiritual onde predomina a energia do amor e onde até pode estar com outros familiares ou pessoas de quem gosta e que também aí possam estar, pode ainda estar a fazer aquilo que gosta e/ou a aprender algo que enquanto encarnada não teve essa possibilidade, etc.;*
- *quando o desencarne é em idade mais jovem e repentino, também pode ser um prémio que o Plano Espiritual dá a essa pessoa, fazendo, por exemplo, com que com esse*

desencarne repentino, vá evitar que sofra uma doença em que o sofrimento pode ser prolongado no tempo e assim vai evitar aquele sofrimento, continuando a viver (na forma espiritual) sem dor ou doença.

Existe um relato num livro espiritual que refere esta mesma situação, nomeadamente quando foi questionado ao Plano Espiritual (Guias, Mentores, etc.) a razão de determinada pessoa ter desencarnado em idade mais jovem, quando essa pessoa era tida por todos como uma boa pessoa... em resposta o Plano Espiritual referiu que esse desencarne antecipado foi um prémio ou louvor por essa pessoa ter feito o bem enquanto esteve encarnada, pois assim, evitou que sofresse, pois iria ser internada em hospital da doença x... iria evitar que essa pessoa sofresse x cirurgias... foi evitado que essa pessoa tivesse todos esses sofrimentos associados, etc..

Neste relato foram referidos o número concreto de doenças, de cirurgias, de tratamentos mais dolorosos, tempo de doença, etc., que foi evitado, pelo desencarne em idade mais jovem, em virtude de essa pessoa ter praticado o bem e/ou ter cumprido a preceito a sua missão e assim ter ganho o prémio de ter desencarnado de forma mais repentina e sem ter aqueles sofrimentos que até estavam previstos se o mais normal tivesse acontecido na vida da pessoa.

Para os mais céticos na crença da vida após a morte, se calhar as afirmações anteriores foram fortes, mas acredite que tais afirmações, além de terem sustentabilidade, lógica e coerência, como espero demonstrar, vão certamente ser mais fáceis de interiorizar e executar, quando nos fizerem acreditar que afinal aqueles de quem mais gostamos continuam vivos e até a sentirem-se melhor do que quando estavam vivos ou encarnados.

Um dos objetivos que espero conseguir consigo que está a ler este livro é que passe a achar coerência e lógica, mesmo nas coisas menos fáceis ou mais dolorosas que lhe acontecem. Não lhe prometo que acabem as suas dores ou angústias, antes prometo dar-lhes uma lógica e coerência para isso lhe acontecer, que no essencial visam um Bem-muito-maior num futuro próximo.

Comecemos então sobre a reencarnação e vidas passadas. Dirão alguns: - *como podes ter tanta certeza, se nunca ninguém veio do outro lado para confirmar tudo isso?*

Em parte, esta afirmação até é verdadeira, mas só em parte, ou seja, nunca ninguém veio cá depois de morrer, mas só não veio no mesmo corpo físico (e isso não poderia fazer até porque esse corpo já não existe) mas só isso, até porque em espírito (que mais não é do que um corpo humano, mas menos denso energeticamente e que por isso o não vemos), com toda a certeza, muitos dos que morreram já cá vieram e até falaram com pessoas encarnadas (os médiuns) ou até optaram por nem saírem daqui.

Há pessoas que conseguem ver e falar com os mortos, são os chamados médiuns, sendo um dos mais famosos o médium Francisco Cândido Xavier ou Chico xavier, que fez inúmeros relatos da vida espiritual, nos seus 412 livros que escreveu e que lhe foram ditados por quem desencarnou. (6).

Para compreender melhor o Plano Espiritual recomendo pois a leitura de livros espirituais, nomeadamente os livros de Chico Xavier (6), onde poderá ler os relatos do que acontece ao detalhe no mundo espiritual e de inúmeras situações que o próprio Chico Xavier relata de quem desencarnou e lhe transmite como é a vivência no Plano Espiritual, com muitos pormenores relacionados com a família do desencarnado (que é quem conta tudo desde o Plano Espiritual) que lhe são contados e que posteriormente são confirmados pelas famílias, levando a que o médium Chico Xavier se tornasse uma das celebridades mais famosas do Brasil, sendo venerado e idolatrado como Ser de Luz, até aos nossos dias.

Segundo os relatos de Chico Xavier e de outros médiuns, existem até mais pessoas na Terra em corpo espiritual (que não vemos) do que propriamente seres humanos a habitar. Refere outro autor de cognome Cobra:

O número total de entidades não físicas negativas ao redor do planeta caiu abaixo do limite psicologicamente importante de um trilião e ainda está diminuindo rapidamente. Isso praticamente significa que ainda existem cerca de cem entidades demoníacas não físicas por cada ser humano encarnado, tentando controlá-lo e empurrá-lo para o lado escuro, que é uma proporção ainda grande, mas muito melhor do que nas últimas décadas desde 1996. Quando a proporção cai abaixo de 10 demônios não físicos por um humano encarnado, espera-se que os humanos de superfície mais brilhantes e mais poderosos comecem a realmente despertar da amnésia da Terra em quarentena. (ver Fonte 24).

Claro que todos aqueles que por cá continuam, depois de morrerem, uns estão por umas razões e outros, por outras, a saber:

- *há os que cá continuam porque, pura e simplesmente não acreditam que morreram e por isso continuam a fazer e a morar na mesma casa, muitas vezes durante muito tempo e só vão descobrir que já morreram, quando não conseguem interagir com as outras pessoas encarnadas.*
- *outros continuam por cá, mesmo sabendo que já morreram, porque querem continuar a vingar-se de alguém que cá ficou;*
- *outros porque estão apegados à matéria e/ou pessoas e querem cá continuar para controlarem isso a que estão apegados e que julgam ser deles para sempre;*
- *outros que já estão num patamar mais elevado de evolução, por vezes são autorizados a vir cá, para ajudar os familiares ou para os verem e/ou ajudarem;*
- *há ainda entre nós aqueles que estão mais perto de cada um de nós, que até poderíamos chamar de nossa equipa espiritual que zelam por nós e nos ajudam, de acordo com o programa que pré-definimos antes de encarnarmos e que eles conhecem e que, na medida das suas possibilidades, nos vão ajudar a cumprir;*
- *existem ainda entre nós os denominados Seres de Luz que ajudam genericamente o planeta.*

- *há ainda entre nós numerosas entidades negativas que morreram agarrados a determinados vícios, como bebida, tabaco, etc., e que por cá continuam para se encostarem e estimularem os encarnados nesses mesmos comportamentos para absorverem essa energia.*

Como pode ver, estamos muito mais acompanhados do que possamos pensar. Enquanto estamos vivos e encarnados num corpo humano, há muitas pessoas (também num corpo espiritual que não vemos) à nossa volta e se a maioria até pode ser de energia negativa, o que nos pode consolar e alegrar é que também vamos estar rodeados da nossa Equipa Espiritual de energia positiva, como são o nosso Anjo da Guarda o nosso Mentor, etc., para nos guiarem nas melhores escolhas.

Outra boa novidade é que, embora haja muitos seres de energia negativa desencarnados, mais ou menos próximos de nós, a boa nova é que, além de podermos sempre pedir proteção à nossa Equipa do Plano Espiritual positiva, a nossa energia, ou aquilo que pensamos, falamos e pensamos, é o que nos vai proteger (da energia oposta à nossa) ou atrair (da energia equiparada à nossa) para nós.

Logo, se nos queremos proteger dos Seres de energia negativa, só temos de vibrar (pensar, falar fazer e sentir positivo) em energia positiva, já se queremos continuar a ter experiências negativas (muitos preferem as experiências negativas), vamos ser 'ajudados' pelos Seres de energia negativa do Plano Espiritual, os chamados obsessores, que na verdade, apenas estão ali para nos ajudar a ter mais experiências nesse tipo de energia. Também há obsessores que estão com determinadas pessoas, porque foram por eles prejudicados e de alguma forma e 'ganharam' o direito de as prejudicar ou fazer sofrer como forme de aprendizagem e ensinamento pelo que fizeram no passado.

Como podemos verificar, os Seres de energia negativa, ou obsessores do Plano Espiritual, na realidade estão ao serviço dos Seres de energia positiva e em última instância de Deus o Criador Supremo, pois apenas existem para que, a pessoa possa optar pelas experiências que prefere e mais tarde com o sofrimento que vão ter possam fazer novas escolhas/ensinamentos que as vão conduzir ao caminho que as vai conduzir para ficarem à imagem e semelhança do Criador, como Seres de Amor, que todos nós estamos destinados a ser, demore o tempo que demorar, até porque Deus o Criador tem todo o tempo do mundo.

Se queremos, pois, estar protegidos e menos notados pelos Seres de energia negativa, só temos de pensar, falar, fazer e sentir aquilo que eles não gostam, que mais não é de que atividades de energia positiva.

Vamos ser sempre ajudados por alguém no Plano Espiritual, pelos negativos se estivermos a vibrar em energia negativa e pelos positivos se estivermos a vibrar em energia positiva. Surge então uma questão: Então se estivermos a vibrar em energia negativa, somos abandonados por Deus e pela nossa Equipa Espiritual positiva? E a resposta é: Não, não somos abandonados, mas afastam-se, pois, não conseguem ser ouvidos, nem atendidos, no entanto a nossa Equipa Espiritual quando notar que começa a haver um processo de arrependimento sincero, vai ser iniciado um processo de ajuda que se a pessoa já estiver desencarnada no umbral, pode ser feito um resgate para tratamento nas colónias espirituais, já se ainda estiver encarnado, pode ser influenciado mais facilmente para mudar hábitos, etc.

Uma situação a ter em conta é que, enquanto os Seres de Luz (positivos), podem ter acesso a zonas de energias mais negativa, como o umbral (zonas negativas do plano espiritual) e a lugares de energia negativa, embora tenham de *densificar-se (ou adaptarem-se energeticamente a uma energia mais densa)*, já os Seres Negativos do umbral, não têm acesso ou não conseguem sentir a energia positiva, quer das pessoas, quer dos lugares, sejam eles do Plano Terreno ou sejam eles no Plano Espiritual, ou seja, cada um dos Seres que estão no Plano Espiritual, só conseguem perceber (e até estar) até à suas próprias energias, ou seja, cada um pode ir até ao mais limite positivo das suas próprias energias, logo, se quando desencarnarmos estivermos a vibrar em energia positiva vamos para dimensões de energia positiva do Plano Espiritual onde vamos estar protegidos dos Seres Espirituais de energia negativa, pois eles não conseguem ter acesso a essas zonas.

Embora a permanência de Seres de Energias mais densas, não seja possível em lugares do Plano Espiritual em que essas energias são muito menos densas (ou muito mais positivas), desde que uma pessoa esteja preparada e mereça, pode ser permitido que possa ir para esses lugares de energia mais positiva, como forma de incentivo, aprendizagem, etc.

A perfeição da Criação Divina, manifesta-se aqui também, até porque esta permissão de aceder às dimensões superiores (como a quinta, sexta, sétima, oitava e assim por diante - assim se designam os lugares onde a energia é cada vez mais pura e positiva), não tem a ver com o que a pessoa vai dizer ou argumentar (embora o livre-arbítrio e vontade da pessoa também seja tido em conta), mas antes pela qualidade da energia que vai estar a emitir.

A convicção que tenho na continuação da vida no Plano Espiritual (apenas em um corpo espiritual), na reencarnação (futuras encarnações na Terra) e em vidas passadas (outras encarnações em corpo humano no passado), fortalece cada vez mais em mim, pela coerência e pela perfeição que tudo isto encerra em si mesmo.

É muito importante que saibamos que tudo aquilo que algum dia fizemos, quer seja nesta vida, quer seja em vidas passadas, está registado como se de um curriculum vitae geral se tratasse, e ainda mais importante é saber que tudo isso que fizemos não só teve influência na altura que o fizemos, como trouxe consequências, mais, ou menos positivas, não só para esse presente, como também vai condicionar o tipo de vivências e as experiências que iremos ter em vidas futuras, de acordo com o que tivermos feito antes ter sido positivo ou negativo.

A máxima que devemos reter é: se querermos ter o bom no futuro (que é muito mais do que esta vida), vamos desde já fazer o bom e não fazer o negativo…

É da máxima importância ter em conta que tudo o que fazemos agora ou fizemos no passado nesta existência ou ainda em outras vidas passadas, vai sempre contar, para a experiência que estamos a viver no presente e para a experiência que vamos viver neste futuro ou em vidas futuras, sendo que o que pode mudar nas experiências futuras é tão-só uma adequação das experiências que precisamos experienciar, mais ou menos dolorosas ou difíceis. Se precisamos de mudar, muito provavelmente teremos experiências dolorosas – pois como vimos atrás, a dor é um dos meios que nos obriga a mudar, pois se temos prazer naquilo que fazemos, porque iríamos mudar?!

A IMPORTÂNCIA DO PASSADO NA VIDA PRESENTE E NO FUTURO

Se acredita num futuro, por certo não admite que ele seja o mesmo para todos, pois qual seria a lógica, qual seria a utilidade de fazer o bem se fazendo o mal receberíamos o mesmo?

Aquilo que gostamos, aquilo que detestamos, os nossos relacionamentos, nada disso é por acaso... não é por acaso que gostamos de determinada coisa e não de outra, como não é por acaso que temos determinado relacionamento mais ou menos harmonioso com uma pessoa e não com outra.

Embora seja respeitado sempre o nosso livre-arbítrio, os nossos gostos e preferências visam atrair-nos para as situações que precisamos experienciar para retirarmos as lições e aprendizagens que precisamos.

Se acha que foi o acaso que o fez estar no local certo para conhecer o seu atual parceiro(a), com quem se dá muito bem, desengane-se, você foi programado espiritualmente para nascer e/ou estar em local próximo onde essa outra pessoa vai estar para que se possam encontrar e assim poder ter um relacionamento. Claro que, como todas as demais situações, embora o Plano Espiritual nos estimule para estarmos nos lugares certos e para termos as experiências que precisamos, porque temos o nosso livre-arbítrio, muitas das vezes optamos por outras experiências, que, nos vão afastar da nossa missão.

Acredite que quando se sente especialmente bem em determinada situação, tal é sinal de que está a executar bem a sua missão terrena, não tenha dúvida.

Claro que quando passamos por situações de sofrimento, tal não é sinónimo de que não estejamos a cumprir a nossa missão, até porque podemos precisar dessas provas para retirar algum ensinamento, no entanto se durante essas provas mais dolorosas, amaldiçoarmos tudo e todos e não retirarmos nenhum ensinamento, quer nessa altura ou mais tarde, aí sim, embora aquela experiência mais dolorosa nos pudesse ter sido útil, se não retirarmos o ensinamento devido, tal pode ter sido em vão ou não aproveitada na sua plenitude (até porque mais tarde com toda a certeza vai haver sempre algum ensinamento).

Se o que fazemos no presente não tivesse qualquer relação com o que vamos ter no futuro, porque iríamos reprimir-nos de não satisfazermos todas as nossas paixões e todos os nossos desejos, mesmo que à custa dos outros, se isso não tivesse consequências?

A Perfeição Divina, está no facto de tudo o que fazemos hoje, que fizemos no passado e que vamos fazer no futuro, contar, quer para o tipo de experiências (mais ou menos dolorosas ou mais ou menos amorosas) que estamos a ter agora, quer para as que vamos ter no futuro... quer umas (mais positivas) quer outras (mais negativas) vão poder servir (se nós fizermos a nossa parte e retirarmos o ensinamento devido) para a nossa evolução como Seres Espirituais e imortais que somos.

Logo, vamos ter o presente e o futuro mais ou menos doloroso ou mais ou menos amoroso, consoante o passado que tivemos tenha sido mais ou menos doloroso ou mais ou menos amoroso. As Leis Divinas são tão perfeitas que tudo aquilo que fizemos, fazemos ou vamos fazer, vai contar para o tipo de experiências que estamos a ter agora e que vamos ter no futuro, pelo que, quando conseguirmos interiorizar esta certeza, vamos avaliar a cada momento se aquilo que estamos a fazer, está a contribuir ou não para termos um futuro com experiências mais dolorosas ou mais amorosas.

O Criador fez uma obra tão perfeita que nem o nosso livre-arbítrio (e muitos de nós têm um livre-arbítrio muito negativo), chega para impedir a nossa evolução, embora para uns seja através de umas experiências e seja necessário determinado tempo e para outros seja com outro tipo de experiências e demore tempo diferente.

O Criador ao conceder-nos o livre-arbítrio apenas permitiu que cada um de nós escolhesse o tipo de experiência que deseja ter, no entanto, quer as experiências que carregam mais energia negativa, quer as que carregam mais energia positiva, vão poder ser aproveitadas para aprendermos e para evoluirmos, basta que façamos a nossa parte, pois da parte do Plano Espiritual e da Nossa Equipa Espiritual, vai haver todo o apoio e ajuda, basta que nós a solicitamos de forma mais ou menos consciente e nos predisponhamos energeticamente (através daquilo que pensamos, falamos e fazemos) pois se o não fizermos o Plano Espiritual não nos vai poder ajudar, pois ao ajudar-nos sem a nossa permissão estaria a ir contra o nosso livre-arbítrio.

Uma situação a ter em conta, é que, quer enquanto encarnados, quer depois como desencarnados já no Plano Espiritual, só vamos poder ser ajudados quando estivermos preparados para receber essa ajuda. Desengane.se, no entanto se acha que se não percebermos ou não quisermos ser ajudados, vamos ser abandonados à nossa sorte, não, nunca vamos ser abandonados, podemos até ter essa ilusão por estarmos a passar por experiências dolorosas, no entanto, são essas mesmas experiências que vão permitir o nosso despertar.

Quer aqueles que estão encarnados mas que vibram em energias muito negativas, quer aqueles que estão desencarnados e no plano espiritual ou umbral e que continuam a vibrar também nessas mesmas energias negativas, não basta pedirem ajuda ao Plano Espiritual (positivo) só porque estão a sofrer, para que a ajuda possa chegar a essas pessoas e ser eficaz, não basta que essas pessoas, ou outras que intercedam por elas (através da oração), peçam essa ajuda, até porque, se essa ajuda fosse concedida, só porque essas pessoas estão em sofrimento, mas não estão disponíveis para mudar, de pouco valeria essa ajuda, até porque as energias dessas pessoas rapidamente as conduziriam e atrairiam para os mesmos lugares e situações.

Quando as pessoas não se permitem mudar e apenas querem evitar o sofrimento, o Plano Espiritual não se mobiliza para retirar aquele sofrimento, pois sabe que aquele sofrimento pode ser útil para a pessoa poder retirar algum ensinamento ou porque ajudando naquele sofrimento, como a pessoa não quer mudar, depressa iria cair nas mesmas situações, pelo que, de pouco valeria essa ajuda. Esta situação é claramente referida no livro Ação e Reação de Chico Xavier, (Fonte

13), na página 9, quando estavam numa zona do umbral em que havia grande sofrimento:

Quando Hilário interrogou: – Porque não descerrar as portas aos que gritam lá fora? Não é este um posto de salvação?

– Sim – respondeu o Instrutor, sensibilizado –, mas a salvação só é realmente importante para aqueles que desejam salvar-se.

E, depois de pequeno intervalo, continuou: – Para cá do túmulo, a surpresa para mim mais dolorosa foi essa, o encontro com feras humanas, que habitavam o templo da carne, à feição de pessoas comuns. Se acolhidas aqui, sem a necessária preparação, atacar-nos-iam de pronto, arrasando-nos o instituto de assistência pacífica. E não podemos esquecer que a ordem é a base da caridade.

Claro que para aceitarmos a ajuda, quer dos Seres Espirituais positivos e/ou da nossa Equipa Espiritual, mas também dos Seres Espirituais negativos (até porque, muitas vezes, de forma mais ou menos consciente também pedimos ou aceitamos essa ajuda), não precisamos verbalizar esse pedido, embora quando é um pedido positivo, o possamos e devamos fazer aos Seres de Luz com os quais mais nos identifiquemos.

Como aqui já referi, a dor é um dos meios mais eficazes para obrigar alguém a mudar e a fazer diferente, mas pode haver outros meios que bastem para a pessoa mudar, ou o abanão que a pessoa precisa para tomar atitude diferente, como por exemplo aquela pessoa que tem o vício do tabaco ou da bebida que quando vai ao médico, ouve expressões do género: -*se não parar de fumar não anda cá muito tempo* -, e a partir daqui muda radicalmente, pela simples razão de que sofreu o abanão que precisavam para mudar.

Também há aquelas pessoas que estão tão agarradas a determinados vícios, que mesmo em prejuízo da sua saúde e dos seus descendentes diretos, mesmo assim não mudam e persistem no mesmo comportamento, para estes, se nem a dor foi motivo suficiente para mudarem, o mais provável é que numa futura encarnação, venham com os sintomas do vício da vida anterior, para retirarem o ensinamento que precisam.

Como nos é relatado em inúmeras obras espirituais, os sintomas, por exemplo do vício da bebida, do álcool, etc., pode manter-se em futuras encarnações, se até lá não for retirado o ensinamento devido, mas nunca como punição, mas antes como aprendizagem. Aquele que fuma, pode vir com problemas respiratórios... aquele que tem o vício do álcool, pode vir com doenças de fígado... aquele que tratou mal os seus filhos, pode numa nova encarnação não conseguir ter filhos... aquele que tratou mal a sua esposa, pode depois não conseguir ter nenhum relacionamento, etc., Todos estes exemplos para referir que tudo o que nos acontece, em especial o negativo, pode ser aproveitado basta que o desejemos e queiramos, pois se assim acontecer vamos ter sempre a ajuda que vamos precisar.

Pelo que acabei de referir já pode começar a avaliar que, tudo o que nos acontece, em especial o mais negativo, tem uma razão-maior de ser, que encerra sempre em si mesma uma aprendizagem, que quanto mais depressa a conseguirmos obter, mais depressa nos vamos livrar dessa experiência e podemos prosseguir com outras experiências porventura mais agradáveis, caso contrário podemos ser expostos a novas experiências semelhantes, mas cada vez mais dolorosas até que retiremos o ensinamento que essas situações nos vinham trazer, quando isso acontecer (quando tivermos retirado o ensinamento devido), as novas experiências mais dolorosas que nos seriam propostas deixam de ser necessárias.

Todas as experiências que nos vão ser propostas para experienciarmos numa determinada encarnação, serão aquelas que serão necessárias (supervisionadas pelo Plano Espiritual), para retirar algum ensinamento, logo o nosso futuro será mais ou menos feliz, mais ou menos doloroso, segundo o que tivermos feito durante a vida, no entanto este *mais ou menos doloroso* não é como punição, mas sempre visa algum ensinamento e aprendizagem.

Passo a citar uma passagem do livro Libertação, página 20, de Chico Xavier, ditado pelo Espírito André Luís (que pode ler em formato e-book na Fonte (6)):

E estejamos convencidos de que se o diamante é lapidado pelo diamante, o mau só pode ser corrigido pelo mau. Funciona a justiça, através da injustiça aparente, até que o amor nasça e redima os que se condenaram a longas e dolorosas sentenças diante da Boa Lei. Homens perversos, calculistas, delituosos e inconsequentes são vigiados por génios da mesma natureza, que se afinam com as tendências de que são portadores.

Realmente, nunca faltou proteção do Céu contra os tormentos que as almas endurecidas e ingratas semearam na Terra e os numes guardiães não se despreocupam dos tutelados; no entanto, seria ilógico e absurdo designar um anjo para custodiar criminosos. (...).

Acredite que, há pessoas que só vão acreditar que uma ação sua provocou dor e sofrimento, quando eles próprios sofrerem na pele, o mesmo tipo de dor que causaram a esse outro.

Muitos de nós, precisamos pois de passar pelo lado do sofrimento para aprendermos que uma determinada ação nossa causou sofrimento, pois enquanto não passarmos por esse sofrimento vamos garantir sempre que, mesmo quando infligimos dor ou sofrimento a alguém, nós é que temos a razão do nosso lado, nós é que somos as vítimas e só quando passamos pelos dois lados é que vamos perceber que, na verdade, infligimos sofrimento com as nossas ações e assim vamos poder mudar e optar por outro comportamento no futuro.

Geralmente há um equívoco em relação a alguns na doutrina espiritual, quando referem que aquele sofrimento é como castigo ou para pagarmos por termos feito o outro sofrer, no entanto na minha opinião, o castigo sem a componente da aprendizagem, não tem razão de ser, até porque nesse caso, aquele sofrimento não valeria de nada, apenas poderia perpetuar ou iniciar um novo ciclo-vicioso de comportamento negativo e sofrimento em relação à pessoa que nos provocou aquele sofrimento, pois não haveria motivo ou razão para alterar aquele comportamento. Já o resgate, que cada um terá de fazer àquele a quem prejudicou ou magoou, já tem mais lógica e coerência, até porque o resgate não é mais do que compensar ou ajudar o outro na mesma medida que antes o prejudicamos, para que ele possa recuperar o tempo perdido, na sua evolução, através daquilo que lhe fizemos no passado..

Pelo que acabei de referir, sou contra a expressão: *rogai por nós pecadores,* que em alguns meios espirituais já foi substituída por *rogai por nós filhos de Deus,* que é dita na Avé-Maria, até porque se o Criador nos permitiu o livre-arbítrio, não teria lógica depois castigar-nos se não fizéssemos o que Ele queria, pelo que, na minha conceção, não há pecado, nem pecadores, apenas há pessoas que optam por experiências mais negativas que terão de aprender (provavelmente por experiências de dor e sofrimento), a fazerem diferente e positivo.

Para o Criador tudo serve para evoluirmos, o tipo de experiências e o tempo que vamos demorar é que vai ser diferente consoante optemos por umas experiências e não por outras.

Podemos demorar mais a evoluir se escolhermos certas experiências – como quando escolhemos experiências em que infligimos dor ou sofrimento a alguém -, pois se não aprendermos por outro meio que aquela ação que tivemos causou sofrimento e devemos evitá-la no futuro, poderemos ter de numa próxima encarnação ter de cá vir passar por uma experiência de dor parecida, para limpar e aprendermos que o comportamento do passado que tivemos não foi o mais positivo e que vamos passar a fazer diferente e positivo no futuro, em situações mais ou menos parecidas.

Quando começarmos a perceber que somos uma das criaturas mais perfeitas que já passaram pela Terra e que temos como destino certo a felicidade dos eleitos, mesmo que tenhamos feito algo de menos positivo, vamos também perceber que o Criador tem tempo para esperar por nós e vai até ajudar-nos a chegar até Ele, mesmo que façamos opções menos positivas, Ele vai permitir que aprendamos com essas experiências, logo, para o Criador tudo serve para chegarmos até Ele.

Para incorporar novos ensinamentos e aprendizagens não vai ser fácil, vai ser preciso sair da nossa zona de conforto para começarmos a explorar novas possibilidades e esta saída vai ser sempre desconfortável e até dolorosa no início, mas o que lhe prometo é que esse desconforto vai diminuir cada vez mais, até chegar ao ponto (como eu cheguei) de ver coerência e sentido naquilo que acontece, especialmente nas situações mais desconfortáveis e/ou dolorosas e isso vai dar-nos uma paz que vai compensar todos os desconfortos iniciais.

Uma certeza que devemos ter sempre em conta é que nenhum de nós vai poder enganar o Plano Espiritual, seja ele o positivo ou o negativo.

A qualidade ou vibração energética de uma pessoa nunca pode ser escondida ou manipulada, pelo que, quando desencarnarmos não adianta argumentar, pois além do Plano Espiritual perceber e ver a qualidade da nossa vibração energética, vai haver no Plano Espiritual um registo *cinematográfico* de tudo o que cada um de nós fez, sim, aquilo que fizemos de mais relevante vai ficar registado no Plano Espiritual.

Quando chegarmos ao Plano Espiritual, vamos poder ver tudo e ser confrontados com aquilo que fizemos ou não fizemos, numa determinada encarnação, se isso for necessário e conveniente... Além de tudo o que fizemos ficar registado no Plano Espiritual (de negativo ou positivo), nós vamos ainda carregar connosco a nossa assinatura energética daquilo que fizemos, que nos vai levar para os lugares correspondentes a essa energia, pelo que, se à semelhança do que acontece aqui na Terra enquanto encarnados pensamos que podemos enganar ou valermo-nos de argumentos para alterar o nosso destino, desenganemo-nos, pois, no Plano Espiritual, nunca essas manobras vão ser possíveis.

Para o Plano Espiritual não há necessidade de expulsar alguém de energia muito diferente (negativa) que viesse para o Plano Espiritual positivo para ficar, pois mesmo que, eventualmente alguém de energia mais densa pudesse querer ficar, não conseguiria sobreviver, ou iria sentir-se desconfortável, pela simples razão de que todas as energias que o rodeavam, serem muito diferentes, logo iria sair dali o mais rapidamente possível, sob pena de sofrer cada vez mais e de estar num ambiente que não iria combinar com as suas convicções e com aquilo que gosta de fazer.

Uma das convicções que para mim está mais cimentada é a certeza de que, como seres humanos, tivemos vidas passadas e que por isso iremos ter vidas futuras e no intervalo (que será até o tempo maior), vamos estar no Plano Espiritual, sendo este período denominada de período *entre vidas na terra.*

Se para si não é fácil acreditar que como Seres Humanos, quando morremos, apenas vamos passar a viver em outro corpo (um corpo espiritual em que a energia é menos densa e que só por isso não vemos essas pessoas que já morreram que até podem estar perto de nós), aconselho que leia a basta bibliografia do Chico Xavier, Prof. Laércio Fonseca, do médium Divaldo Franco e muitos outros autores menos espiritualistas como o Dr. Brian Weiss, em especial o livro Muitas Vidas Muitos Mestres - neste livro este hipnoterapeuta através de regressões a vidas passadas e a *entre vidas* ouviu inúmeros relatos de pacientes seus que descreveram, não só a vida no Plano Espiritual depois da morte física, mas também pormenores das vidas que tiveram na terra antes dessa e como foi a viagem, receção e vivência no Plano Espiritual.

Para mim a certeza que tenho da reencarnação e das vidas passadas, baseia-se tanto na minha própria experiência como hipnoterapeuta, onde tive a oportunidade de fazer algumas regressões, que me confirmaram essa realidade, assim como a leitura de grande parte da bibliografia do Chico Xavier e também as palestras do Prof. Laércio Fonseca e não só…

Ao contrário do que muita gente pensa, acreditar na vida depois da morte não é assustador é antes pelo contrário, muito libertador, pela simples razão de que, quando isto acontece vamos deixar de ter medo da morte do corpo.

Quem tem medo da morte do corpo é porque desconhece o que realmente acontece, também porque as religiões, na sua generalidade, não fazem nada para afastar esse medo, muitas até o incentivam, o que faz com que as pessoas criem na sua mente fantasias de medo e dor, quando na verdade, tudo é tão simples e positivo, basta que comecemos por pesquisar e investigar.

O que lhe posso garantir é que, ao ler este livro, pode acabar com o medo da morte (como eu tinha) e só isso acredite que vai ser um grande alívio para si.

O medo que pode sentir é somente um medo do desconhecido, mas quando começar a perceber que afinal aquelas pessoas que mais gosta, afinal estão vivas e que vai poder estar com elas, tudo isso vai compensar.

Para se começar a compreender tudo isto, é necessário começar por aceitar, como disse anteriormente, o que as físicas/matemáticas já aceitam: que tudo é energia; logo, se tudo é energia o nosso corpo mais não é do que um corpo de energia, só que que além da energia, o nosso corpo (e tudo o resto), tem também *informação para criar determinada coisa e não outra* (ou a inteligência da Criação Divina), para definir as particularidades e especificidades daquilo que queremos.

Se aceitarmos também que a nossa alma ou consciência é também uma energia, vamos aceitar que essa energia possa estar ligada, tanto a um corpo humano que é energia, como a um corpo de natureza espiritual, que continua a ser energia só que menos densa.

O que difere entre um corpo humano e um corpo espiritual, é tsó a qualidade ou densidade da energia de que um e outro são formados ou constituídas.

A evidência de que na verdade, sempre tivemos um corpo espiritual, mesmo quando habitamos num corpo humano, é relatada por inúmeros médiuns que fazem viagens astrais conscientes, como é o caso do Prof. Laércio Fonseca, em que, ele próprio, consegue ver o seu próprio corpo na cama, como se de um morto se tratasse, enquanto ele, ou a sua consciência, sai do corpo humano, e vai em viagem astral consciente. Segundo refere o Prof. Laércio em várias palestras, regularmente vai ao Plano Espiritual e a cidades astrais, quer para estudar, quer para dar as palestras, quase da mesma forma como faz enquanto encarnado num corpo físico.

Para haver possibilidade de interação consciente entre um ser humano e um ser espiritual, o ser humano tem de possuir faculdades mediúnicas que lhe permitam fazer isso (como é o caso de muitos médiuns, incluindo o Prof. Laércio), que conseguem ver, ouvir, falar e até fazer viagens astrais.

A maioria de nós, que não tem as capacidades mediúnicas desenvolvidas, até pode durante o sono fazer viagens astrais e até encontrar-se com familiares já desencarnados ou realizar outras atividades no Plano Espiritual, como aprender, etc., o que acontece é que quando acorda não lhe é permitido recordar-se: são as chamadas viagens astrais inconscientes. Quem é que, em algumas manhãs ao acordar não tem aquele *insight* ou ideia que tanto procurava ter, ou até aquela boa sensação de ter passado uma noite maravilhosa e até de ter sonhado com algum familiar já desencarnado? Quem sabe, se não esteve mesmo lá, no Plano Espiritual com algum familiar já desencarnado, ou foi visitado aqui na sua casa por esses que partiram daqui.

Devemos ter em conta que durante as viagens astrais que possamos fazer durante o sono, tanto poderemos ir a zonas de energia negativa e conviver com Seres de energia negativa, como ir a zonas de energia positiva e estar com Seres de Luz ou nossa Equipa Espiritual e com a nossa família e amigos já desencarnados, etc. Para irmos a uns lugares (positivos) e não a outros (negativos), temos de cuidar da nossa própria energia, em especial antes de nos deitarmos, mas essencialmente, devemos cuidar sempre para mantermos um padrão de energia positiva, para que, na eventualidade de sairmos em projeção astral durante a noite possamos ir ou ser atraídos para lugares no Plano Espiritual com energia positiva, se for esse o nosso desejo.

A faculdade de nos lembrarmos ou não das viagens astrais que podemos ou não ter feito durante o sono, só é concedida pelo Plano Espiritual a alguns, até porque, se fosse concedida essa possibilidade a cada um, poderíamos não estar preparados para usar esta ferramenta da melhor maneira e até podíamos vir a sair prejudicados.

No corpo humano a energia é mais densa para nos permitir viver uma experiência na matéria, já quando estivermos num *corpo espiritual* vamos ter uma energia menos densa para nos permitir viver outro tipo de experiências, ou interagir com outro ipo de energias menos densas.

Se enquanto Seres humanos só conseguimos interagir com Seres e coisas de energia e qualidade semelhante, o mesmo vai acontecer quando estivermos num corpo espiritual, mas agora a interação vai ser com estes Seres e coisas que tenham esta vibração ou qualidade energética.

O mais importante a ter em conta é que, quer estejamos em um corpo humano, quer estejamos num corpo espiritual, vamos ter sempre a nossa consciência individual (aquilo que somos e aquilo de que temos perceção), vai estar lá sempre connosco, nunca vai desaparecer, e vamos poder recordar quem fomos, o que fizemos e quem somos – embora em determinadas alturas (quer quando estivermos no Plano Espiritual, quer quando estivermos encarnados) não nos consigamos lembrar ou não seja conveniente lembrarmo-nos do que fizemos no passado.

O corpo espiritual que é energia menos densa em relação ao corpo humano e que os espiritualistas chamam de perispírito já envolve o nosso corpo humano enquanto estivemos encarnados. Durante a noite podemos partir no nosso corpo espiritual e ter experiências no Plano Espiritual), são as referidas viagens astrais, ficando ligados ao corpo humano, através do que é denominado por cordão de prata.

Podemos ouvir os mais variados relatos, destas experiências de saída do corpo, quer em experiências de quase morte, quer, por exemplo em relatos de regressões a vidas passadas (recomento o livro do já referido Brian Weiss, Muitas vidas, muitos Mestres).

Outros relatos são descritos através de hipnose clínica em que, com um simples relaxamento profundo se diz à mente da pessoa para ir por exemplo, a um momento do seu passado que seja relevante e ele pode vivenciar experiências de uma época muito distante em que se reconhece como sendo ela mesma, embora com outro corpo, com outro nome e com outra vivência completamente diferentes.

Podemos ainda comprovar a evidência das vidas passadas, através de médiuns que canalizam diversas informações que os *mortos* lhes passam do outro lado, informações que mais tarde são comprovadas pelos familiares, sendo um dos casos mais famosos e mediáticos os casos contados em mais de quatrocentos livros do médium Francisco Cândido Xavier.

Agora que espero, que a questão de termos tido vidas passada poderá ter sido aceite (se o não foi ainda, poderá não ser fácil conseguir entender o meu ponto de vista, neste caso sugiro a leitura dos livros do Chico e das Fontes que indico no final deste livro e mais tarde, quem sabe, se durante a leitura de algum dos livros), talvez se sinta mais preparado para aceitar estes ensinamentos...

Se, para a doutrina católica basta que nos arrependamos antes de morrer, logo se o arrependimento anulasse todo o mal, porque é que nos iria compensar fazer o bem, se podemos limpar o mal todo antes de morrermos? – teoria com a qual estou em profundo desacordo.

Já a teoria da doutrina espiritual neste assunto, para mim faz mais sentido, se não vejamos o que a doutrina espírita diz sobre este assunto:

- Somos em essência Seres Espirituais, que encarnamos para uma determinada missão;
- Quando não cumprimos a nossa missão ou, muitas vezes fazemos o oposto, embora o arrependimento seja útil e imprescindível, tanto nós como o Criador, só vamos ter a 'certeza' que o arrependimento é sincero, se numa próxima oportunidade e perante as mesmas situações agirmos de maneira diferente, até porque todos nós sabemos que se um simples arrependimento resolvesse tudo sem dor, provavelmente, da próxima vez, quando estivéssemos perante o mesmo cenário, faríamos de igual maneira, logo

uma forma de aprendermos se o que fizemos foi mau ou bom para o outro, na maioria das vezes, só o vamos avaliar quando passamos pelo mesmo que fizemos os outros passar;

- O que é que o Criador faz para saber se nós aprendemos a lição e vamos fazer diferente no futuro?

  É preciso mais do que o nosso arrependimento inicial, esse é apenas o passo inicial que pode começar a reverter todo o processo, mas não acaba aí, antes pelo contrário, é apenas o começo. Ao nosso arrependimento tem de seguir-se algum ensinamento, que só pode ser conseguido através de experiências de dor, que vai estar na origem do nosso novo *fazer diferente*.

- Se na próxima encarnação continuamos a fazer o mesmo de negativo, o Plano Espiritual ou o Conselho Cármico (que decide quais as provas e experiências que cada um vai ter quando encarnar), vai-nos nos dar experiências mais dolorosas, para que para possamos retirar o ensinamento que precisamos.

- As experiências mais dolorosas que nos possam ser propostas, visam em primeiríssimo lugar a aprendizagem e não a punição, até porque se só fosse punição de que serviria para fazermos diferente no futuro? A dor ou o desconforto é um bom meio para nos obrigar a fazer diferente, pois se estamos bem, porque iriamos mudar?

Por exemplo, quando é que uma doença, uma deficiência, um acidente, um assassinato, a pobreza, etc., podem ser boas ferramentas e/ou sensações, para nos obrigarem a mudar e a evoluir?

Vou dar aqui alguns exemplos e depois o leitor pode deduzir o que outras dores podem ajudar:

- Imaginemos *por exemplo um crime passional:*

  um marido que apanha a sua esposa num ato de traição com o seu melhor amigo e furioso e cheio de ciúmes dessa traição dá um tiro e mata a sua esposa e o amigo que o traíram e em seguida dá um tiro em si mesmo, pensando que assim resolveu e acabou com tudo.

- O que vai acontecer depois, mais tarde ou mais cedo, é que, aquele que matou e que pensava que tinha acabado tudo, vai ver-se confrontado no Plano Espiritual com aqueles que matou, vivos: a sua esposa e o seu ex-amigo; e para sua surpresa também se reconhece a ele mesmo vivo… Aqui os sentimentos de ódio ou de revolta que uns e outros tinham enquanto encarnados vai continuar… só que agora a morte já não vai resolver o problema, até porque todos eles já estão mortos.
- Aqueles que estão no Plano Espiritual, e que continuam em profundas desavenças, como no exemplo que referi, porque se sentem vivos, vão continuar a tentar vingar-se uns dos outros, mas quando o tentarem fazer vão ver que não conseguem e aí surge a revolta, pois aquelas mortes não resolveram nada… A revolta de uns e outros vai manter-se e geralmente vão todos manter as suas razões para o que fizeram… então como resolver tudo isso?
- Claro que pode ser decidido pelo Plano Espiritual várias soluções, mas para já vamos aqui referir apenas algumas hipóteses:
  - ✓ Pode ser decidido pelo Plano Espiritual que aquele que matou, numa próxima encarnação seja o pai dos que na vida anterior matou, para resgatar carma, ou seja, se na outra vida matou, para nessa encarnação poder cuidar e dar amor: - que forma mais amorosa de saldar uma dívida cármica, sem nos darmos conta e até com prazer!... Esta situação só é possível porque há o esquecimento do que se passou na vida passada entre essas duas pessoas, logo este esquecimento que temos das vidas passadas, vai ser positivo;
  - ✓ Aquele que matou, pode na próxima encarnação, vir a ser morto também numa situação equivalente para experimentar o mal que fez aos outros e assim aprender que, como este que o matou fez o mal, ele também o fez no passado…e assim aprender;

- ✓ Na próxima encarnação aqueles que causaram sofrimento podem vir com alguma doença ou ter algum acidente, equivalente ao sofrimento que causaram…
- ✓ Na próxima encarnação, na idade ou nas circunstâncias aproximadas da idade em que cometeu algo de negativo e/ou causou dor e sofrimento a alguém, pode ser permitido pelo Plano Espiritual que seja obsidiado por aqueles a quem fez sofrer;
- ✓ O Plano Divino pode fazer com que numa próxima encarnação a pessoa em causa venha com alguma limitação física para lhe ser mais difícil ou mesmo impossível praticar os mesmos atos de antes, nomeadamente:
  - ➤ tendo um acidente ou doença, que o impossibilite de se mover durante um determinado tempo para que essa falta de mobilidade o possa impedir ou dificultar de voltar a fazer o mesmo negativo de antes, etc.

Uma das situações que mais choca as pessoas, é por exemplo, aquela criança que nasce com uma deficiência, argumentando alguns que aquela criança nada fez de errado para merecer tal punição de Deus.

Essas pessoas partem de um pressuposto errado ao referirem que essa criança nada fez de errado, simplesmente porque apenas reconhecem essa curta existência, mas se deixarmos que a nossa mente se abra para a possibilidade de essa criança ter vivido outras vidas anteriores a esta, aí sim, vai começar a fazer sentido, porque não seria possível à agora criança, ter sido o adulto de outras vidas, onde não fez propriamente as melhores ações?!!

Aquele bebé que acaba de nascer, já viveu outras vidas como adulto e se, ele tal como todos nós, estamos a viver num planeta de expiação e provas e não num Planeta de regeneração, é porque também aquele bebé já foi o adulto em outras encarnações em que praticou atos negativos e que precisa de cá estar para ter novas experiências e retirar algum ensinamento que precisa para não voltar a fazer o mesmo negativo de antes.

O que aconteceu foi simplesmente que aquele bebé que veio com aquela deficiência ou doença de nascença, foi simplesmente porque aquela deficiência ou doença, lhe vai ser útil para cumprir a missão que lhe está destinada – que pode ser para o impedir de voltar a fazer o mesmo (negativo) de antes.

Uma certeza que devemos ter sempre em conta é que quando enviamos energia positiva, essa energia nunca pode fazer mal, até porque a energia positiva que possamos enviar, vai respeitar sempre o livre-arbítrio da pessoa, que a pode receber ou rejeitar. No entanto, a Equipa Espiritual da pessoa a quem mandamos energia de cura, pode bloquear essa energia positiva que enviamos, se essa pessoa *precisar* desse sofrimento para retirar algum ensinamento.

A dor pode ser um dos melhores meios para fazermos o novo e diferente e que melhor nos serve, até porque se estamos confortáveis porque iríamos mudar? Algumas limitações físicas, mais ou menos acentuadas, podem ser importantes para nos impedir voltar a fazer o negativo e assim sermos impelidos a fazer o bom e positivo.

Para ilustrar o que acabei de referir, no que se refere à dor, que nos obriga a fazer algo, relato aqui o meu caso particular, para elucidar como a dor nos pode ajudar:

Quando mais novo, sempre tive algum receio de ir ao dentista... a primeira vez que fui, foi quando praticamente já não conseguia mastigar a comida tal era a infeção e dor nos dentes. Até essa altura e para evitar ir ao dentista ia comendo comida mais mole para adiar o mais possível a ida ao dentista, no entanto chegou uma altura em que mesmo com esse tipo de comida, não impedia que sentisse dores e inflamação nos dentes que me impedia de fazer a minha vida normal e chegou a um ponto em que as dores eram cada vez mais insuportáveis. Foi nesta altura que, forçado pela dor, tive de ir ao dentista, embora com aqueles receios iniciais, acabei por ser atendido, sem que o tratamento me tivesse causado grandes dores e a partir daí pude passar a poder comer normalmente e a ter uma dentição mais saudável.

Esta minha experiência, serve para ilustrar, como a dor, no meu caso em particular, me obrigou a fazer algo que não queria, mas que acabou por ser bom para mim, pois permitiu-me ter uma melhor qualidade de vida, neste caso, permitiu-me voltar a comer normalmente e sem dor.

A minha firme convicção, à semelhança do que referem Louise Hay e Bruno Gimenes, ambos com expressões diferentes, mas ambos com o mesmo significado:

- refere Louise Hay: *as nossas sensações ou emoções perante determinado acontecimento ou situação é o nosso melhor indicador para sabermos se estamos a ir na direção certa...,*
- já Bruno Gimenez refere: *o nosso desconforto são flechas que os nossos Anjos no enviam, a chamarem-nos à atenção (pela dor) que aquele não é o nosso caminho...*

Refere ainda Bruno Gimenez que, se no início a chamada de atenção dos nossos Anjos e Protetores é em forma de pequeno desconforto, como se de uma chamada de atenção ligeira e num tom de voz suave se tratasse, como aquela chamada de atenção de um pai a um filho que se está a portar mal... já a dor mais aguda ou doença mais grave, seria o equivalente a uma chamada de atenção mais enérgica, ou aquele berro dos nossos pais, para que passemos a fazer algo diferente.

À semelhança do que referem estes dois ilustres autores de inúmeras obras literárias e práticas de cariz mental/espiritual, também é minha convicção que os desconfortos, mais ou menos dolorosos, incluindo as doenças mais ou menos graves, mais não são do que chamadas de atenção para retirarmos algum ensinamento, que na maior parte das vezes implica fazer diferente. Acredito que quando esta aprendizagem é feita e interiorizada, este fazer diferente vai-se tornar fácil, e porque aqueles sintomas já cumpriram a sua função, a pessoa, quase por magia, vai procurar o tratamento ou o estilo de vida mais eficaz, que vai resolver de forma definitiva toda a situação.

Uma das formas de sabermos que a pessoa já terá tirado algum ensinamento mais ou menos consciente, é quando a pessoa olha para a sua situação de uma forma mais confiante agora, em comparação com antes... e quando por exemplo essa pessoa muda o seu comportamento, estilo de vida, alimentação, etc., por causa disso.

As mudanças de comportamento podem indiciar que poderá ter havido uma aprendizagem ou ensinamento que aquela situação proporcionou. A partir daqui a confiança de estar no caminho certo não só vai trazer mais paz à pessoa, como é muito provável que, só com essa mudança de comportamento resolva a sua situação, ou então, vai procurar o tratamento mais eficaz que vai resolver definitivamente.

Quando um sintoma doloroso é tirado de forma mecânica ou médica, sem qualquer aprendizagem, o que na maior parte das vezes vai acontecer é que, porque a mensagem ou ensinamento que o sintoma queria passar não foi ouvida, virá novo sintoma mais doloroso para se fazer ouvir, para que a aprendizagem seja feita, até porque como disse atrás, é sempre mais fácil, mudarmos pela dor, pois se estamos confortáveis o que pretendemos é continuar a fazer o mesmo para continuarmos confortáveis.

Em resumo, se uma deficiência, uma doença, um acidente, uma má aparência física, ou outro tipo de sofrimento, poderem evitar que a pessoa prossiga na sua Roda de Sansara (ou ciclo vicioso negativo em novas encarnações), é isso mesmo que lhe vai ser proposto e/ou lhe vai acontecer na sua vivência futura, mas nunca como punição, mas sim como uma forma de o ajudar a não fazer o mesmo de antes e não fazendo o mesmo de antes, estará mais perto de fazer diferente e positivo e de aprender com aquela dor e/ou limitação.

Ao sofrermos aquilo que fizemos os outros sofrer vamos poder experimentar o resultado das nossas ações em nós mesmos, as quais nos causando dor equivalente à dor que provocamos, ao contrário de nos servirem como punição, vão servir muito mais como aprendizagem de que aquilo que fizemos no passado não foi bom, porque o sentimos na pele, e daí para a frente esse ensinamento vai fazer com que passemos a fazer diferente e positivo, pois já avaliamos em nós o resultado das nossas ações.

Quando desencarnarmos e passarmos para o plano espiritual, a nossa vivência nessa encarnação vai ser analisada e vamos recordar tudo aquilo que fizemos de útil e positivo e tudo aquilo que fizemos de negativo, em contraponto com tudo aquilo que a que nos tínhamos proposto e comprometido a fazer nessa encarnação. É nesta altura que surge o arrependimento... - *se pudesse voltar atrás faria tudo diferente* - e a seu tempo este *faria tudo diferente se voltasse atrás*, é aceite pelo Plano Espiritual e essa pessoa reencarna novamente.

Em conjunto com o Plano Divino é organizado então um Plano ou programa para que essa encarnação cumpra os objetivos a que se propõe, que são sempre, em maior ou menor grau, a evolução como Ser Espiritual que todos somos.

Tudo o que alguma vez fizemos, estamos a fazer no momento presente ou que vamos fazer no futuro, é o que vai definir o tipo de experiências que vamos ter mais tarde, estejamos nós encarnados num corpo humano, ou estejamos nós desencarnados e num corpo espiritual.

Em boa verdade o conceito de positivo e negativo na ótica do Criador não existe, até porque, como já vimos, tudo o que façamos vai-nos levar para o nosso destino, o que pode ser diferente de umas pessoas para outras, são o tempo que vamos demorar e as experiências que vamos fazer ao longo do caminho.

O Criador dá-nos a possibilidade de escolher os *meios,* mas o nosso destino glorioso, esse está bem definido, que é sermos e evoluirmos rumo à imagem e semelhança de Deus o nosso Criador.

Temos, pois, de eliminar do nosso vocabulário a expressão: - *Não faças isso que Deus castiga* -, até porque, nenhuma das experiências que Deus nos faz passar é como punição, mas antes como aprendizagem, Deus só permite a dor, porque nós a escolhemos para vivenciar a dualidade e retirar, desde modo, algum ensinamento. Quanto à dor que é causada pelas nossas opções, ou do nosso livre-arbítrio, o Criador, apenas permite que experienciemos o resultado das nossas ações e quando tal resultado é de dor, tal dor vai servir de ensinamento e aprendizagem.

Claro que Deus, como é um Deus de amor, se calhar teria preferência que vivêssemos uma vida com experiências de amor, mas por outro lado se nos impedisse de viver a dor e o negativo estava a limitar-nos nas nossas experiências.

Só podemos optar entre o positivo e o negativo, se tivermos essas duas opções, pelo que o Criador permitiu esta dualidade para que possamos escolher o bom e positivo. No entanto permitiu outras experiências de cariz negativo, para que pudéssemos ter outras experiências opostas, no entanto quer umas (positivas) quer outras (negativas) vão poder servir para a nossa evolução, logo, porque não deixar experimentar a dualidade e/ou experiências mais negativas, se, em última análise, quer umas quer outras nos vão levar ao nosso destino?

Certamente e numa visão simplista todos concordamos que, à primeira vista, todos preferiríamos, numa futura encarnação vir e ser, aos olhos da sociedade, como uma pessoa bem-sucedida, de boa aparência e a viver em conforto, mas muitas vezes também estas aparentes boas ferramentas poderão ser o teste para ver como nós as vamos utilizar, se não vejamos:

- Uma pessoa com as características que acabei de referir a viver uma experiência terrena, pode ser porque numa vida passada ter levado uma vida de pobreza, mau aspeto físico, etc., agora vem com esse talentos e faculdades para experimentar o outro lado e avaliar como ela própria as vai usar;
- Vai ser-lhe permitido usar o oposto, para ver se ela faz diferente e positivo;
- Se, na posse destas *ferramentas* aparentemente mais eficazes, fizer diferente do que fizeram com ele, foi porque retirou o ensinamento certo… se voltar a fazer o mesmo que

fizeram com ela, então aquela experiência e ensinamento não foi apreendido e poderá ter de reencarnar de novo, mas agora com provas ainda mais dolorosas, à semelhança do seu algoz do passado.

Uma situação a ter em conta e que é muito importante para facilitar e permitir a ajuda da nossa equipa espiritual, é mantermos uma energia de altas vibrações (positiva), pois sendo esses Seres (que nos ajudam do Plano Espiritual), seres de energias de altas vibrações, fica mais fácil a ajuda d'Eles, ou até a simples comunicação e influência, quando a nossa energia está próxima da energia desses Seres.

O que acontece em muitas situações é que os Seres da nossa equipa espiritual, não se conseguem fazer ouvir ou influenciar-nos, porque nós estamos a vibrar numa energia muito diferente e nesse caso, ou terão Eles (do Plano Espiritual) de baixar muito as energias deles para se sintonizarem com a nossa energia, ou nós teremos de aumentar (positivamente) a nossa energia.

Se não mudarmos de vibração energética (ou qualidade energética), que se reflete naquilo que pensamos, falamos e fazemos, a influência e a perceção da comunicação da nossa Equipa Espiritual vai estar comprometida ou ser mesmo impossível, pois há uma diferença energética muito acentuada entre nós e Eles. Nesta situação as comunicações e influência que a nossa Equipa Espiritual nos pretende fazer chegar, mesmo que o consiga em alguns momentos (em que podemos elevar as nossas próprias energias), depressa é esquecida, em virtude dessas informações estarem numa energia ou frequência muito diferente da nossa, à semelhança de uma semente que é deixada num terreno que não tem condições para que ela possa germinar.

Muitas vezes os Seres da nossa Equipa Espiritual, optam por não nos passar determinadas informações ou nos influenciar para o positivo, pois sabem que, sem uma mudança da nossa parte que nos permita aproveitar todas essas informações, não vai adiantar de muito. À semelhança do exemplo da semente, que precisa de terreno apropriado onde possa germinar, acontece o mesmo com os Seres da nossa equipa do Plano Espiritual que, ao saberem em que vibração energética nós estamos, sabem que, nessas situações, pode nem sequer adiantar uma aproximação, pois sabem que não temos condições para processar e compreender esses ensinamentos.

Recordo uma passagem de um livro de Chico Xavier, em que alguém questiona o porquê dos Trabalhadores de Luz e Seres de Luz, não ajudarem aqueles que estão no umbral em grande sofrimento… e a resposta vem de imediato: *não, porque eles só estão a pedir ajuda, não por estarem arrependidos pelos seus atos (que os levaram a essa situação), mas é só porque estão a sofrer que pedem ajuda, mas se lhes concedermos a ajuda que pedem, mais depressa voltam para a vida de antes.* Assim se explica, como a dor e o sofrimento podem ser as melhores situações para nos obrigarem a fazer diferente.

A doença é um remédio amargo, mas
muito eficaz.

SER RICO É PRECISAR DE POUCO

Ser rico é precisar (ou ter) de pouco, porque aí tudo o que vier a mais do esse mínimo, para nós já chega e, quando vem mais do que esse mínimo, então, para nós já é muito e vamos ter a sensação de que temos muito e, se temos muito, até podemos considerar-nos ricos e vamos poder compartilhar com outros, quer diretamente, quer sob a forma de um projeto benemérito que promova o bem-estar ao próximo.

Não necessitar de *ser rico* para nos passarmos a sentir bem e em paz com nós mesmos no agora, em vez de estarmos à espera de estarmos em paz com nós mesmos, no futuro *quando formos ricos.*

Quando o nosso foco é naquilo que não temos, ao invés de valorizarmos aquilo que já temos, isso vai levar-nos, a não estarmos conscientemente presentes no agora (pois no agora estamos concentrados a preparar a riqueza do futuro ou o futuro com essa riqueza), o que leva o nosso foco para o futuro e com isso, quase que vamos passar a viver uma vida futura que ainda não aconteceu, ou pode vir a não acontecer.

Não, que não ambicionemos ter mais do que necessitamos, ou que nos contentemos a viver uma vida de subsistência ou mesmo de miséria, é tão só, não necessitarmos de ter muito, ou ter constantemente mais e mais (consumismo desenfreado) para nos sentirmos bem, quando não temos uma utilidade prática a dar a esse acréscimo de coisas que conseguimos...

Dirão alguns, em relação à riqueza que almejam alcançar: - *que têm um destino a dar a esses bens que conseguem em excesso, nem que seja, para ficar para os filhos e/ou herdeiros legítimos...* quanto ao consumismo desenfreado, podemos ouvir justificações simples como: - *sinto-me bem quando compro coisas novas...* ou, *tenho de juntar para a velhice, etc..*

Quando aparecem estas justificações, normalmente escondem o verdadeiro motivo, que mais não é do que o apego a coisas materiais, para preencherem um vazio interior, só que, como isso não é conseguido, buscam sempre mais e mais... e torna-se num ciclo-vicioso que as leva a comprar, cada vez mais, pois a felicidade vai estar, julgam eles, naquilo que ainda não compraram ou o de não terem muito mais.

O apego a coisas matérias, acaba por ser muito semelhante aos vícios (que falo noutro capítulo), que, ao nível físico/humano, podem resultar em doença, primeiramente do foro mental (comportamento obsessivo-compulsivo) e mais tarde, mesmo em doença física.

Ao nível espiritual, o apego, neste caso, a coisas materiais, vai fazer com que continuemos, depois de desencarnados, apegados a essas coisas e não nos consigamos libertar para seguirmos o nosso rumo no caminho espiritual.

Quando o que acabei de referir acontece, o prejuízo é para todas as partes, primeiramente para nós, mas também para os que estão encarnados, que por passarem a ser os donos das coisas do desencarnado e porque, muitas vezes, o desencarnado continua a considerá-las como sendo dele e a quere-las só para ele, pode manter-se junto delas (em espírito) para as proteger desses outros que já as possuem.

A proximidade do desencarnado das coisas que deixou, que também pode incluir as pessoas dos seus afetos, é enormemente prejudicial, para uns e para outros, se para o desencarnado, já referi alguns malefícios, para os encarnados, a proximidade constante de um desencarnado, vai sugar-lhe energia, podendo chegar ao ponto de provocar doença física ao encarnado.

A proximidade constante de um desencarnado, nas situações que acabei de referir, mesmo quando é com boas intenções, é sempre prejudicial ao encarnado e também ao desencarnado, por isso o apego de uma forma geral, quer a coisas quer a pessoas, não é sinal de amor (quando são pessoas), pois ambos são prejudicados, ou seja, a melhor maneira do desencarnado ajudar o encarnado, nunca é a proximidade constante (embora o possa visitar regularmente).

Ter mais ou ser rico, com o objetivo de destinar a um projeto benemérito, já é uma motivação diferente e até de enaltecer e que não se enquadra no que acabei de referir, o que aqui quero enfatizar é que, a ânsia por ter sempre mais e mais, deve-se, essencialmente, a um equívoco fomentado pela sociedade e pela ganância das empresas, que promovem a ideia de que: - *ter muito e cada vez mais, vai fazer-nos sentir bem.*

Aquele que está à espera de ter cada vez mais para se sentir melhor, vai andar numa busca desenfreada para ter mais, mas porque esta ânsia de ser rico, o leva a querer ter sempre mais, vai optar por ter a sensação de riqueza, só quando tiver o que ainda não tem e, porque nunca vai sentir que tem tudo, vai sentir sempre que a sua felicidades vai estar nesse algo que ainda lhe falta e assim sucessivamente, sem nunca almejar a tal felicidade que lhe foi incutida.

Acredito que a maioria das pessoas anda tão distraída ou mesmo equivocada, (através da publicidade dessas empresas) com o materialismo, que apenas lhe resta tempo para cumprir as obrigações mais ou menos básicas, nomeadamente sobrevivência, conforto material, saúde, entre outras, que não tem tempo para pensar e investigar sobre o que é melhor para si, que acaba por ser o que essas empresas querem que aconteça.

As empresas movidas pela ganância, sabem que, se tivessem consumidores conscientes, não teriam tantas vendas e um consumidor com pouco tempo, para investigar e para sentir, acaba por ser um consumidor mais *fácil* e mais duradouro, por acaba por ser um consumidor facilmente controlado pela publicidade.

O que na verdade acontece é que, condicionados pela publicidade dessas empresas, somos levados a entrar num ciclo vicioso de consumismo, na ânsia de que, na posse dessas coisas, virmos a ter a tal felicidade que nos apregoam, só que, uns mais tarde, outros mais cedo, vão notar que aqueles bens materiais, dos quais fizeram depender, a sua felicidade, vão acabam por morrer ou deteriorar-se e vão passar a descartá-los e a buscar outros, numa busca incessante e num ciclo-vicioso que nunca mais vai acabar.

Esta ânsia de procurar a paz interior ou felicidade – que acredito seja uma busca de qualquer pessoa, mais ou menos consciente, faz –, quando essa paz está associada às coisas que compramos, normalmente também é condicionada pelas nossas crenças e ensinamentos que tivemos, que continuam ainda hoje a ser reforçadas a cada dia que passa, pela dita publicidade e ensinamentos que recebemos, que vai confundir-nos, se não estivermos conscientemente atentos, levando-nos a considerar um mero prazer físico de uma compra e utilização de um objeto, a ser sinónimo de felicidade ou paz-interior.

Assim, o prazer resultante do consumismo desenfreado, vai durar cada vez menos, até chegar a menos do que a vida útil de desse bem, havendo pessoas que inclusivamente sentem um vazio ou depressão, logo após fazerem determinadas compras e até mesmo antes de usar esses objetos, ou até nem os chegarem a usar por não reconhecerem utilidade neles...

Somos levados a buscar a felicidade e a paz-interior em quase tudo, menos no local onde a deveríamos procurar, que é em nós mesmos.

A grande maioria das empresas (embora haja exceções) não estão preocupadas com o nosso bem-estar, mesmo que apenas bem-estar físico, até porque na maioria das vezes o lucro fala mais alto e faz com que muitos produtos além de não nos trazerem a paz interior e a dita felicidade que procuramos, também a nível de qualidade estão carregados com energia negativa, dou aqui o exemplo na carne e derivados, quer pelos maus tratos infligidos aos animais, quer na enorme quantidade de químicos, pesticidas, hormonas, etc., que fazem com que a generalidade da carne consumida, mas não só, nos cheguem carregados de energia negativa, que além de não nos trazerem saúde física, não vão também promover a nossa evolução espiritual, antes nos fazem aproximar e ser atraídos para situações de energia negativa.

A falta de qualidade, por exemplo dos produtos alimentares que consumimos que, mais tarde ou mais cedo vão causar-nos doenças, tal é, na grande maioria dos casos, feito de forma deliberada ou não é considerado por essas empresas, pela simples razão de que, a grande maioria das empresas que produz os bens alimentares também tem interesse ou participações nas empresas de medicamentos, logo, criam o mal e criam a solução e recebem dos dois lados.

Durante o ano da pandemia, vi um documentário que desmontava toda esta teia de interesses, em que foi provado que, ao nível máximo da hierarquia as grandes empresas, estas controlam, através de participações qualificadas no capital social, outras empresas, aparentemente concorrentes e/ou com interesses opostos (pex. alimentos que causam doenças / empresas farmacêuticas… empresas farmacêuticas / empresas de pesticidas e herbicidas (venenos), etc. Se quiser tirar dúvidas, siga até ao topo da pirâmide e veja quais as participações que as grandes/mega empresas têm distribuído por outras empresas do mundo inteiro. Acredite que estas participações qualificadas vão muito além dos países onde estas empresas estão sediadas.

Até pode parecer à primeira vista que, por exemplo uma empresa portuguesa, tenha apenas uma participação qualificada de duas ou três empresas de outro pais, no entanto depois se for investigar quais as participações qualificadas que essas empresas que detêm participações por sua vez têm e assim sucessivamente até chegar ao topo, vai ficar surpreendido, e chegar à conclusão de que, empresas aparente mente concorrentes e ou de produtos opostos (industria farmacêutica / industria dos venenos com herbicidas, etc.), na grande maioria das situações está sob o mesmo comando de topo, logo, se ganham, por exemplo com a doença (e menos com a saúde), porque iriam produzir alimentos saudáveis, etc?

Se o exemplo de controlo que acabei de referir foi do ramo da alimentação/medicamentos, poderíamos estender este assunto à comunicação social, educação, etc.

Lembre -se que pessoas doentes dão muito mais lucro do que pessoas saudáveis. Se tem dúvidas, quando for a uma cidade média//grande, quer seja de Portugal ou de outro país, compare os negócios ligados à doença com os ligados à saúde. Quando fizer isso vai perceber porque é que tem de haver pessoas doentes e porque não é rentável ter pessoas saudáveis.

Quanto à riqueza, um engano a que somos induzidos, é que se associa a riqueza e bens materiais, à evolução e paz-interior, na maior parte das vezes, como já referi, tal é um engano intencional e é por muitos aceite de forma mais ou menos consciente, simplesmente porque a maioria de nós ainda está a vibrar numa energia (negativa) muito próxima da energia dessas coisas o que faz com que comecemos por aceitar aquela publicidade e depois acabemos por consumir aqueles produtos.

Esta baixa vibração energética acaba por se refletir a vários níveis nas escolhas que fazemos, desde consumir noticias negativas nos meios de comunicação social, escolhas essas que refletem essa baixa energia e reflete-se ainda na nossa pouca disposição para consumirmos noticias de cariz positivo ou termos ações que se pautem por energia positiva, no nosso dia-a-dia.

A generalidade dos ensinamentos que nos foram ou estão a ser passados ainda agora, ao enfatizarem o *ter* em vez do *ser*, fazem com que andemos numa busca incessante da felicidade, do bem-estar ou da paz-interior, onde ela não está e, por isso não a encontramos, pois não podemos encontrar uma coisa onde ela não está.

Todas as coisas materiais que nos incutem a ter e que nos dão a ilusão de paz-interior, mais não são do que prazer momentâneo que, à semelhança por exemplo do apego, quer seja a coisas ou até a pessoas (através de relacionamentos doentios), dá-nos uma falsa sensação de bem-estar, até porque quando fazemos depender a nossa felicidade de ter uma coisa (que pode ser coisas materiais ou pessoas nas nossas relações), mais tarde ou mais cedo, porque essas coisas são materiais (incluindo as pessoas, pois um dia vão desencarnar e "desparecer" do nosso lado), vão acabar por morrer ou deteriorar-se e desaparecer e, nessa altura, porque fizemos depender a nossa felicidade de ter essas coisas/pessoas, quando elas não estiverem mais na nossa posse vamos sentir-nos desconfortáveis e ter maior sofrimento, pois fizemos depender a nossa felicidade numa coisa exterior a nós e que não controlávamos e lá vamos ter de procurar mais de novo.

Cumpre aqui desde já esclarecer um ponto quanto aos relacionamentos, claro que um relacionamento que se baseie no amor incondicional, não é uma relação de apego, até porque uma relação de amor, ou amor incondicional (se calhar menos fácil de conseguir e vivenciar), visa em primeiro lugar o bem-estar mútuo, de nós e do outro, e não pode depender do outro estar sempre ao nosso lado, mas que o outro esteja o melhor possível onde estiver – mais ou menos perto de nós.

O nosso bem-estar numa relação pessoal, seja numa relação dita de amorosa ou numa relação de amizade, nunca pode ser o nosso objetivo único pois isso pode colidir com os interesses e bem-estar do outro, mas o nosso ganho nesta relação, antes de ser um objetivo, terá de ser uma consequência para ambas as partes.

Se fizermos depender o nosso bem-estar ou a nossa felicidade à custa da infelicidade ou mal-estar do outro, isso será sempre uma relação de apego e que irá acabar mal, mais tare ou mais cedo… enquanto que uma relação de amor incondicional vai perdurar para sempre, até porque o que conta aqui, não é estar na presença do ser amado, logo, não ter a presença do ser amado, não nos vai impedir de continuar a manifestar a mesma energia de amor, até porque não fizemos depender o nosso amor de o objeto do nosso amor estar ali sempre e disponível ao nosso lado e de ser só nosso.

Eu Sou uma Criação Divina do Criador.

A ENERGIA DA GRATIDÃO

Se calhar a energia da gratidão é aquela que os traz mais proveito imediato, pela simples razão de que, quando manifestamos gratidão a alguém por algo que essa pessoa nos deu, desde já damos a indicação a essa pessoa que aquilo foi do nosso agrado e com isso abrimos um canal de dádiva.

Se quando recebemos alguma coisa que outra pessoa nos deu, não lhe dermos nenhuma indicação que gostamos, é normal e natural que na mente dessa pessoa fique a dúvida se nós gostamos ou não gostamos do que ela nos deu, pelo que, ao agradecermos ou mostrarmos o nosso contentamento, mostramos a essa pessoa que apreciamos a sua oferta e que vamos apreciar nova oferta no futuro.

Uma das máximas que devemos ter é que, pelo menos na primeira vez que alguém nos oferece algo, devemos aceitar e agradecer, mesmo que essa coisa nem seja a nossa principal necessidade. Porquê? Porque o outro fica desde logo a saber que apreciamos o gesto que ele teve para connosco e assim abrimos um *canal* de dádiva do outro para connosco e um canal de dádiva do Universo para com essa pessoa que nos doou, para ter mais para dar no futuro.

Ter para dar é desde logo uma situação que nos deve deixar com boas sensações, pelo que, quando doamos alguma coisa a alguém, não devemos esperar algo equivalente em troca, apenas um mero *obrigado* deve bastar e só para sinalizar que o outro apreciou a nossa oferta, para sabermos se podemos continuar a dar no futuro, até porque também na doação não devemos forçar ninguém a aceitar, mesmo que pensemos que a nossa oferta lhe pode ser útil, à semelhança de outra qualquer ajuda, como aqui já referi.

Ao contrário de esperar retribuição em género, devemos nós mesmos quando doamos, agradecer ao Criador que nos permitiu ter para que pudéssemos dar e ter essa boa sensação de ter para dar.

Sempre que vejamos alguma utilidade naquilo que nos é doado, devemos aceitar, pela simples razão de que assim também permitimos e contribuímos para que o outro se possa sentir melhor, ao ter para dar.

Quando doamos algo de forma sincera e desinteressada (que é quando não esperamos algo em troca), além do simples *obrigado* (que serve como indicação de que a outra pessoa gostou e que está disponível para voltar a receber), não devemos esperar o equivalente dessa pessoa, pois se esperarmos algo em troca, isso vai ser uma troca ou uma venda e não vai ter a energia de uma doação ou oferta.

A nossa satisfação de ter para dar e a satisfação que vamos sentir ao ver a sensação do outro de ter recebido aquilo que lhe damos, vai desde logo servir como recompensa mais do que suficiente, por termos dado, ou seja, não podemos esperar retribuição do outro em género ou equivalente, porque doamos, isso seria se tivéssemos vendido ou trocado.

A gratidão ou não, ou o simples obrigado da outra pessoa ou não, apenas pode condicionar a nossa doação futura, pela simples razão de que, se não sabemos se a outra pessoa gostou ou não da nossa oferta ou se até lhe foi útil, no futuro vamos pensar duas vezes se vamos continuar a dar a essa pessoa ou não, apenas pelo facto de não sabermos se aquilo que temos para dar é útil ou não para ela.

Quando doamos de forma honesta e desinteressada, por experiência própria, posso dizer que as outras pessoas excedem-se em generosidade e acabamos por receber muito mais do que aquilo que damos inicialmente.

Claro que quando a outra pessoa quer dar-nos alguma coisa, deveremos aceitar, até para permitir que esta energia de doação possa circular, o que nunca deveremos fazer é condicionar a nossa futura doação, se essa pessoa nos não doar o equivalente ao que nós lhe doamos, o que devemos notar é se está a haver um aproveitamento da nossa boa-vontade (quando doamos), mas se isso se não verificar, o simples obrigado deve ser suficiente para que continuemos a doar, pois a gratidão e satisfação daquele a quem doamos, vai ser a indicação que podemos e devemos dar no futuro.

Por vezes para iniciarmos uma cadeia de acontecimentos positivos, ou ciclo-vicioso positivo, basta que alguém comece, até porque quando os outros experimentarem as sensações positivas que nós experimentamos, vão sentir-se na obrigação de fazer o mesmo em relação a outros.

Quem nunca viu vídeos em que foi iniciada uma corrente de solidariedade, em que alguém ajuda outra pessoa numa situação mais critica e depois essa pessoa quando vai ver outra em situação mais ou menos parecida vai sentir-se na obrigação de contribuir para ajudar essa pessoa e assim sucessivamente, criando assim uma corrente de solidariedade que vai alastrando cada vez mais. Recordo-me de um vídeo que vi, em que a pessoa que é ajudada recebe uma mensagem em papel para fazer o mesmo a quem encontrar e assim vai acontecendo sucessivamente e com isso é criada uma corrente de solidariedade que alastrou cada vez mais... deixo a dica, quem sabe, algum de nós que está a ler este livro consiga desenvolver esta estratégia...

Devemos sempre mostrar gratidão, mesmo que essa coisa não nos seja a mais útil no momento (mas desde que a não rejeitemos de imediato e lhe vejamos alguma utilidade para nós ou para outros que possamos conhecer), no entanto quando não fazemos a mínima intenção de usar essa coisa, devemos sempre manifestar a nossa gratidão e com diplomacia deveremos dizer que não precisamos e que outra pessoa precisará mais do que nós, justificando à outra pessoa que, só não recebemos aquilo que ela nos quer doar, porque não vamos usar e poderá ser mais útil para outra pessoa.

Especialmente quando recusamos deveremos sempre enfatizar o nosso agradecimento, mesmo não ficando com aquilo que nos é oferecido, para que essa pessoa receba a nossa energia de gratidão e assim sinalizemos, quer a sua boa-vontade, quer a nossa disposição de voltarmos a receber. Assim vamos permitir que a energia de doação entre nós e essa pessoa se possa manter. Ao justificarmos e agradecermos, sem ter recebido, fazemos com que a outra pessoa não interrompa essa energia de doação.

Quando começarmos a ter consciência e noção de tudo à nossa volta, certamente vamos começar a reparar que à nossa volta há imensas coisas que podemos usar, consumir, etc., sem termos de comprar, basta que comecemos por fazer circular a energia da doação, que mais tarde ou mais cedo vamos passar a receber aquilo que não temos e a doar aquilo que temos a mais, quase de forma automática, fazendo com que nós e os outros sintamos, quer a satisfação de dar, quer a satisfação de receber.

Já reparou que até o nosso próprio corpo, Alguém no-lo doou, sim, porque nós não saberíamos fazer assim um corpo humano assim tão perfeito.

Desde o planeta terra em que habitamos, toda a natureza que nos dá tanto, desde a alimentação, desde o oxigénio, desde os animais, e muito mais... já reparou que todas essas coisas que nos apareceram à frente dos nossos olhos, estão aí e foram-nos oferecidas pelo Criador, estão aí sem que as tenhamos comprado e estão à nossa disposição sem termos de pagar nada por elas? Dirá o leitor: - *alto aí que não é bem assim, tudo é nosso não é bem assim, tudo tem dono, para ser nosso temos de comprar.* Sim, mas eu falo no sentido da criação, da natureza e do que já cá estava quando nascemos, tudo isso estava cá quando chegamos e na maioria o homem teve pouca ou nenhuma intervenção.

O homem, no entanto, foi subvertendo a lógica da dádiva do Criador, ao açambarcar para si, os bens que Ele criou, não deixando para os outros, tirando proveito só para si, através da venda desses bens, que na verdade não foi ele (homem) que os fez ou que criou a matéria-prima de que essas coisas foram feitas.

O que aconteceu foi que o Criador, criou tudo e colocou tudo à nossa disposição, desde o corpo que temos, até todos os bens mais ou menos materiais. Claro que depois o homem também tem algum mérito em transformar e adaptar muitas coisas que lhe apareceram doadas pelo

Criador, no entanto e salvaguardando aquele trabalho que o homem teve para adaptar melhor essas coisas naturais que o Criador lhe ofereceu, sendo aí natural que seja compensado por esse trabalho, há muita coisa à nossa disposição que é uma doação generosa do Criador.

O que acontece cada vez mais nos dias de hoje, é que a ganância do homem, faz com que, quase tudo que o Criador nos doou, esteja a ser aproveitado e açambarcado, por alguns, para proveito próprio, em vez de ser usufruído por todos.

O Criador tudo nos doou, para que nos alinhemos com esta energia de doação, pelo que devemos, sempre que possível, fazer circular esta energia de doação.

A energia da doação, assim como a energia da gratidão, são energias positiva, logo, ao manifestarmos estas energias, quando doamos ou quando recebemos, estamos a alinhar-nos com energias de boas vibrações.

Agradecer por tudo o que o Criador nos dá vai fazer com que emitamos uma energia de gratidão que vai ser percebida pelo Universo e pelo Criador, com a mensagem que gostamos e apreciamos a Sua Criação e a sua oferta e assim sendo, à semelhança do que fazemos com quem nos dá algo, vamos abrir um canal de dádiva do Criador para connosco e assim sendo vamos dar a indicação ao Criador que estamos disponíveis e gratos para continuar a receber.

O Criador, só quer ver-nos felizes e se as pessoas lhe manifestam gratidão pelo que receberam, o Criador vai continuar a dar-nos mais disso mesmo, só porque isso nos agrada e o Criador gosta de nos agradar e gosta de nos ver felizes.

Quando alguém doa de forma sincera e desinteressada e quando sente que aquilo que doou foi aceite, só essa energia de satisfação já seria suficiente, se ainda receber energia de gratidão (ou agradecimento) do outro, já acabou por ser recompensado, pelo que o outro não vai ter obrigação nenhuma de lhe retribuir o que quer que seja, em proporção equivalente, até porque o que é *dado perde venda* ou perde a troca.

Outra situação que acontece a quem doa, é que o Criador ao notar a generosidade do doador, faz com que ele tenha cada vez mais para doar, até porque como já vimos a energia da doação desinteressada por ser uma energia de altas vibrações, logo é uma energia que está próxima da nossa essência energética (de energia de amor) e por isso mesmo a nossa equipa espiritual que supervisiona tudo aquilo que fazemos, tem mais facilidade em se sincronizar energeticamente connosco e ajudar-nos a manifestar mais energia de doação/prosperidade.

Por experiência própria, noto que o pouco que dou, uma das consequências (e não objetivo em si mesmo) é que acabo por receber muito mais do que aquilo que doei.

No entanto, assim como nós nos sentimos bem quando doamos, também nós quando o outro nos oferecer algo, desde que nos seja minimamente útil, devemos aceitar e manifestar a mesma energia de gratidão para com a pessoa que nos doou, pois se nós nos sentimos bem com o ato de dar, também devemos dar essa possibilidade ao outro de sentir esta mesma sensação.

Manifestar gratidão ou manifestar outra energia semelhante, vai fazer com que essa coisa (que tanto podem ser coisas materiais como pessoas), goste de estar connosco... e se algo se sentir bem perto de nós, certamente vai querer ficar mais tempo e no futuro voltar.

Se queremos que alguma coisa goste de estar perto de nós, vamos manifestar energias positivas, como gratidão, amizade, amor, etc., já se queremos que certas coisas se afastem de nós, apenas devemos omitir a nossa gratidão ou não dar atenção (que é igual a dar energia), mas nunca devemos enviar para essas coisas e/ou pessoas energia negativa, pois, caso o façamos, podemos atrair para nós mais dessa energia negativa.

Quando não queremos algo, temos de mostrar, através do nosso comportamento, por exemplo, de não aceitação, de não atenção, etc., que não pretendemos mais disso, para a outra pessoa perceber, mas sem nunca melindrar de algum modo a sua boa vontade de nos doar.

Ninguém gosta de estar junto de quem não aprecia a sua companhia, pelo que, se queremos ser amados, vamos nós amar em primeiro lugar... se queremos receber, vamos dar primeiro nós e assim sucessivamente...

Experimente falar mal do seu vizinho e vai ver se ele vai manter por muito tempo a vossa amizade... experimente falar mal da sua doença e depois vai ver como ela não quer estar consigo... experimente falar bem da saúde, dizer que as suas células lhe fazem sentir, etc. e vai ver como elas lhe vão dar cada vez mais boas sensações... comece por falar bem do companheiro/a que ainda não tem, mas que já agradece, vai ver como mais tarde ou mais cedo essa pessoa vai aparecer... em resumo, pense e fale bem das coisas e pessoas e elas vão aparecer e gostar de estar perto de si... para afastar de si algo, só tem de não manifestar qualquer tipo de energia em relação a isso...

*Deus quando criou o mundo teve a
'mania' da perfeição.*

A ENERGIA DOS ALIMENTOS

Quanto aos alimentos, uma evidência comprovada por conceituados especialistas nesta matéria, prova à evidência que, relativamente aos alimentos, o Criador nos presenteou com uma ampla gama de alimentos variados e com características diferentes entre si, ao nível dos nutrientes, sabores e texturas, sendo que, tais alimentos bastariam por si só para termos uma boa saúde, no entanto o homem, com a sua ganância desenfreada, resolveu produzir cada vez mais com menos recursos, para ter cada vez mais lucro, com prejuízo evidente na qualidade dos alimentos que são disponibilizados à população.

Começou o homem por criar alimentos geneticamente modificados (os mais conhecidos são: o milho, a soja, o trigo, etc.), a seguir utiliza os venenos mais variados na forma de inseticidas e herbicidas e ainda (mas não só) vai adicionar 'conservantes' a esses alimentos para durarem 'eternamente' nas prateleiras dos mercados até serem consumidos, só para ter mais lucro.

Esta duração quase 'eterna' de alguns alimentos por via dos conservantes adicionados, mais não são do que 'venenos' para impedir ou matar as bactérias e outros micro-organismos que estão nesses alimentos, logo as pessoas vão acabar por comer venenos, que só os não matam porque são quantidades mínimas, mas uma coisa é certa, esses venenos são consumidos e vão promover uma 'morte lenta' (o que convém a toda essa industria que produz esses alimentos e esses 'conservantes', 'esses adubos', 'essas curas,' etc., para não ser responsabilizada, por ser de difícil associação).

O que acontece geralmente é que os bichos, sejam eles ao nível das bactérias ou outros micro-organismos, ajudam a 'digerir' a matéria orgânica para poder ser assimilada, quer pelas plantas quer pelo nosso próprio organismo e muito mais. Convém não esquecer que se há micro-organismos como as bactérias que podem causar doenças, há também grande parte deles que são indispensáveis ao ciclo produtivo das plantas e até à nossa própria saúde, pelo que, não podemos/devemos eliminar todas as bactérias e micronutrientes sob pena de alterarmos esse micro-ecossistema, que aí sim vai provocar um desequilíbrio que, certamente vai fazer com que possam surgir as mais variadas doenças, em virtude daqueles micro-organismos que nos iriam ajudar na defesa do nosso organismo contra os micro-organismos patogénicos, terem sido mortos através das curas, dos conservantes, etc.

Então os bichos (quer ao nível de micro-organismo ou ao nível de maior tamanho, como os insetos - convém recordar que a abelha é considerada o insto que mais ajuda o homem na produção de alimentos através da polinização) não comem ou se comem esses alimentos morrem, enquanto os seres humanos vão comer esses mesmos alimentos que mataram micro-organismos iguais ou parecidos aos que existem no seu próprio corpo… paradoxos.

A ganância do homem fez com que tentasse imitar o Criador – por exemplo ao criar alimentos geneticamente modificados, etc., mas o que acabou por fazer foi uma imitação sem qualidade e muito longe dos princípios e perfeição da Criação Divina.

Para aqui darmos exemplos de alimentos que o homem adulterou, deixo a seguir a indicação dos piores alimentos que dois conceituados especialistas nesta matéria, que são o médico naturopata e cardiologista brasileiro Dr. Lair Ribeiro e a nutricionista do Canadá Michelle Schoffro Cook. Certamente vai notar que vai haver muitas semelhanças, no entanto fique atento que logo a seguir vêm os alimentos recomendados, que são muitos e variados.

Começamos pelo Dr. Lair Ribeiro, ele refere 4 alimentos como aqueles que devemos evitar a todo o custo, por serem os mais prejudiciais para a nossa saúde:

- 4º lugar: *o gelado*.
Refere ele que o que causa mais mal nos gelados é o açúcar refinado que só tem calorias vazias, que só tem glicose que por sua vez vai fazer aumentar a insulina… refere ainda que se o açúcar dos gelados for substituído por adoçante é ainda pior… diz este especialista que para os gelados se não estragarem é adicionada gordura trans que é um anti-nutriente que rouba os bons nutrientes que o organismo mais necessita;

- 3º lugar: *salsichas e produtos similares de conserva.*
Porque para conservarem estes alimentos usam nitratos que no estomago viram nitrosaminas que são substâncias cancerígenas... refere ele que quem tiver predisposição para esta doença deve ficar longe deste tipo de alimentos;

- 2º lugar: *os refrigerantes ou chamados 'sumos'.*

- 1º lugar dos alimentos mais prejudiciais: *refrigerantes ou sumos diet.*
Refere este especialista que têm esta etiqueta por supostamente serem melhores para a saúde, no entanto este tipo de refrigerantes é muito mais prejudicial para a nossa saúde, porque o processo que fez com que fossem retiradas aquelas calorias foi conseguido à custa de terem sido adicionados dezoito elementos todos prejudicais à saúde.

Vamos agora passar a referir os dez alimentos mais prejudiciais segundo a nutricionista canadense Michelle Schoffro Cook:

- 10º lugar: *gelado.*
Pelas gorduras trans com neurotoxinas que podem causar dano no cérebro e no sistema nervoso;

- 9º lugar: *salgadinhos de milho.*
Ligados a aumento de peso e processos inflamatórios;

- 8º lugar: *pizza.*
Pela farinha branca que se transforma em açúcar que vai provocar aumento de peso;

- 7º lugar: *batata frita.*
Contém uma das substâncias com mais potencial cancerígeno que é a acrimilamida;

- 6º lugar: *salgadinhos de batata.*
Que em relação à batata frita contém níveis mais altos de acrimilamida;

- 5º lugar: *bacon ou o denominado presunto.*
Refere um estudo da Universidade de Columbia nos USA, em que é concluído que pode danificar a função pulmonar e risco de doenças associadas;

- 4º lugar: *cachorro-quente.*
Pelo nitrito de sódio que está relacionado com doenças como a leucemia em crianças e tumores cerebrais também em crianças;

- 3º lugar: *donuts.*
Porque têm entre 35%-45% de gordura trans, provoca doenças cardíacas, cerebrais e cancerígenas associadas;

- 2º lugar*: refrigerantes normais.*
São extremamente ácidos com PH por volta dos 2,5, que prejudica gravemente a saúde ao nível dos rins;

- 1º lugar: *refrigerantes diet,*
Que além dos refrigerantes normais têm ainda mais uma substância designada por aspartame que está relacionada com inúmeras doenças.

Com as listas dos alimentos mais prejudiciais para a saúde segundo estes dois especialistas, não foi a minha intenção criar alarme ou medo nas pessoas que consomem este tipo de alimentos, mas sim, para, no caso do seu consumo exagerado, poderem ter a noção de que podem ser esses alimentos que estão na origem dos problemas que possam estar a sentir e assim poderem reduzir ou mesmo eliminar esses alimentos da sua alimentação. Claro que não é obrigatório que nunca mais possamos comer aqueles alimentos (embora os possamos e devemos evitar definitivamente), mas sempre que não for possível, devemos procurar por alimentos semelhantes, mas menos processados e com ingredientes de conservação e tratamentos mais naturais.

Mas porque o que realmente nos interessa consumir são bons alimentos, vamos agora passar aos sete alimentos mais recomendados pelo Dr. Lair Ribeiro:

- 1º: *o leite materno.*

Não há nada que chegue perto do leite materno… é um privilégio uma criança ser amamentada até aos 6 meses, mas deveria ser até aos 2 anos, porque o leite materno tem tudo o que a criança precisa;

- 2º: *ovo.*

Há o mito de que o ovo aumenta o colesterol… diz ele que isso é a maior mentira que já ouviu, na verdade o que pode fazer aumentar o colesterol não é o ovo em si, mas sim como ele é cozinhado, como por exemplo frito… recomenda que o ovo seja cozido para preservar todas as suas propriedades. Aconselha comer até cinco ovos cozidos por dia, pois diz que o ovo tem tudo o que o nosso organismo precisa;

- 3º: *o côco.*

Poderia injetar diretamente esta água nas nossas veias. O côco tem um ácido chamado láurico na percentagem de 47% que quando cai no estomago transforma-se numa substância que mata vírus, bactérias e parasitas diversos;

- 4º: *a quinoa.*

Com elevado teor de proteínas, contém os 10 aminoácidos essenciais e foi considerado o melhor fruto de origem vegetal pela Academia de Ciências dos USA, sendo mesmo comparada ao leite materno;

- 5º: *o azeite.*

De oliva extra virgem, prensado a frio e conservado em vidro escuro para proteger do sol, nunca deverá ser usado para fritar, pois vira gordura trans é a mais prejudicial para a saúde, mas só para temperar saladas ou para temperar uma outra comida quente, mas sem deixar ferver;

- 6º: *o açafrão.*

Combate processos inflamatórios, como a atrite, etc. O açafrão é o mais potente anti-inflamatório que existe na natureza;

- 7º lugar: *o peixe.*
Principalmente por causa do ômega 3, que é muito benéfico para a nossa saúde.

Para mais dicas sobre hábitos alimentares e práticas saudáveis, aconselho muitos e variados livros e vídeos em português, do Dr. Lair que pode encontra facilmente numa pesquisa na internet.

A perfeição da Criação Divina manifesta-se de forma muito visível aos nossos olhos na alimentação que nos é disponibilizada em especial através da natureza, como acabamos de ver,

Através de uma tão grande variedade de espécies, nada nos falta na natureza, desde os sabores mais doces aos mais azedos, desde uma grande variedade de aromas, desde os ricos em nutrientes, desde os mais aos menos calóricos, desde os que servem para tratamentos, desde os que afastam pragas, desde os que são mais aconselháveis para os organismos das pessoas, aqueles para os animais, desde os que são necessários para o ecossistema funcionar e muito mais... poderia escrever muitos livros para conseguir falar um pouquinho da imensurável e perfeição da Criação Divina em relação aos alimentos da natureza.

Porque a variedade de alimentos é tão grande e diversificada, a opção que vamos fazer por uns alimentos mais saudáveis ou por outros menos saudáveis, vai fazer com que, também aqui, na opção que vamos tomar, em relação à alimentação que vamos fazer, estejam ensinamentos que vamos ter de fazer – o Criador para nos ajudar não olha a meios.

A minha convicção é de que, a grande maioria dos nossos gostos por determinado alimento e não por outro, além de poder vir de muito atrás (vidas passadas), pode estar diretamente ligado àquilo que nesse passado nos trouxe boas sensações ou que associemos a boas sensações... já aquilo de que não gostamos hoje, pode estar ligado a traumas associados a esses alimentos, como sofrimento, doença ou mesmo a morte num passado mais ou menos distante.

Nem tudo o que gostamos e comemos hoje ou no passado e que nos trouxe e ainda traz boas sensações pode ter sido saudável, como por exemplo os vícios, como o tabaco, álcool, drogas, mas também da alimentação desregulada e desequilibrada.

Acredito que a maioria dos nossos gostos alimentares, quer positivos, quer negativos, foi uma programação feita a um nível espiritual para que possamos ter as experiências que precisamos para retirarmos os ensinamentos que precisamos.

Nem todos os gostos alimentares (assim como as demais situações que vamos optar por experienciar) foram uma programação espiritual, se calhar muitos de nós até tínhamos uma programação espiritual para uma alimentação positiva, mas decidimos experimentar o oposto, pela simples razão de que, pese embora todas as ajudas que possamos ter tido, quer do Plano Espiritual, quer do Plano Terreno, o nosso livre-arbítrio faz com que cada um de nós, pese embora todas essas advertências, no final fizéssemos opções diferentes ou aquilo que o nosso livre-arbítrio decidiu, que mais não é do que, em palavras mais simples e que toda gente vai entender, *vamos fazer aquilo que nós mesmos decidimos*, seja isso melhor ou pior para nós, no entanto o nosso livre-arbítrio dá-nos o poder de assim decidir.

O que eu acho é que, se uma parte das opções alimentares que temos tem a ver com a associação a prazer que essas comidas nos proporcionaram no passado – quando gostamos... ou que associamos a dor e sofrimento – quando não gostamos... como referi atrás, também uma parte substancial dos nossos gostos podem ter sido programações espirituais para retiráramos algum ensinamento.

Antes de mais convém referir que a alimentação que fazemos é apenas uma parte daquilo que contribui para que tenhamos uma boa ou má saúde, pela simples razão que é igualmente importante, ou até mais, se a nossa mente (inconsciente) vai aproveitar ou rejeitar esses nutrientes.

Claro que uma alimentação equilibrada e saudável é importante, no entanto tal pode não ser sinónimo de boa saúde, pelo que acabei de referir atrás, sendo esta constatação bem evidente numa família em que a alimentação é muito similar entre todos, no entanto, uns e outros vão ter sintomas e saúde diferentes, em resultado quase dos mesmos alimentos que uns e outros ingerem, logo, por aqui podemos comprovar que a alimentação, embora seja importante, para o nosso bem-estar, tem de estar incluída num contexto mais amplo, como pretendo explicar, em especial neste capítulo, sendo o programa que está na nossa mente inconsciente (que poderá ter origens, desde física, emocional, etc., mas em especial espiritual) que vai determinar o aproveitamento ou rejeição de determinados nutrientes.

Podemos, pois, desde já concluir que, embora seja importante a qualidade da alimentação que temos, se calhar é mais importante avaliar aquilo que a nossa mente (inconsciente) faz com aquilo que ingerimos. Sim, porque se na nossa mente inconsciente estiverem 'programas' para não aproveitar os bons nutrientes e descartá-los e aproveitar os maus nutrientes que nos vão causar más sensações é isso mesmo que vai acontecer.

Mesmo que na nossa mente inconsciente esteja um programa (negativo) para aproveitar um mau nutriente de um determinado alimento, facilmente poderemos concluir que, se só ingerirmos alimentos que contenham bons nutrientes, só vão ser estes bons nutrientes que vão poder ser assimilados pelas nossas células e pelo nosso organismo, logo a boa alimentação, se calhar até é mais necessária quando temos programas negativos na nossa mente inconsciente, pois assim não vai haver 'material' para causar más sensações.

Temos de ter pois a noção, que a alimentação que temos é muito importante para a saúde que vamos ter, no entanto para que tal suceda, não importa só a qualidade da alimentação que temos, mas também o tipo de programas que temos na nossa mente inconsciente que vai fazer com que esses nutrientes sejam aproveitados ou descartados pelas nossas células e pelo nosso organismo.

Um fator que também pode ser determinante para uma alimentação e assimilação adequadas, pode ser o fator espiritual, ou seja, se estiver previsto que passemos por uma experiência menos ou mais positiva, em relação à alimentação, esta situação pode sobrepor-se à questão mental (programas inconscientes) e à questão da qualidade alimentar. No entanto a boa noticia aqui, é que mesmo que haja alguma programação espiritual em relação à alimentação, tal não é definitiva e impossível de reverter, basta que, à semelhança de tudo o que já aqui referi, que retiremos o ensinamento devido.

Se pensa, fala e acredita que vai ter determinada doença, certamente a ordem que vai passar para as suas células não irá ser para aproveitar os nutrientes dos bons alimentos, mas antes, descartá-los e aproveitar maus nutrientes… e vice-versa.

No que se refere à Criação Divina dos alimentos que temos à nossa disposição, cada vez mais tenho a convicção profunda que o nosso Criador caprichou, pois temos na natureza uma diversidade de alimentos tão grande, desde os amargos, os doces, os energéticos, os líquidos, os curativos e muitos mais, que nem que vivêssemos o dobro do tempo iríamos ter tempo para provar e saborear tudo o que o Criador nos oferece, pelo que, não temos necessidade de *inventar* muito ou alterar o processo criativo para garantirmos a nossa subsistência física.

Houve um zelo tão grande, ou uma perfeição tão grande do Criador que, se o leitor analisar bem, os frutos que são colhidos no Verão têm as características que nós mais precisamos para fazer face ao calor – quando precisamos de frutos com mais teor de água, para prover o nosso organismo de água, para não desidratarmos, nesta altura predominam as frutas, já no Inverno os alimentos que predominam são mais calóricos, como por exemplo a castanha ou a laranja, que nos aparece no Inverno para ingerirmos mais vitamina C que nos vai proteger das gripes e constipações – a perfeição é tão grande que é só necessário estarmos atentos ao que o Criador nos oferece a cada altura do ano.

Outra situação que já foi estudada e que comprova mais um detalhe *delicioso* que o Criador colocou na sua obra de criação dos alimentos, foi criar alimentos com uma forma parecida a algumas partes e/ou órgãos do nosso corpo, dando assim uma indicação de que esses frutos são indicados para tratar problemas nesse órgão, como por exemplo:

- ✓ nozes que se assemelham a um cérebro humano, para tratamento do cérebro/cabeça;
- ✓ kiwi, que se assemelha a um rim, para problemas renais;

✓ beterraba, que se assemelha ao sangue, para problemas sanguíneos;
✓ laranja e limão, que se assemelham aos pulmões, para problemas respiratórios;
✓ batata doce que se assemelha aos intestinos, para problemas de intestinos,
✓ figos que se assemelham aos pulmões, para problemas respiratórios; etc.

Tudo é tão perfeito, que como alguém disse: *Deus quando criou o mundo teve a mania da perfeição.*

Só que nesta perfeição, o homem mexe e estraga. Começa por matar animais (cria energia de dor e sofrimento que é energia negativa) e açambarca aquilo que a natureza ou o Criador colocou à disposição de todos, para depois vender aos outros. Mas se o homem nem consegue provar todas as delícias que o Criador lhe dá através da natureza, logo o homem não tinha necessidade de inventar muito, nem causar dor aos animais, que não foram feitos para alimento do homem, mas sim para cumprirem também eles uma missão.

No processo de criação da natureza, o homem ou não precisa sequer de semear ou plantar árvores (pois a natureza do Criador, através do seu processo de regeneração vai repondo as plantas e árvores que vão morrendo), ou quando precisa de plantar e cuidar, embora o homem tenha mérito quando trabalha na natureza e deva ser compensado, não é ele o responsável pelo crescimento da planta, pela floração e pelo aparecimento do fruto, etc..

Na natureza temos tudo e poderíamos sobreviver com o que o Criador nos dá através dela, só que mais uma vez o homem teve de inventar. Para o homem o que a natureza e o Criador lhe dá, ainda é pouco, então o que faz? Inventa químicos, pesticidas, faz a morte desenfreada de árvores, plantas e animais, simplesmente para *com menos* poder ter mais, ou com menos poder ter mais rendimento, a ganância subverteu a dádiva do Criador.

A mim não me choca que um grande empresário possa produzir cada vez mais, o que me choca é que, na generalidade das situações esse crescimento da produção se deve à custa de produtos químicos ou produtos de má qualidade ou não adequados para a saúde, que são usados para o aumento de produção, sem que a sua qualidade tenha sido tido em conta.

Os químicos, pesticidas e herbicidas, mais não são do que venenos que matam muitos dos seres vivos que nos ajudam na natureza, mas o homem (influenciado pela indústria dos venenos), diz que tem de usar estes venenos para que os bichos não comam os frutos. Ora aqui começa por haver um dos grandes equívocos, se não vejamos:

- os animais que, supostamente, nos comem os frutos que nos estariam destinados, só o fazem porque o ecossistema, ou a cadeia alimentar desses animais foi quebrada, nomeadamente através da morte de outros animais, com os ditos pesticidas e herbicidas;
- ao tentar matar apenas os animais que supostamente *estragam* ou comem os frutos, o que o homem está a fazer é a matar também muitos animais que ajudam diretamente, como é o caso das abelhas e outros insetos ou mesmo algumas aves, que fazem com que as plantas sejam polinizadas e possamos ter frutos, maiores e mais saudáveis;
- estes venenos vão acabar por chegar até nós, até porque somos nós que vamos ingerir os alimentos que foram retirados de árvores que foram curadas com os ditos herbicidas ou com adubos químicos;
- a natureza tem meios para *espantar* os animais que nos comem a horta sem necessidade de os ter de matar – sabia que há arvores espantam certos insetos e pragas, que há árvores companheiras que se ajudam e se protegem umas às outras e árvores e plantas antagónicas que se prejudicam se estiverem próximas, etc.?!
- se os animais também nos ajudam, na polinização e muito mais, certamente o mínimo que lhe podemos oferecer é a

alimentação, pelo que, se algum alimento eles comerem mais não é do que uma pequena recompensa pelo trabalho que fizeram, até porque nós mesmo não conseguimos trabalhar sem comermos regularmente.

Toda esta variedade que o Criador nos presenteou (desde alimentos doces, amargos, com cheiro agradável, com cheiro desagradável, etc.), se uns vão servir para a nossa alimentação diária, outros vão servir para curar, outros servem para alimentar os animais, outros vão servir para serem nutriente de outras árvores e plantas, etc.... já outros vão servir para, por exemplo afastar certos animais, pragas e doenças, etc.

Tudo tem uma função na natureza só que o homem não consegue ver *mais além* do seu lucro e tudo aquilo que se atravesse no seu caminho ganancioso, vai optar por matar, usar pesticidas, herbicidas, químicos, etc., em vez de parar e ver qual é a lição que o Criador quer que ele aprenda com a natureza... sim, porque se podemos e devemos evoluir com aquilo que fazemos ou deixamos de fazer, também muitos dos chamados *contratempos* da natureza, mais não são do que as ditas *flechas dos Anjos*, ou uma indicação do Criador, para fazermos algo diferente, para aprendermos uma lição ou ensinamento.

O Criador manifestou uma criação tão perfeita que também na natureza podemos e devemos aprender, mas para isso, à semelhança de outras opções que temos de tomar na nossa vida diária, também para lidar com a natureza temos de aprender as lições que estão subjacentes, se calhar para retirarmos esses ensinamentos vamos ter de parar um pouco e sentir aquilo que o Criador quer que aprendamos.

Se tudo o que fazemos hoje, vai acelerar ou retardar a nossa evolução como Seres Espirituais e imortais que somos e por consequência vai fazer com que venhamos a ter experiências futuras mais ou menos dolorosas ou mais ou menos prazerosas, também tudo o que fazemos na natureza vai contribuir em maior ou menor grau para isso.

Os pesticidas, herbicidas e químicos podem chegar até nós e influenciar a nossa saúde e gerar carma negativo, como forma de aprendermos que não deveríamos ter utilizado esses produtos.

A morte desnecessária de muitos animais, quer diretamente, quer através de pesticidas, herbicidas e químicos que vão na comida que ingerem, vai criar desde logo um carma negativo entre aqueles que colocaram esses venenos e esses animais, que poderá ser logo por nós experimentado mesmo nessa encarnação, pela animosidade que esses animais poderão demonstrar perante nós.

Muitos animais, têm faculdades muito mais desenvolvidas do que o homem, que lhes permite saber ou sentir quem lhes envia uma energia positiva ou quem lhes envia uma energia negativa.

Quem nunca ouviu dizer que, por exemplo, o cão sente quando uma pessoa tem medo e tende a atacá-la? O que o cachorro faz, segundo os especialistas é, através do seu olfato extremamente desenvolvido, cheirar a adrenalina que uma pessoa com medo liberta para a corrente sanguínea e isso para ele é sinal de que, se essa pessoa sente medo e pode atacá-la, logo, vai atacá-la primeiro, apenas para se defender de uma possível agressão.

Uma energia pode ser sentida ou enviada para outro - que a receberá se estiver na mesma frequência ou equiparada -, também a energia que enviamos ou recebemos dos animais vamos senti-la de igual modo - se for energia de amor vamos sentir-nos bem; - se for energia negativa (como a energia do medo), vamos sentir-nos desconfortáveis.

Relativamente ainda aos animais, deixo aqui a indicação do gato. Segundo numerosos especialistas os gatos conseguem proteger-nos de energias negativas, transmutando-as eles próprios e evitando que cheguem até aos seus donos, muito vezes em prejuízo direto deles próprios que muitas vezes podem acabar por morrer para proteger os seus donos.

Recordo aqui uma passagem de um livro espiritual (que não sei precisar qual foi) que relata a importância de ser ter animais de estimação, diz o seguinte:

Quando uma pessoa vibra em energias predominantemente negativas, ter um animal doméstico em casa pode revestir-se de enorme utilidade para o Plano Espiritual, pela simples razão de que, quando o seu dono lhe manifesta alguma ternura ou carinho (ou aquilo que se designa por fazer festas), desde logo esta energia vai fazer com que o campo energético à volta desta pessoa possa ficar mais positivo e possibilitar a intervenção da Equipa Espiritual positiva.

Para as pessoas que vibram predominantemente em energia negativa aquelas manifestações de carinho são desde logo aproveitadas pelo Plano Espiritual, pelo que, logo que possível e que tenhamos consciência de tal, deveremos manifestar gratidão ao nosso animal de estimação pelo serviço que nos presta.

Todos os animais têm uma função perfeitamente definida pelo Criador, que ao contrário do que muitos pensam, essa função não é para servirem como alimento, mas sim uma função muito nobre, não fosse o Criador manifestar perfeição em tudo o que fez, faz e fará.

O que acontece é que, na natureza, como certamente todos aprendemos na escola primária, os animais, assim como as plantas, minerais, etc., entram numa cadeia alimentar, em que cada um tem a sua função bem definida e cada um *apoia, à sua maneira,* a sobrevivência do outro.

Se na natureza selvagem, os animais podem atacar outros animais, só o fazem pelo instinto de sobrevivência, ao contrário do homem, que na grande maioria das vezes, mata, quer por desporto, quer para alimentação, quer por simples prazer, quando tem tantas outras atividades para praticar desporto, para se alimentar, etc.

Quando não interferimos na cadeia alimentar dos animais a grande maioria vão inclusivamente ajudar-nos, não só nível mais espiritual como os animais de estimação que referi anteriormente, mas também como o caso dos insetos, como a abelha, mas não só, que nos ajudam a polinizar as árvores para termos frutos melhores e maiores.

Sabia que a abelha foi considerada o animal/inseto que mais ajuda o homem? E o que é que o homem faz? O homem quando vê os primeiros bichos, começa desde logo a curar tudo, acabando por matar também as abelhas que o iriam ajudar ... e depois o homem queixa-se que não teve frutos, ou que teve aquela doença, mas tal deveu-se àquilo que o homem acabou por fazer antes, faltou o ensinamento para fazer diferente.

Atualmente, estima-se que das 250 mil espécies de plantas com flores, 90% são polinizadas por animais, especialmente os insetos. Os polinizadores são tão importantes para a reprodução das plantas quanto a luz e água são para o seu crescimento, estes polinizadores são essenciais para o homem, pois dependemos em grande medida dos frutos que colhemos das árvores e plantas e sem a polinização não seria possível obter esses frutos.

De uma maneira geral, os grandes responsáveis pela polinização são os insetos, mas também as aves e até os morcegos. O que nem sempre se leva em conta é que um terço do alimento consumido no mundo depende da polinização, só na União Europeia, calcula-se que 84% das 264 espécies de culturas dependem da polinização por insetos (Fonte 7).

Por muito que custe a alguns admitir os animais não existem só para os vermos, para nos servirem, para os comermos, ou para os termos em casa como animais domésticos e de companhia, servem para muito mais...

Os insetos, que muitos pensam só existirem para nos picar ou chatear, na verdade os são os principais polinizadores. Mas se repararmos bem, o homem quando vê algum inseto pousado em alguma planta ou árvore vai logo a correr aplicar inseticidas para matar aquele bichinho, mas o que se esquece é que ao matar esse bichinho, está a matar muitos outros que estão na cadeia alimentar dele, que vão acabar por não nos ajudar, por ter sido quebrada a sua cadeia alimentar.

Porque é que o homem tem de matar, quando pode afastar?

Acha que um animal, como os que referi que acabam por nos ajudar na polinização das árvores, sem a qual, não teríamos frutos ou esses frutos seriam muito pequenos... acha que esse animal que acaba por trabalhar para nós, não merece sequer alimentar-se?! Se esses animais apenas se alimentam, imagine que iriam pedir retribuição em dinheiro pelo seu trabalho... até porque se fosse o homem era isso que iria fazer... qual é o humano que ajuda de forma desinteressada e só pede alimentação?

Os animais dão-nos lições e muitos deles são até mais puros energeticamente do que os seres humanos, sendo que alguns que manifestam um comportamento mais agressivo isso pode ser sinal de instinto de defesa por já terem sido maltratados antes, pelos humanos.

Ao nível das árvores e plantas, na natureza encontramos todo o tipo, enquanto umas servem de alimento às pessoas, outras servem de alimento aos animais, outras ainda ajudam o ecossistema para que, outras plantas e animais possam sobreviver

O Criador caprichou tanto quando criou a natureza, pois além dessas árvores e plantas que servem para a nossa alimentação e sobrevivência, diárias, também criou na natureza uma tal variedade de árvores e plantas, desde algumas que se destacam pela beleza das suas flores, outras pelo perfume que emitem, outras pelas propriedades terapêuticas que apresentam, outras com odores fortes que fazem afastar ou aproximar determinados pessoas e animais, outras até são venenosas para certos seres vivos, etc.

Tendo o homem à sua disposição esta grande variedade de plantas poderia se assim o quisesse, utilizar de certas plantas para afastar certos insetos ou animais em vez de os matar com inseticidas que acabam por envenenar toda a planta e/ou fruto que vamos consumir e acabar esse veneno por entrar na nossa cadeia alimentar.

A morte desnecessária desses animais já acarreta carma negativo para quem o faz ou beneficia disso, no entanto quando esta morte é com venenos que o homem coloca, o prejuízo do homem vai ser logo na qualidade da alimentação que vai ingerir.

Mais uma vez cabe aqui referenciar que quando Criador criou os animais, e a natureza, fez tudo com uma tal perfeição que ainda está muito longe de ser entendida e respeitada pelos homens.

Na Criação Divina cada um tem o seu papel único para um bem coletivo, todos dependem de todos, ninguém pode ser absolutamente nada sozinho e uns de uma maneira mais direta e outros mais indireta, se encaixam numa perfeição que só uma perfeição de um Deus Supremo e Criador de todas as coisas poderia conceber e criar.

Despois de termos visto qual o papel que a generalidade dos animais desempenha a favor dos homens, o que acontece é que o homem, quando tem toda a variedade de alimentos que a natureza lhe dá, ainda sente a necessidade, como se fosse um *homem das cavernas* de matar alguns animais, uns para sua alimentação e outros porque pensam que são prejudiciais às culturas, além dos que mara por desporto, etc..

O que é que acha que é mais confiável, consumir produtos da natureza (ou aquilo que o Criador fez) ou consumir produtos processados (ou aquilo que o homem alterou/processou)?!

Para mim a resposta é óbvia, até porque tudo aquilo que o Criador nos dá é perfeito, já quanto ao homem, não podemos dizer o mesmo.

Consumir alimentos da natureza (com a mínima intervenção do homem) é confiar no Criador, já consumir alimentos transformados e processados é confiar no homem, por mim, prefiro confiar no Criador.

Já estão, pois, a ver em quem é que eu confio mais… claro que, para mim a obra do Criador não me deixa qualquer dúvida ou hesitação, apenas me surpreende cada vez mais pela positiva conforme vou conhecendo cada vez mais toda a grande variedade com que que Ele nos presenteou... Ele não quis, nem quer que nos falte nada e nem precisamos inventar nada, basta que aceitemos a criação d'Ele.

Na grande maioria dos casos, o homem para produzir cada vez mais, com cada vez menos meios (o que até seria louvável), na maior parte das vezes, subverteu a lógica da criação Divina, ao usar sistematicamente e indiscriminadamente, pesticidas, herbicidas, químicos, transgénicos, etc., que, se visassem manter a qualidade dos produtos e apenas aumentar a produção, seria uma medida de grande mérito, só que a ganância do homem fez com esquecesse a qualidade desses alimentos em detrimento de produzir cada vez mais e ter cada vez mais rendimentos, por ter menos custos e produzir mais.

A minha convicção é que o Criador ao colocar à nossa disposição tantos alimentos e tão diferentes – a maioria até nem precisa de grandes cuidados agrícolas - que tenho a convicção que Ele quer que diversifiquemos a nossa alimentação, até porque se combinarmos alimentos diferentes de uns dias para os outros, vamos acabar por ter uma alimentação equilibrada, pois se uns alimentos têm predominância de alguns nutrientes, outros têm de outros... se uns são mais doces, outros são mais amargos... se uns são mais fibrosos, outros são mais *farinhentos*; se uns são mais ácidos, outros são mais alcalinos, se uns nos ajudam no Inverno outros são mais eficazes no Verão, etc..

Para ter uma ideia, vou aqui mostrar alguns quadros de alimentos:

Aqui um quadro que mostra os nutrientes por cores dos alimentos:

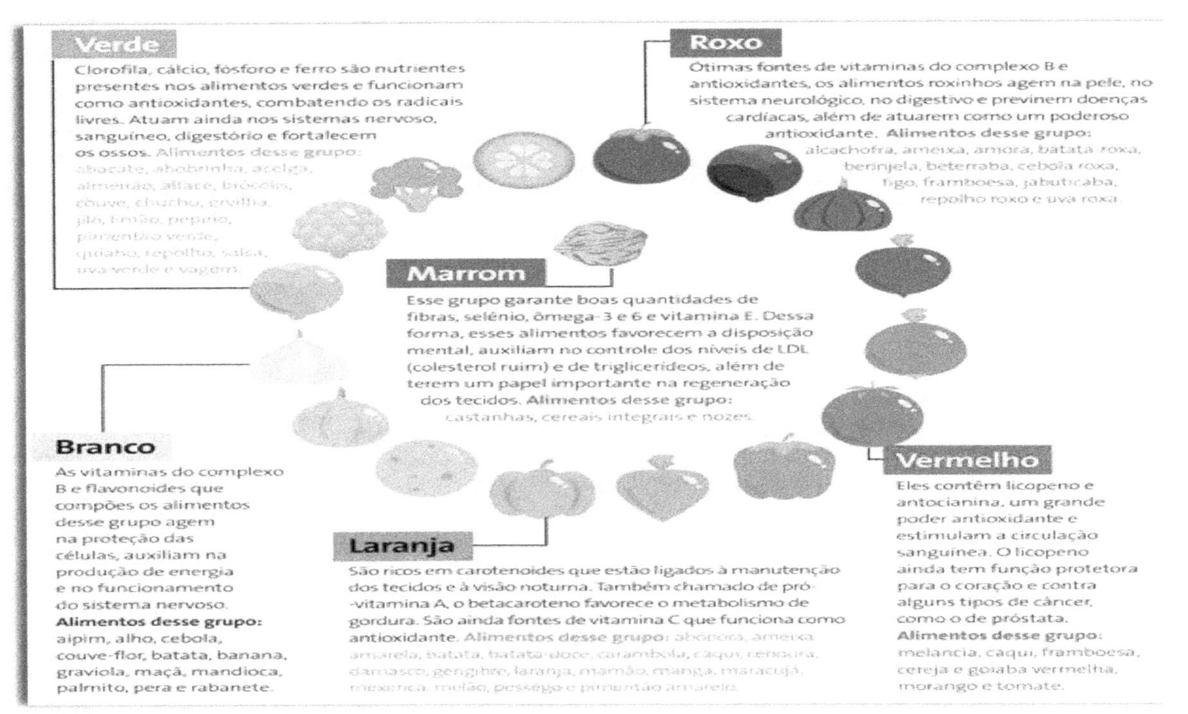

Aqui vemos um quadro dos alimentos ácidos e alcalinos:

CATEGORIA DO ALIMENTO	Muito Alcalino	Alcalino	Pouco Alcalino	Pouco Acido	Acido	Muito Acido
FEIJOES, VEGETAIS, LEGUMES	Asparago, cebola, Sucos de vegetais, salsa, espinafre cru, Brocole, Alho, capim de cevada	quiabo, abóbora, feijão verde (favas), Beterraba, salsão, alface, abobrinha, batata doce, alfarroba	Cenoura, Tomate, milho verde, cogumelo, repolho, ervilha, Couve-flor, nabo, casca de batata, azeitona	Espinafre cozido, alguns tipos de feijões	Batata (sem casca), Feijões (varios tipos)	
FRUTA	Limão, Melancia, Lima, Grapefruit, Manga, mamão	Tâmara, Figo, Melão, Uva, Mamão, Kiwi, Amoras, Maca, Pera, Uva passa	Laranja, Banana, Cereja, Abacaxi, Pêssego, Abacate	Ameixa, Suco de fruta processado	Cereja azeda, Ruibarbo, fruta enlatada	Blueberries, Cranberries, Ameixa seca, Suco de Fruta Adoçado
GRAOS, CEREAIS			Amaranto, Milheto, Lentilha, milho doce, Quinoa	Pão de centeio, Trigo germinado Pão de trigo, Spelt (Triticum spelta, Dinkel em alemão), Arroz integral	Arroz branco, Milho, Trigo sarraceno, Aveia, Centeio	Trigo, Pão branco, Massas assadas, biscoitos (espagueti, macarrão, pizza, etc)
CARNES				Fígado, Ostras, Peixes	Peru, Galinha, Carneiro	Carne de vaca, Carne de porco, Mariscos
OVOS E LATICINIOS		Leite materno	Queijo e leite de soja, Queijo e leite de cabra, ricota	Ovo, Manteiga, Iogurte, Queijo fresco, Creme de leite	Leite cru	Queijo, Leite homogeneizado, Sorvete, Pudim
NOZES E SEMENTES		Amendoas	Castanha portuguesa, Castanha do Pará, Avelans, Coco	Sementes de abóbora, gergelim e de girassol	Noz pecan, castanha de caju, Pistache	Amendoim, Noz de natal (Juglans)
ÓLEOS	Óleo de oliva	Óleo de linhaca comestível	Óleo de Canola (Canola é uma variedade de Colza criada no Canadá) * Ver Nota abaixo	Óleo de miulho, Óleo de girassol, Margarina, Toucinho		
BEVERAGES	Chás de ervas, Água com limão	Chá verde	Chá de gengibre	Chá, Cacau	Café, Vinho	Cerveja, Bebidas alcoólicas, Refrigerantes
ADOÇANTES, CONDIMENTOS	Estévia	Melaço de bordo (Maple Syrup), melaço de arroz	Mel in natura (centrifugado a frio), Rapadura	Mel processado	Acúcar branco, Acúcar mascavo, Melaços, Geléias, Maionese, Mostarda, Vinagre	Adoçante artificial, Chocolate

Aqui alguns exemplos de plantas curativas:

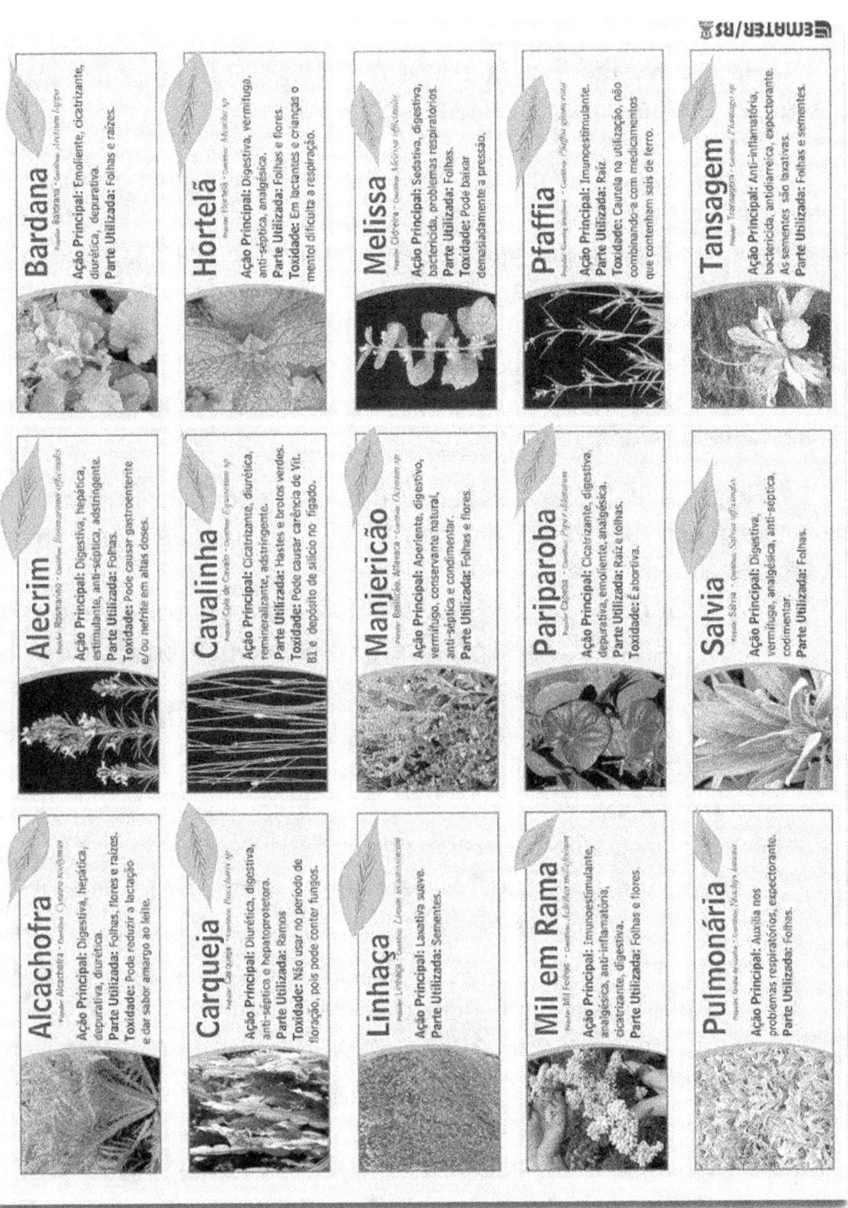

- Quem pretender ter os quadros e tabelas das páginas anteriores, num formato mais legível, poderei enviar por e-mail, agradeço que peçam para o e-mail: benjamim.machado@gmail.com.

Como podemos ver nos exemplos anteriores, que servem só como meros exemplos, o Criador, deu-nos de tudo.

Na natureza temos de tudo e o Criador quer que provemos de quase tudo um pouco do que Ele nos ofereceu.

Se reparar bem nas tabelas que coloquei atrás, se diversificarmos a nossa alimentação, vamos ter todos os nutrientes (vitaminas, proteínas, etc.) que precisamos (ver tabela dos Nutrientes pela cor), vamos ter uma alimentação equilibrada em termos de acidez/alcalinidade (ver Quadro dos alimentos ácidos e alcalinos) e vamos ter inúmeras plantas curativas (ver Quadro das Plantas Curativas) e muito mais, só aqui deixei estes quadros como exemplos, mas muito mais haveria a referir.

Relativamente ao assunto da acidez e da alcalinidade dos alimentos, vou só aqui deixar a minha experiência mais as indicações do Dr. Lair Ribeiro:

- Sabemos que o PH do sangue é aproximadamente 7.3 a 7.4, numa medição de 0 a 14, sendo 0 muito ácido e 14 muito alcalino;
- Eu que tenho uma alimentação *quase vegan*, avaliei, através do PH da urina, qual o PH de determinada refeição;
- E, como se pode ver na tabela, mais uma vez o Criador me surpreendeu, e sempre e mais uma vez pela positiva... pude constatar que, se predominantemente ingerir de um dia para outro alimentos como vegetais e frutas, etc., diferentes (que até poderão ser também alguns alimentos ácidos que são os menos saudáveis) que Ele (Criador) nos oferece através da natureza, como uns alimentos têm um PH mais ácido (ou uma pontuação mais baixa na tabela de PH) e outros um PH mais alcalino, ao comer de uns e de outros, o excesso de acidez de uns é anulado pelo excesso de alcalinidade de outros... e assim sendo o nosso organismo já não precisa de se debilitar para

compensar essa alcalinidade que não comemos nos alimentos que ingerimos, Logo, se diversificarmos cada vez mais os alimentos que ingerimos, vamos estar cada vez mais perto de uma alimentação mais saudável;

- Se, em vez de comermos o que o Criador nos oferece (ou produtos da natureza, onde podemos conciliar de forma natural uma alimentação equilibrada em termos de PH, mas também de nutrientes) vamos notar que a comida processada e que o homem transformou é predominantemente ácida;

- Porque é que esta questão do PH, é uma das situações que mais tem impacto na nossa saúde? Como refere o Dr. Lair Ribeiro, o PH do nosso sangue não pode baixar dos 7.3, logo se o resultado da nossa alimentação e dos alimentos que ingerimos, não resultar num PH sanguíneo desta ordem, o nosso organismo, sábio como é, tem de ir buscar essa *alcalinidade* ou nutrientes que promovam essa alcalinidade no sangue, sendo que um dos minerais que fazem com que o nosso sangue tenha essa alcalinidade (sem a qual não conseguiríamos sobreviver), são, essencialmente dois minerais: cálcio e potássio. Logo, estes minerais vão ser retirados de onde estão no nosso organismo: predominantemente nos ossos, mas também nas generalidades dos vários órgãos, enfraquecendo-os a pouco e pouco, para equilibrarem o PH do sangue, que não pode baixar dos 7.3.

- Claro que uma alimentação desequilibrada, quando somos jovens, o nosso organismo tem forma de compensar (até porque ainda tem reservas de nutrientes) sem que fiquemos debilitados ou com alguma doença, no entanto uma alimentação predominantemente ácida (como refere o Dr. Lair Ribeiro que invoca e comprova esta evidência), é uma das causas primárias da maior parte das doenças. Para mais esclarecimentos sobre este assunto recomendo a visualização dos inúmeros vídeos do Dr. Lair Ribeiro sobre este assunto e muitos mais...

Também em relação à alimentação que temos, devemos tirar ensinamentos e ilações, avaliando e pesquisando o que determinado alimento faz em relação à nossa saúde, no entanto só vamos conseguir avaliar o que determinado alimento faz de bem, menos-bem ou mal à nossa saúde, se *pararmos* e se nos *escutarmos,* pois só assim podemos *ouvir* o que o nosso organismo nos quer dizer, através das sensações que temos. Esta comunicação pode ser na forma de prazer ou dor, consoante tenhamos uma alimentação com boas energias ou com más energias.

A opção pelos produtos naturais e com a mínima intervenção humana são a minha alimentação preferida, por ter notado as evidências que acabei de referir, mas muito mais, nomeadamente as implicações ao nível energético/espiritual.

Tendo em vista criar um espaço onde me sinta bem e confortável, junto daqueles que escolhem um estilo de vida parecido com o meu, nesta altura estou a fazer diligências para criar uma Comunidade para juntar pessoas, em regime de Agrofloresta – que é um sistema de agricultura biológica e que preserva a natureza, animais, etc.- se está nesta linha, quem sabe se possa juntar...

Claro que nos produtos processados pelo homem há algumas exceções, como os produtos biológicos, ou mesmo outros produtos processados, quando neste *processamento* foram usados produtos de boa qualidade que mantêm o produto final com igualmente boa qualidade.

Quanto à alimentação há um aspeto muito importante a ter em conta, quando temos uma alimentação desequilibrada, que é o desconforto que vamos sentir, que funciona como o aviso de que a energia desses alimentos não combina com a nossa própria energia, ou seja, se nós temos energia de saúde e a energia desses alimentos não promove energia de saúde, esses alimentos não vão combinar e esse desconforto é um sinal, ou uma *Flecha do Anjos* a indicar que essa alimentação não é adequada para nós.

Só que, se nós insistimos em ingerir alimentos menos saudáveis, o nosso organismo, se num primeiro instante avisa que a energia desses alimentos não é a melhor (pelas más sensações que esses alimentos nos fazem sentir), mas nós não lhe damos ouvidos, não vai continuar indefinidamente a gastar energia para nos mostrar um situação que nós não queremos aceitar, logo, para nos ajudar, vai adaptar-se o mais rapidamente possível a esses alimentos, tentando dar-nos as melhores sensações possíveis. Esta evidência é facilmente comprovada, em especial pelos fumadores, que no início certamente o fumo lhe provocou tosse e mal-estar, mas de tanto insistirem o organismo habituou-se e até passou a ficar viciado, através da nicotina que o tabaco liberta para a corrente sanguínea.

Vamos agora começar por analisar o consumo de carne na nossa alimentação…

Pelos exemplos dados nos quadros anteriores, facilmente se comprova que a natureza tem mais do que o suficiente para termos uma alimentação equilibrada sem necessidade de comermos carne de cadáveres.

Embora alguns especialistas (que comem carne!!!) defendam que é preciso suplementar com determinadas vitaminas, etc., o que a minha experiência me diz é que, qualquer que seja o tipo de alimentação que tenhamos, desde a alimentação tradicional ou mais normal com consumo de carne e derivados, etc., desde à alimentação vegetariana, até à alimentação vegan, etc.., todas elas podem ser equilibrados nutricionalmente ou não, mas isso apenas quer dizer que essa pessoa ingeriu ou não, os alimentos adequados. Rotular um tipo de alimentação como desequilibrado é incorreto, até porque qualquer tipo de alimentação, mais ou menos tradicional, pode ser equilibrado ou desiquilibrado, tudo vai depender de quem o pratica e dos alimentos que escolhe dentro desse tipo de alimentação.

Mesmo aqueles que comem uma alimentação tradicional com carne e derivados, na grande maioria dos casos não têm uma alimentação equilibrada e saudável, só que, como na maioria dos casos estão 'gordinhos' pensam estar nutridos, quando na realidade, se calhar esses estão mais mal nutridos do que os magrinhos, que na generalidade dos casos (como no meu particular), comem mais quantidade e não engordam, porque comem mais alimentos de qualidade e não-processados, no entanto porque são mais magros, estão 'sem vitaminas'.

A generalidade da classe médica, acredita que peso em excesso não é sinal de boa saúde e de uma alimentação equilibrada. Se calhar nos anos 50 e 60 quando não havia tanta comida processada e também não havia dinheiro para a comprar, o que se comia era o que se colhia da horta; se vir fotografias dessa altura vai notar que quase não havia pessoas com excesso de peso. Para algumas pessoas quase que apetece dizer que se não tivessem tanto dinheiro e fossem obrigadas a ter a sua própria horta, teriam uma melhor alimentação e por consequência uma melhor saúde e não iriam a correr comprar alimentos que só vão contribuir para lhes tirar a sua saúde. Também neste caso, a perfeição do Criador se faz sentir, quando faz com que algumas pessoas sejam 'obrigadas' a experimentar os alimentos da sua horta – também aqui, muitas vezes, 'Deus escreve direito por linhas tortas'.

Quanto a mim, embora a minha opção por uma alimentação vegan tenha os benefícios que acabei de referir, claro que cada um é livre de escolher aquilo que vai comer, o que quero sublinhar é que mesmo uma alimentação tradicional com carne, pode ser melhorada se juntarmos cada vez mais legumes e frutas e cada vez menos carne e derivados e alimentos processados.

O tipo de alimentação, qualquer que ele seja, por si só, não garante que estejamos a ter uma alimentação equilibrada, o que faz com que um determinado tipo de alimentação seja saudável é ser diversificado, pois assim essa alimentação vai ser equilibrada em termos de nutrientes, pois os nutrientes que não há num alimento vão estar noutros e assim sucessivamente.

Relativamente ao consumo de carne de animais, passo a expor a minha opinião... mas antes da minha opinião, deixo aqui algumas referências do Prof. DeRose (8):

Para ser vegetariano num mundo que o não é, tem de ser corajoso, tem de ter peito... para você ser subversivo e subverter a economia mundial... nós estamos a falar numa revolução... eu nunca substituo a carne, o que é mau não se substitui, o que é mau elimina-se... alguns médicos me disseram que não podia ser vegetariano, perguntei - morro? Se morro, porque é que ainda estou vivo?

Muitos especialistas para justificarem a falta de nutrientes de uma pessoa vegetariana ou vegan, caem num pressuposto de avaliação enviesado que vai deturpar os resultados e as conclusões, que é comparar laboratorialmente os valores de nutrientes de uns e de outros, quando na verdade o que deveria ser analisado deveria ser a qualidade de vida e funcionamento geral do organismo de uns e de outros, até porque é evidente que, se uns e outros consomem alimentos muito diferentes nutricionalmente, uns e outros vão ter de apresentar resultados diferentes, logo, o que vai desempatar é a saúde de uns e de outros... pela minha parte não me posso queixar até porque, até à presente data, não tomo qualquer remédio químico, nem sequer tenho médico de família e ainda cá ando...

Para justificar que o homem é vegetariano em comparação com os animais carnívoros, o Prof. DeRose comparou a anatomia dos animais carnívoros e animais vegetarianos com a anatomia do corpo humano, vamos então referir algumas comparações que ele fez (9):

- *Os dentes do animal vegetariano e do homem não conseguem agarrar, matar, cortar e mastigar um pedaço de carne crua, ao contrário dos animais carnívoros;*
- *Os animais carnívoros comem a carne, ao natural, enquanto o homem, para conseguir comer carne tem de cozinhá-la previamente e temperá-la, etc.;*
- *O sistema digestivo do animal vegetariano e do homem contemplam estômagos pequenos e intestinos*

longos e rugosos, enquanto os animais carnívoros têm estômagos maiores e intestinos menores e menos rugosos, para que as fezes possam ser expelidas mais rapidamente;

- *Em relação à forma de beber água, todos os animais carnívoros quando bebem água é através de lamber a água, enquanto os animais vegetarianos e os humanos sugam a água;*
- *etc.*

Depois das explicações mais técnicas que o Prof. DeRose refere, passo agora a referir as implicações energéticas do consumir carne:

- em primeiro lugar, vem a energia que vem associada a um animal que teve sofrimento no momento da morte, ora essa energia de dor e sofrimento vai ficar na carne desse animal e quando ingerirmos essa carne vamos ingerir essa energia, que sendo energia de sofrimento vai ser energia negativa, que nos vai aproximar e atrair para lugares e situações de energia negativa;
- em segundo lugar, vem o tipo de alimentação com que o animal se alimentou, que na generalidade das situações é à base de rações, onde são misturados vários suplementos, muitos deles de origem química, hormonas, produtos transgénicos, químicos, etc.. Ora esta alimentação sendo predominantemente *anti-natural*, vem carregada de energia negativa que vamos passar a ingerir, que será sentida na forma de mal-estar e doenças diversas. Como diz o Dr. Lair Ribeiro: *a nossa alimentação é a alimentação daquilo que o nosso alimento comeu;*
- em terceiro lugar, vêm as implicações espirituais, devido ao sofrimento desses animais, que aqueles que comem carne, de uma maneira indireta promovem. Aqui vai aparecer carma que mais tarde ou mais cedo vai ter de ser resgatado. Claro que aqueles que não

têm outra opção se não comerem carne, terão um carma ligeiro (até porque esses animais podem ter-se 'oferecido' para alimentação), já aqueles que sabem todas as implicações (desde o sofrimento dos animais até às implicações na saúde, etc.) e têm outras opções (se calhar até mais saudáveis), esses vão ter um carma mais acentuado, que vão ter de resgatar mais tarde ou mais cedo em futuras encarnações. Como é referido nas escrituras: "a quem mais sabe, mais lhes é pedido".

Em relação à alimentação, devemos ter sempre a noção de que, mesmo tendo uma alimentação ou estilo de vida incorretos, se não sentimos mais aquele desconforto inicial, em sentido de alerta que o nosso organismo nos dá para não ingerirmos esse alimento, no entanto se vamos insistir, também as células do nosso organismo vão perceber, que embora não sendo o que elas querem e precisam, porque nos querem servir o melhor que sabem, vão adaptar-se a essa alimentação, com as consequências futuras lá vem a doença, que é quando as nossas células já não conseguem libertar-se da energia negativa dessa alimentação, 'precisando' da doença, quer para se libertar dessa energia, quer para ser o 'abanão' (pela dor) para mudar aquela alimentação.

Quando nós insistimos num determinado comportamento negativo, como no caso da alimentação, também a nossa Equipa do Plano Espiritual, que de início até pode mandar alguns sinais para mudar-nos, no entanto, se insistirmos vai deixar-nos ter aquela experiência que escolhemos, mesmo sendo de cariz negativo, pois, também eles vão ter de respeitar o nosso livre-arbítrio.

O nosso organismo e as nossas células, quando vêm que nós não ouvimos ou não prestamos atenção nos sinais que nos enviam para alterar determinado comportamento, como a alimentação, vão tentar dar-nos as melhores sensações que poderem o mais rapidamente possível, mas à semelhança da nossa Equipa Espiritual, isso não significa que se esqueceram de nos avisar mais ou que não se importam mais com o nosso bem-estar, quer antes dizer que, respeitam as nossas opções, até porque sabem que não adianta falar mais para quem não quer ouvir.

Quando não ouvimos os primeiros avisos, estamos a *convidar* a nossa Equipa Espiritual a enviar-nos sinais (em forma de sintomas), mais fortes e dolorosos, para que possamos acordar e receber o ensinamento devido.

A ENERGIA DAS DOENÇAS

'As doenças são um remédio muito amargo, mas muito eficaz.'
Começo este capítulo com esta citação, que espero esclarecer a seguir.

As doenças que temos servem para muito mais do que para nos fazerem sofrer.

Ao contrário do que muitos julgam, as doenças que temos ou que iremos ter, não servem como punição, mas servem sim um propósito nobre e positivo para cada um de nós que se consubstancia em alguma aprendizagem que precisamos ter dessa situação.

As doenças podem ter a mais variada origem, desde causas alimentares, físicas: como acidentes, traumatismos, etc., até causas mentais, emocionais, passionais... e muitas mais, mas, também aqui a minha convicção profunda é que a maioria foi programada pelo Plano Espiritual para retirarmos ensinamentos específicos que ainda precisamos.

As doenças ou desconfortos que sentimos ao emitirem sintomas mais ou menos dolorosos, estão a indicar-nos que há algo que temos de fazer diferente, que se traduz num ensinamento que nos vai indicar que devemos fazer algo diferente para resolver essa situação. Essa dor vai acabar por nos obrigar a fazer algo diferente e a retirar o ensinamento que precisamos, pois se nada fizermos quando o desconforto persiste, facilmente iremos perceber que vamos continuar com esse desconforto, logo há que fazer algo, há que fazer algo para parar aquela dor e quem nos impulsionou para retirar esse ensinamento foi aquela dor ou sofrimento.

As crenças que temos, que podem ter a origem mais diversa, desde os ensinamentos dos nossos pais, professores, etc., até origem ou 'programação espiritual', são aquelas que nos estão a condicionar hoje e que nos vão condicionar a ter uma determinada qualidade de vida.

Uma crença muito enraizada na cabeça das pessoas e que é amplamente difundida pela medicina tradicional é a chamada hereditariedade, ou a fatalidade de virmos a sofrer de certas doenças dos nossos pais, avós, etc., no entanto, como refere o Bruce Lipton, no seu livro A Biologia da Crença (29), a hereditariedade é apenas uma predisposição ou possibilidade, que pode ser alterada pelo meio-ambiente (ensinamentos, crenças, etc.) em que estivemos inseridos, refere Bruce Lipton:

> *Estudando essas comunidades celulares cheguei à conclusão de que não somos vítimas de nossos genes e sim donos de nosso próprio destino, capazes de criar uma vida cheia de paz, felicidade e amor. (...) O dogma central da biologia, segundo o qual os genes controlam a vida (...) tem uma séria falha: os genes não ligam-desligam sozinhos. Ou, em termos mais técnicos, não são aquilo que chamamos de auto-emergentes, é preciso que fatores externos do ambiente os influenciem para que entrem em atividade.*

Os hábitos que temos, são o resultado dos ensinamentos que recebemos, que se irão tornar as nossas crenças, a um nível, mais ou menos consciente. Claro que, a maior parte de nós não se dá conta destas crenças (nem das positivas, nem das negativas), porque a maior parte delas foi aprendida há muito tempo e agora estão a um nível inconsciente (ou na nossa mente inconsciente) e foram, pois, incorporados por nós na nossa vivência diária, refere Bruce Lipton:

> *Qualquer um sabe o que é lutar contra os hábitos. A programação subconsciente assume o controle de toda a vez que a mente consciente se distrai. A mente consciente também pode avançar e retroceder no tempo, ao passo que a mente subconsciente opera apenas no momento presente. Enquanto a mente consciente sonha, fazendo planos para o futuro ou relembrando experiências passadas, a mente subconsciente está sempre ocupada administrando com eficiência o comportamento exigido no momento, sem a necessidade de supervisão consciente. As duas*

mentes formam um mecanismo fenomenal, porém, algo sempre pode dar errado.

A mente consciente é o "eu", a voz de nossos pensamentos. Pode ter grandes visões e fazer planos para o futuro cheios de amor, saúde, felicidade e prosperidade. Contudo, enquanto estamos mergulhados nesses pensamentos, quem está por trás dos bastidores? O subconsciente. E como ele trata os nossos sentimentos e preocupações? Exatamente como foi programado para fazer.

No tempo em que estamos distraídos com nossos pensamentos, a mente subconsciente pode colocar em ação comportamentos diferentes daqueles que nós mesmos criamos, pois, a maioria do que temos armazenado em nossa memória foi "copiado" quando observávamos as outras pessoas durante a infância. E como não fizemos isso conscientemente, muitas vezes nos surpreendemos se alguém nos diz que agimos "exatamente como nossa mãe ou nosso pai", que ajudaram a programar nossa mente subconsciente.

Os comportamentos e crenças que aprendemos de nossos pais, colegas e professores podem não ser os mesmos que imaginamos para a nossa vida usando a mente consciente. Os maiores obstáculos para alcançarmos o sucesso a que almejamos são as limitações programadas em nosso subconsciente. Essas limitações não só influenciam nosso comportamento, mas também determinam nossa fisiologia e saúde.

Em resumo, não podemos dizer que a hereditariedade não tenha nenhuma influência nas doenças que temos ou podemos vir a ter, o que dizemos, apoiados nos estudos biológicos e científicos do Dr. Bruce Lipton, assim, como muitas outras evidências relacionadas com tratamentos sob hipnose, etc., é que a hereditariedade é apenas uma predisposição genética, mas nunca vai ser uma fatalidade, desde que a pessoa trabalhe para alterar essas crenças que estão na origem da 'aceitação' dessa predisposição genética, no entanto se a pessoa que tem predisposição genética para uma determinada doença, nada fizer, com muita probabilidade poderá vir a sofrer dessa doença.

Se nada fizermos em relação a uma predisposição genética, claro que ela se pode vir a manifestar, mas o que é importante realçar é que isso é apenas uma predisposição e não uma fatalidade, que pode ser revertida, nomeadamente através de algumas técnicas que aqui indico.

Convém desde já deixar uma garantia que, não sendo fácil mudar uma crença que já está na nossa mente inconsciente, pois não basta que digamos constantemente frases positivas e motivadoras que podem só chegar à nossa mente consciente, é preciso fazer chegar essa nova programação à nossa mente inconsciente, mas tal é possível, através de várias terapias, sendo uma a hipnose clínica e outra a terapia Psych-K (que Bruce Lipton refere como sendo eficaz nesta mudança).

Pela minha formação em hipnose, em que estudamos e comprovamos o poder da nossa mente, para atrair ou para curar doenças, uma forma de perceber se uma pessoa tem uma crença (de hereditariedade ou não) negativa, que a está a condicionar a ter os sintomas de determinada doença, é em primeiro lugar a crença disso mesmo, depois é a frequência e o entusiasmo (mesmo que negativo) com que essa pessoa fala dessa situação e da sua inevitabilidade ou fatalidade. Certamente já viu o entusiasmo (claro que é negativo e não percebido pela pessoa) que a maioria dos doentes crónicos fala da sua doença, como se de um tesouro se tratasse e isso, mesmo que essas pessoas não consigam conceber, estão a dar força e energia a essa mesma situação e darem ordens inconscientes às suas células, de que essa doença vai ser inevitável e que não adianta fazerem nada, porque isso vai acontecer mais tarde ou mais cedo, logo, as células, bactérias, etc., vão deixar essa doença aparecer porque foi-lhes ordenado que assim fizessem.

Se acredita por exemplo que determinado alimento lhe vai fazer mal, ou que vai ter determinada doença só porque o ingere (quer seja uma predisposição genética ou não), o que vai acontecer é que a ordem que vai partir da sua mente inconsciente é para as células aproveitarem os *melhores* nutrientes, que neste caso vão ser aqueles que podem provocar os sintomas da doença. Esta crença, vai fazer com que o organismo passe a aproveitar os nutrientes que lhe vão ajudar a manter e a fortalecer essa crença, emitindo os sintomas correspondentes o mais brevemente possível.

Para ilustrar o que acabei de referir a título de exemplo deixo aqui o caso da minha cara amiga Céci, para exemplificar um caso real e objetivo:

A Céci acredita que tem o sangue fraco e propenso a ter diabetes, porque já os pais tiveram, avós, irmãos, etc. Com esse receio, quase não come alimentos doces: apenas meia banana, não mais do que dois figos, etc.. No entanto o que vai acontecer é que, mesmo comendo poucos alimentos doces o seu organismo vai ter tendência a aproveitar todo o açúcar que vai consumir, porque a informação (ou programa) que está na mente inconsciente (como também refere Bruce Lipton), como apenas executa, só pode aproveitar o açúcar, porque o programa e a ordem que tem é de que: *tem sangue fraco e propenso a diabetes.* A lembrança e reforço deste programa de reação do seu organismo é a cada dia mais reforçado, a cada vez que come algo doce com muita moderação e que pensa ou passa a informação verbal para a mente inconsciente que é por causa do sangue fraco e propenso a diabetes que não come maior quantidade destes alimentos. Claro que, como já tive a oportunidade de lhe referir, não basta, que de um momento para o outro, passe a acreditar diferente (o que não é fácil de um momento para o outro) passe a comer maior quantidade de alimentos doces, sem que os sintomas de diabetes se manifestem... o que vai ter de fazer, antes de passar a poder comer mais alimentos doces, sem que esse açúcar seja aproveitado para elevar o nível de açúcar no sangue, é alterar o programa de comportamento (ou crença) que está na sua mente inconsciente, o qual poderá ser feito através de várias técnicas ou terapias entre as quais a hipnose ou a Psych-k (como refere Bruce Lipton) ou através de auto-hipnose ou meditação específica, entre outras. A alteração desta crença vai notar-se naquilo que vai ou não falar e passar a acreditar sobre alimentos doces provocarem ou não sintomas da diabetes

O exemplo que acebei de referir, não conta só para doenças, mas também para tudo o mais, como dificuldade de relacionamentos, prosperidade, etc..

Se em alguma área da sua vida há algo que não lhe está a trazer as sensações que pretende, tal pode estar relacionado com o programa que está na sua mente inconsciente e certamente estará associado a algum ensinamento que precisa retirar dessa situação, pelo que, se pretender alterar esse programa de reação do seu organismo, só tem de seguir os procedimentos que acabei de indicar e muitos mais que refiro neste livro e também no livro anterior que publiquei também através da Amazon.com, com o título *O Poder da mente – Como usar o poder da sua mente a seu favor*, e praticar algumas das técnicas que lá indico para alterar hábitos e comportamentos.

O simples ato de falar de uma doença, vai estar a dar força a essa doença, até porque a nossa mente inconsciente (que é onde estão os programas de reação do nosso organismo) apenas executa e se acreditamos, pensamos ou dizemos que temos ou vamos ter determinada doença, são esses sintomas que o nosso organismo vai arranjar, no mais curto espaço de tempo possível.

O ambiente exterior (considerado tudo aquilo que vivenciamos e passamos a pensar, acreditar e fazer), é o fator fundamental, segundo refere Bruce Lipton (e também apoiado pelos meus conhecimentos de hipnose), para a nossa qualidade de vida e tem o poder de nos alterar a nossa predisposição genética.

As nossas emoções e sensações, que fazem com que à nossa volta seja criado um campo energético correspondente, que quando é de energia positiva, além de poder alterar a nossa predisposição genética para determinada doença, vai servir para atrairmos e sermos atraídos para Seres positivos e de boas energias e vice-versa.

Muitas vezes embora estejamos a vibrar numa energia negativa, nem nos damos conta que, na verdade é uma energia negativa, pelo facto de já convivermos há muito tempo com essa energia.

A energia do nosso corpo e do nosso organismo tem de fluir, tem de circular na devida ordem, ora, quando emitimos uma energia contrária à energia da nossa essência, vamos sentir-nos desconfortáveis. Se recebemos energia de amor ou equivalente, vamos sentir-nos bem (embora tenhamos de nos sintonizar com essa energia para a recebermos de forma mais eficaz) ... se recebemos energia de medo ou equivalente como ódio, apego, rancor, etc., vamos sentir-nos desconfortáveis (inicialmente, até porque depois o nosso organismo vai adaptar-se obedecendo às nossas ordens), pois essa energia é de qualidade muito diferente da energia da nossa essência.

Normalmente uma emoção ou sensação que provoque stress e tensão muscular, normalmente é uma sensação negativa ou de energias negativas. Este bloqueio faz com que a pessoa sinta dores nessa parte do corpo, porque a energia foi bloqueada pela tensão muscular e até que seja desbloqueada essa energia, a pessoa vai sentir dor nessa zona do corpo.

Para que essa energia possa ser desbloqueada há inúmeras terapias que podem tratar um sintoma, recomendo aqui, como não podia deixar de ser, as massagens terapêuticas e nomeadamente a massagem Tuiná, para crianças e adultos e a acupuntura que são praticadas de forma exemplar e com muita energia positiva pela minha cara amiga e terapeuta de medicina chinesa Céci, pelo que desde já recomendo, para alívio de sintomas mais dolorosos. Estas técnicas ao desbloquearem a energia que está presa promovem desde logo um alívio imediato, no entanto como foi aliviado um sintoma e não a sua origem terá de ser avaliada essa origem e fazer os ajustes no estilo de vida da pessoa (que podem ir desde alimentação, relacionamentos, remédios químicos, etc.) para que esse sintoma não volte a aparecer ou se aparecer possa ser mais suave e com sintomas menos dolorosos.

A energia negativa que carregamos pode manifestar-se de várias formas:

- em forma de desconforto físico ou doença;
- a nível emocional, com tristeza, angústia, dificuldade de relacionamentos, etc.;
- a nível mental, com pensamentos e conversas negativos;
- etc.,

Quem nunca se viu a falar da sua doença com tanto entusiasmo...? Quem nunca se viu a contar os mesmos mexericos (energia negativa) de sempre...? Quem nunca se viu a repetir os mesmos pensamentos, palavras e ações (negativos) de sempre ou de quase sempre?!! Certamente muitos ou quase todos nós...

Quando caímos num ciclo-vicioso de energia negativa, como nos exemplos que acabei de referir e outros, com o tempo vamos ter a tendência para achar que aquele nosso comportamento e/ou reação até nos dá algum conforto e segurança, mas isso é ilusório, pelo seguinte:

- de tanto insistirmos o nosso organismo vai-se adaptando cada vez ao nosso comportamento e reações, dando-nos cada vez mais as melhores sensações possíveis que consegue em cada situação;
- enquanto aquele comportamento não nos causar maior dor, vai fazer com que não tenhamos de sair da nossa zona de conforto;
- aquele comportamento pode-nos trazer ganhos secundários ou indiretos, que sem aquele comportamento os não teríamos. Quem nunca

recebeu mais atenção por ser violento? Quem nunca recebeu mais atenção e carinho por estar doente? etc.

Quando caímos num ciclo-vicioso de energia negativa, à semelhança do que já referi nos capítulos anteriores, a melhor forma de sairmos daí pode ser mesmo através da dor, pois se estivermos confortáveis porque iríamos mudar? Como diz o ditado futebolístico: *em equipa que ganha não se mexe*, aqui seria mais: *em corpo que tem prazer e bem-estar não se mexe... ou não vale a pena mexer.*

Claro que podemos não precisar da dor para mudar (se tivermos aprendido essa lição por outros meios), mas podemos aproveitar as nossas dores do passado para aprendermos e mudarmos ou então podemos investigar por conta própria e aprendermos que aquilo que fizemos não foi o mais acertado e assim, quem sabe, possamos evitar experiências de sofrimento no futuro.

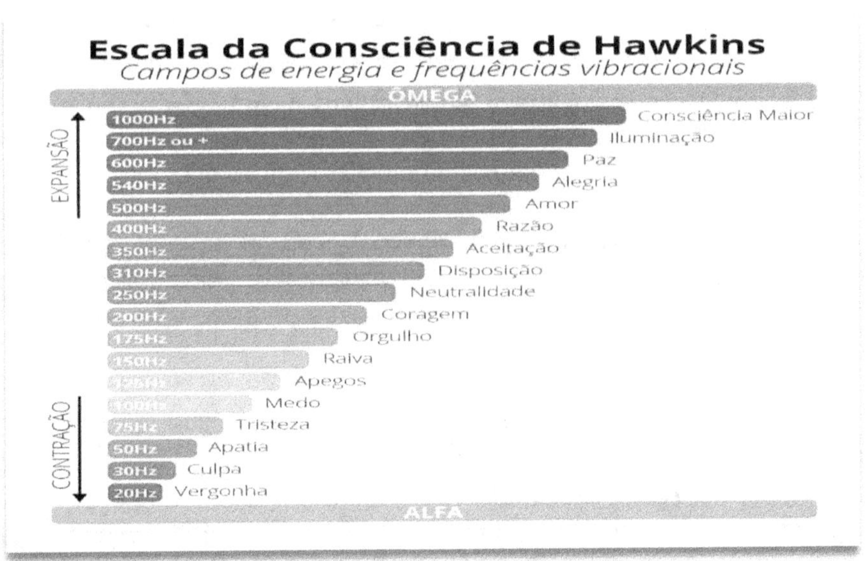

Conforme poderemos ver no quadro da Escala da Consciência de Hawkins, há sensações e emoções que fazem com que baixemos grandemente a nossa energia, a começar pela vergonha, culpa, apatia, tristeza, medo, apegos, raiva, orgulho... a partir da coragem já começamos a trazer para nós energias de melhores vibrações que vão aumentando a sua qualidade, a começar pela neutralidade (ou não julgamento), disposição, aceitação... até chegarmos ao amor, alegria, paz e por fim à iluminação.

Certamente já todos nós comprovamos na pele que as sensações e/ou emoções que estão na parte de baixo da tabela e que fazem com que a vibração da nossa energia vá desde os 20Kz na vergonha, aos 30Hz da culpa, aos 50Hz da apatia, aos 75Hz da tristeza, aos 100Hz do medo, até aos 175Hz do orgulho, não nos trouxeram as melhores sensações, ao contrário dos estados emocionais que estão mais para cima na escala, como a aceitação, o amor, a alegria, até à sensação de paz, até porque a iluminação e a consciência maior quase nenhum de nós ainda conseguiu experimentar.

Sentimos sensações desagradáveis quando sentimos as sensações ou emoções da parte inferir da Escala, pela simples razão de que essas emoções não carregam energia de uma qualidade (vibração) próxima da energia em que estávamos a vibrar. Quanto maior diferença houver entre a nossa vibração energética e a vibração energética que vamos sintonizar (ao sentirmos essas sensações/emoções), maior será o desconforto que vamos sentir, pela simples razão de que o nosso organismo vai ter de se adaptar a uma energia muito diferente.

Quer a adaptação a energias positivas ou de alta frequência, quer a adaptação a energias de baixa vibração, vão implicar algum desconforto, pela simples razão de que vai ter de haver uma adaptação do nosso organismo a essas energias.

Uma situação a ter em conta, no entanto é que, enquanto os efeitos secundários e primários de uma energia de altas vibrações como a energia do Amor, a curto/médio prazo, só nos vão trazer boas sensações e experiências cada vez mais positivas – pois vamos atrair mais energia da mesma vibração -, já quando baixamos as nossas energias, vamos atrair mais desse tipo de energias, como a dor e o sofrimento, pois vamos estar a atrair cada vez mais, mais energia dessa mesma qualidade ou equiparada.

O conceito de doença é muito fácil de explicar, embora, menos fácil de aceitar e combater na prática do dia-a-dia, que se resume ao seguinte: se emitimos energia negativa vamos alinhar-nos com energia de igual qualidade, logo vamos atrair a doença; se emitimos energia positiva vamos alinhar-nos e ser atraídos para energia de saúde, logo, vamos estar mais protegidos de doenças que possam surgir.

Se não queremos ser atraídos para a energia da doença, temos de passar a tomar atenção a tudo o que pensamos, falamos e fazemos e que nos possa estar a atrair para esse tipo de situações e que, por consequência nos podem estar a afastar da energia da saúde.

Além dos estados emocionais que baixam as nossas vibrações e que estão indicados na Escala de Hawkins, mais situações que podem baixar a nossa energia e que nos podem predispor para atrairmos doenças ou não atrairmos saúde, podem passar por:

- *alimentação:*
  será que o que comemos é energia positiva ou energia negativa? Acha que se comer carne, que é energia de sofrimento, vai trazer energia positiva para si?
  Acha que têm o mesmo tipo de energia, os alimentos processados (confiar no homem) de forma generalizada, ou os alimentos naturais (confiar na natureza e no que o Criador nos oferece)?
- *aquilo que vemos e ouvimos:*
  acha que aquilo que vê e ouve, nomeadamente nos meios de comunicação social lhe trazem boas sensações e boa energia?
- *aquilo que pensamos, falamos, fazemos e o estilo de vida que temos:*
  acha que aquilo que pensa, fala e o trabalho e estilo de vida que tem, contribuem para trazer para si, energia positiva?

Se os estados emocionais que estão indicados na Escala da Consciência de Hawkins, assim como alguns dos nossos hábitos, fazem com que a nossa vibração ou qualidade energética fiquem mais ou menos positivos, vamos chegar à conclusão de que vamos estar mais protegidos da doença, quanto mais nos afastarmos energeticamente desse tipo de energia.

O desconforto é sempre um sinal ou a F*lecha dos Anjos,* como diz Bruno Gimenez, ou o *sinal indicador*, como diz Louise Hay, de que não estamos a caminhar na direção certa ou que mais nos convém e esse desconforto, mais não é do que a chamada de atenção para nos lembrar de que o que estamos a fazer não é o melhor para nós, só que, com a azáfama do dia-a-dia e ao sermos condicionados por tudo o que ouvimos que nos estimula a consumir mais... a comprar mais... para atingirmos a suposta felicidade... com toda esta azáfama ficamos sem tempo, quer para perceber as nossas sensações, quer para ouvir os nossos Anjos e os nossos Guias e Mentores e perceber os sinais que nos enviam.

O que nos incute a generalidade dos meios de comunicação social é que podemos ter mais bem-estar, comprando mais, mas é puro engano, mas que é estimulado e fomentado pela ganância de alguns.

No inicio, vamos confundir o prazer momentâneo que esse bens materiais nos proporcionaram com paz interior (apenas porque ainda não experimentámos esta sensação), mas à medida que continuamos a comprar e a ter cada vez mais dessas coisas, vamos dar-nos conta, de que, na verdade aquela sensação que pensávamos ter encontrado de paz-interior, já desapareceu, porque na verdade não era uma sensação de paz interior – que por ser interior tem de vir de nós e não de algo externo -, mas sim um simples prazer material passageiro, que, mesmo esse, logo vai passar, porque estava assente nessa coisa material, que por ser material pouco tempo depois se vai deteriorar e acabar por sair da nossa experiência.

Enquanto não pararmos para pensar que a paz-interior, como o nome indica, está cá dentro de cada um e não nas coisas que compramos sem cessar (sem que isso resolva a situação), na ânsia de sentir essa sensação, que vai sempre ser adiada para o futuro, que pensamos nós, vai estar nas compras que ainda não fizemos, vamos entrar num ciclo-vicioso, onde vamos estar condicionados para sentir esta sensação, sempre no futuro e condicionada a ter algo, só que, como esse algo não traz essa sensação, vamos comprar mais e mais, numa correria sem fim, sem pararmos para pensarmos que na verdade a paz-interior que procuramos, não está lá fora nas coisas que compramos, mas sim no interior de cada um de nós, aqui tão perto... para quê procurar longe, se ela está aqui dentro de cada um de nós, basta fazer o que nos compete para encontra-la.

A doença surge, pois, neste contexto e, sem a noção de que a doença nos quer transmitir algo, seja um comportamento diferente, ensinamento, etc., vai ser para nós mais difícil sairmos desse ciclo-vicioso. O que acontece muitas vezes é que a pessoa *precisa* de uma doença mais ou menos grave, para a obrigar a mudar e a tirar os ensinamentos que precisa, quem nunca ouviu expressões do género:

> *- pensei que eram os meus últimos dias, e agora vou dar mais atenção à família... vou fazer aquela dieta que sempre adiei... agora sei que tenho de mudar, sei que se continuasse pelo mesmo caminho já cá não andaria muito mais tempo.*

O que muitas pessoas e também a medicina tradicional confundem, na minha perspetiva, é que tirando ou aliviando o sintoma, não estão a curar a pessoa, estão sim a tratar um sintoma ou a camuflá-lo ou escondê-lo.

Para mim o lapso de abordagem (mais da medicina tradicional, mas também em algumas terapias) é confundir o tratamento de um sintoma, com o tratamento e cura desse mal-estar – se tratamos unicamente o sintoma sem tratar a causa, essa mesma causa vai continuar a produzir sintomas, logo, tratar um sintoma sem avaliar o que está na sua origem, não resolve o problema, antes o esconde, até porque a origem vai continuar a produzir sintomas.

Tratar o sintoma sem tratar ou avaliar a origem ou causa de uma doença ou desconforto, poderia assemelhar-se àquela telha partida da nossa casa que está a fazer com que entre água para o interior, podemos resolver definitivamente o problema indo ao telhado e substituindo a telha, ou podemos colocar um balde em baixo do telhado para apanhar essa água. Quer de uma maneira quer de outra a água não vai aparecer no interior da nossa casa, mas será que as duas situações resolveram definitivamente o problema?

Claro que há tratamento direto de sintomas que, por si só podem resolver definitivamente a situação, nomeadamente em duas situações distintas, que passo a referir apenas como exemplo que pode ser alargado às mais diversas situações:

- o sintoma de dor resultante de traumatismos ou acidentes em que se sabe que aquela dor é o resultado direto daquele acidente;
- o sintoma de dor, resultante de intoxicação alimentar. Claro que aqui algum remédio que alivie os sintomas pode ser útil para ajudar a limpar...
- etc.

Mesmo nas situações que referi, tais acidentes podem ser *Flechas dos Anjos* ou situações cármicas, para que retiremos algum ensinamento que vai implicar fazer algo diferente.

A minha convicção como terapeuta é que quanto mais longe se procurar a origem ou causa da doença, mais garantias temos de que estamos efetivamente a tratar a causa e não apenas o sintoma, até porque, nesta situação, quando há alívio, não foi tratada diretamente a zona afetada, pelo que há mais probabilidade de estarmos a *secar a fonte do problema*.

A medicina tradicional tende a concentrar-se apenas e só no sintoma, mas mesmo aqueles acidentes resultantes de traumatismos diretos, tais situações também podem ter sido consequências de algo de cariz mais ou menos espiritual, mas não só. Quem é que não conhece por exemplo alguém que depois de uma discussão, acaba por ter um acidente, fica mal-disposto, tem um ataque cardíaco, etc.?

Só o tratamento em si mesmo, nas situações que acebei de referir, com toda a certeza não vai resolver o problema (embora tratar um sintoma de dor seja útil e necessário), o que eu quero enfatizar é que embora o tratamento do sintoma, quando ele é doloroso, possa ser necessário, isso não é equivalente ao tratamento da causa ou origem do problema, o que acontece é que esse tratamento que apenas se focou no sintoma, induz-nos um alivio que que pode ser enganador e com graves consequência no futuro mais ou menos próximo, porque nos vai induzir ao esquecimento ou não urgência de tratar a origem dessa situação, resultando com que novo sintoma vá aparecer, mas mais grave, pela simples razão de que a origem continuou a produzir sintomas, mas nós apenas os escondemos (tratamento do sintoma), no entanto o nosso organismo não vai poder continuar a esconder sintomas indefinidamente e vai haver um tempo que vai ter os *libertar/mostrar.*

Ao tratar-nos apenas e só um sintoma – sem avaliar e tratar o que esteve na sua origem -, estamos a deixar de ter algo (o sintoma) que nos avisa que há algo que não está bem e se não temos quem nos avise que algo não está bem, não vamos tomar as medidas que deveríamos tomar para resolver essa situação.

Qualquer doença encerra em si mesma uma aprendizagem que devemos fazer – em vez de só mandarmos retirar o sintoma que nos provoca dor através de uma cirurgia ou remédios químicos -, se esta aprendizagem não for feita, novo sintoma, mas agora mais doloroso vai surgir, até porque a fonte do sintoma não foi seca e continua a produzir sintomas e eles têm de ir para algum lado e para se fazerem *ouvir* vão ter de vir mais fortes – apenas para serem escutados.

Claro que, com o que acabei de referir não quero com isso menosprezar o trabalho da medicina tradicional, que na minha ótica, embora não trate o que esteve na origem como expliquei atrás e na generalidade dos casos se concentre apenas no sintoma, no entanto o trabalho de remoção do sintoma doloroso pode ser útil se for aproveitado pelo paciente, quer antes, quer depois desse procedimento médico, para retirar o ensinamento e/ou aprendizagem que está associado e aí sim a remoção desse sintoma poderá ter sucesso definitivo e esse tratamento servir de cura definitiva, caso isso não suceda, novos sintomas vão parecer.

A indústria farmacêutica não tem interesse em tratar a origem ou causa das doenças, até porque precisa de vender medicamente e se secasse a fonte desses problemas, facilmente se conclui que não poderia continuar a vender a mesma quantidade de medicamentos.

Como diz o prémio nobel da medicina o Dr. Richard Roberts:
A indústria farmacêutica na realidade não quer curar ninguém, e por um motivo muito simples e direto: a cura é menos rentável que a doença.

A doença em si mesma carrega energia negativa, embora sirva sempre um propósito mais elevado ao nível espiritual - que não é certamente o lucro e a ganância da indústria farmacêutica -, mas sempre um ensinamento que cada um deve retirar.

Se quisermos afastar de nós as bactérias, os vírus, etc. que nos causam mal-estar ou mesmo doença, só temos de criar um ambiente energético onde estes agentes de doença se não sintam confortáveis - se causam doenças, são energia negativa, logo podemos afastá-los através de energia positiva.

Para começarmos a entender como funciona a Lei da Atração e a máxima desta lei que diz que: *Semelhante atrai semelhante*, vamos analisar alguns pontos já a seguir:

Rhonda Byrne, *autora do Livro O Segredo* diz que os nossos pensamentos atraem os seus correspondentes físicos, logo, pense em coisas boas e vai atrair coisas boas para a sua vida. No entanto há uma situação que devemos ter em conta que é, os nossos pensamentos apenas iniciam o processo de criação, depois e como refere o Prof. Hélio Couto, temos de ter o foco e soltar e por fim, temos de aceitar receber.

Quer esses nossos pensamentos iniciais que deram origem a todo o processo de criação, quer o soltar (porque se acredita que vai acontecer) e a aceitação, vão ser necessários para essa coisa ou situação chegar à nossa realidade material ou física, tudo isso mais não foi do que uma energia que juntamos e que está numa frequência muito próxima da energia que vai ter aquela coisa quando estiver nas nossas mãos.

A nossa energia funciona como se de um rádio se tratasse. Para ouvir uma estação de rádio, é preciso sintonizarmos em determinada frequência, certo? Se sintonizarmos o nosso rádio na frequência 89.9 FM você vai sintonizar – atrair para seu rádio – as ondas equivalentes à estação que esteja a emitir em 89.9 FM, se houver alguma (aqui no Sátão há a Alive FM). Se agora rodar ou selecionar na frequência 120.0 FM, já não vai ouvir a rádio que está na frequência dos 89.9 FM, mas sim uma nova Estação de Rádio, se estiver alguma a emitir nesta frequência, unicamente porque a energia que está associada a estas frequências em forma de ondas sonoras de uma e de outra rádio são diferentes, o mesmo acontece com os nossos pensamentos.

Dependendo então da qualidade ou tipo de energia que emitimos para o Universo, vamos atrair determinadas coisas para a nossa vida, que estão próximas desse tipo de energia.

Se, por exemplo emitimos energia de frequências baixas, como as emoções/sensações que estão na parte de baixo da Escala da Consciência do Dr. David Hawkins, vamos atrair para a nossa vida, coisas ou situações dessa frequência ou de frequência muito aproximada... por outro lado, se estamos a emitir energia de altas vibrações, como por exemplo quando sentimos sensações de paz, alegria, amor, etc., estamos a atrair para nossa vida, outras coisas e situações similares à paz, alegria, amor, etc., de frequências altas.

Há ainda um fator muito importante a ter em conta que é, embora o pensamento inicie todo o processo de criação, para este processo ser eficaz temos de o fazer chegar à nossa mente inconsciente, pois é esta a parte da nossa mente (ao contrário da nossa mente consciente que é menos abrangente), que é a responsável por processar todos os pensamentos que temos e transformá-los em sensações físicas mais ou menos agradáveis.

Este nosso sentir é já um sinal de que a nossa mente inconsciente aceitou estes novos pensamentos criadores.

Uma das técnicas de visualização criativa mais eficazes que se utiliza em hipnose clínica, é fazer com que a pessoa sob hipnose visualize uma determinada situação *como se lá estivesse*. Para trazer a nova realidade para a mente da pessoa, sugestionamos no sentido da pessoa se sentir já perante a situação, fazendo com que sinta já as sensações que essa coisa ou situação lhe vão trazer, usando para isso os próprios sentidos da pessoa: visão, audição, paladar, cheiro e tato... A sugestão será *encaminhada* para sentir boas sensações e será do género: - *veja como se sente bem quando está lá... o que é que ouve... a que é que lhe sabe... qual o cheiro que tem... qual a textura...*

Embora como já vimos, os pensamentos que temos não sejam os únicos responsáveis pelo processo de criação e atração, é de vital importância que estejamos sempre atentos aos pensamentos que temos durante o dia, até porque são os pensamentos que iniciam o processo de criação, tanto de coisas negativas, como de coisas positivas.

Claro que controlar tantos pensamentos pode parecer demasiado difícil.

É evidente que todo o processo de mudança implica sempre algum esforço inicial. Dizem alguns especialistas que para um novo comportamento e/ou pensamento ser aceite de forma definitiva demora 21 dias, a partir dos 21 dias, esses pensamentos e/ou comportamentos tornam-se automáticos e não é preciso mais nenhuma atitude consciente para os manter.

Quando tivermos a consciência que a nossa essência energética é Amor (ou no Mapa ou Escala da Consciência do Dr. David Hawkins até está a Iluminação, Paz e Alegria em frequências mais altas), vamos começar a perceber que quando nos sentimos menos bem é porque nos estamos a desviar da energia da nossa essência, a Energia do Amor ou similar.

Se nos estamos a sentir mal ou menos bem é sinal de que nos estamos a desviar do nosso caminho. Para termos a consciência de que nos estamos a desviar do nosso caminho, temos de parar, meditar e *escutar-nos* e isso só vamos conseguir se quisermos retirar algum ensinamento e aprendizagem que que essa situação nos trouxe.

É muito importante termos em conta que, se não pararmos para nos conseguirmos *escutar e para nos sentirmos,* não vamos conseguir retirar os ensinamentos devidos.

O nosso organismo, com ajuda ou não da medicina, vai adaptar-se ao desconforto (que é o sinal de que nos estamos a desviar do nosso caminho) e vai adaptar-se àquela situação mais desagradável e vamos continuar a fazer mais do mesmo.

Para cada área da nossa vida, existe um pensamento predominante.

Por exemplo, quando o assunto é riqueza, temos de ter um determinado pensamento predominante de riqueza... quando é saúde, boa ou má, idem... quando é relacionamento, idem... e assim sucessivamente.

No momento que você tiver pensamentos e sentimentos predominantes bons para cada área da sua vida, você pode ficar tranquilo em relação aos pensamentos e sentimentos indesejados, eles não vão influenciar a sua energia, a menos que os alimente.

Se alimentamos pensamentos e sensações de altas vibrações, como Paz, Amor, Alegria, etc., automaticamente estamos a fortalecê-los e a enfraquecer os mais negativos como o medo, a raiva, a culpa, etc., ao fortalecermos uns vamos estar automaticamente a enfraquecer outros, logo aqueles que alimentamos vão tomar o lugar daqueles que não alimentamos.

É muito importante ter atenção aos pensamentos e sensações que emitimos a todo o momento, pois podemos estar no início de um processo de criação de algo bom, menos bom ou mau, consoante seja energia, boa, menos-boa ou má dos pensamentos que tivemos no início do processo de criação.

O medo é uma sensação que normalmente as pessoas pensam que protege e que é até bom ter medo em determinadas situações, mas na verdade não é. O que acontece é que as pessoas confundem a sensação de medo com a sensação de cuidado e precaução, estas sim já sensações mais positivas que nos afastam de uma energia de baixas vibrações que é a energia do medo.

O comportamento que está associado a uma sensação de medo, ao contrário do comportamento que está associado a uma energia de cuidado e precaução, é um comportamento que nos bloqueia e nos impede de avançar, ao contrário do comportamento de cuidado e precaução, em que a pessoa avança, mas avaliando melhor o possível risco e tomando medidas de segurança.

Quando alguém tem uma sensação de medo (se não for tratada atempadamente) vai ter tendência a ter cada vez mais medos, pela simples razão de que a nossa mente inconsciente, vai estar focada em analisar antecipadamente situações que poderão resultar em sensações de medo, com o propósito de nos proteger.

O que acontece é que a nossa mente inconsciente na questão do medo que vai tentar proteger-nos de tudo e mais alguma coisa, vai exceder-se em proteção (se não lhe indicarmos nada em contrário) e vai estar focada em encontrar cada vez mais situações onde possa vir a sentir esse medo, para nos poder afastar desse medo. As sensações que vamos associar a esse medo que a nossa mente inconsciente vai encontrar vão ser cada vez mais nas diversas situações e vão ser aquelas sensações negativas, que todos nós associamos com o medo, como aceleração cardíaca, mal-estar geral, etc..

A nossa mente inconsciente como sabe que não gostamos de sentir essas sensações associadas ao medo, vai fazer com que as sintamos, para que nos afastemos dessas situações, o que vai passar a acontecer, por excesso de zelo da nossa mente, é que ela vai estar concentrada em arranjar cada vez mais situações de onde possa vir esse medo e assim generalizar cada vez mais essas más sensações, (por associar o medo a cada vez mais situações),que nos poderão vir a trazer as mais variadas doenças (também pelas energias igualmente negativas que vão atrair para nós).

Quando a nossa mente inconsciente está focada em encontrar situações de onde possa vir uma sensação de medo, ela vai encontrá-las, custe o que custar, mesmo que não tenham lógica mais consciente, até porque para esta parte da nossa mente (se nada lhe indicarmos em contrário), esse é um excesso de zelo que compensa os riscos de vir a sofrer uma sensação de medo.

É muito importante ter a noção que a nossa mente inconsciente é o melhor empregado que jamais iremos encontrar, ela trabalha 24 horas por dia e é onde estão armazenados o modelo de reação aos acontecimentos por comparação em relação a outros acontecimentos mais ou menos similares do passado, ou seja, a nossa mente está sempre a ajudar-nos essencialmente de duas formas: a conseguir mais prazer e satisfação; ou, a afastar-nos da dor e sofrimento.

Logo, tudo aquilo que na nossa mente inconsciente estiver associado a sensações positivas, como o prazer, a alegria, o amor, etc., vai-nos dar boas sensações para nos atrair para lá… já tudo aquilo que estiver associado a sensações negativas como a dor, sofrimento, medo, etc., vai provocar-nos más sensações para nos afastar disso.

Se relativamente ao sentir mais prazer (desde que não seja viciante ou prejudicial), esta procura incessante que a nossa mente vai fazer até nos pode ser útil, já quanto ao medo e outras sensações negativas esta ajuda pode vir a tornar-se excessiva devida ao excesso de zelo. A nossa mente inconsciente tem a tendência de *ver* cada vez mais situações onde esse medo pode vir a manifestar-se e assim por precaução vai fazer sentir esse medo antecipadamente em cada vez mais situações o que, em caso extremo, pode degenerar em ataques de pânico cada vez mais generalizados em que as pessoas vão sentir medo nas mais diversas situações, podendo essa sensação de medo generalizado impedir que essa pessoa faça a sua vida normal, até ao ponto de não conseguir sair de casa.

Quando estamos perto de alguém que sente medo, quase que somos compelidos a sentir também medo, sob pena de sermos considerados não-solidários com o medo que essa pessoa está a sentir, no entanto a melhor maneira de ajudar alguém que tem medo, não é sentir também medo, pois assim estaríamos a fortalecer esse medo na outra pessoa e a trazê-lo para nós.

O ditado *chora com quem chora, ri com quem ri*, não deve ser levado à letra numa situação de medo ou outra energia negativa, embora num primeiro instante nos possamos mostrar solidários com a dor ou sofrimento do outro, temos de ter cuidado para não cairmos nessas energias, pois, das duas uma: ou trazemos essa pessoa para as nossas (boas energias), ou: caímos nas baixas energias dessa pessoa.

Quando não nos for possível verbalizar as nossas boas energias, por soar a falta de solidariedade ou falta de compreensão dos nossos propósitos, podemos abster-nos de proferir verbalmente a nossa opinião, mas para nós mesmos, mesmo que apenas em pensamento, devemos separar muito bem a energia da outra pessoa da nossa própria energia, para que a energia negativa do outro não nos possa prejudicar ou alcançar.

Até pode haver medos que em primeira instância até nos podem proteger, por exemplo aquela pessoa que teve um acidente e que agora, porque tem medo, conduz mais devagar... ou aquela pessoa que trabalha em grande altura e que, por ter medo de cair toma mais precauções para não cair, etc., no entanto, mesmos nestas situações as pessoas deverão tomar medidas para que esse medo se transforme em cuidado ou precaução, para que não possa generalizar-se.

Normalmente as pessoas associam uma sensação de medo a energia positiva, mas como podemos comprovar o medo está muito longe de ser uma energia positiva, ou uma energia que promova saúde e está muito perto da energia de doença, como podemos ver na Escala da Consciência do Dr. Hawkins Já uma energia de *cuidado, precaução, coragem, etc.*, e a partir daqui e para cima, na Escala da Consciência, já nos aproximamos da energia de cura ou de saúde e estas sensações/emoções vão acabar por nos afastar e proteger da doença e atrair-nos para a energia da saúde.

Escrevo estas linhas, quando estamos na chamada pandemia que teve início no ano 2020 e uma das situações que mais me chocou foi a energia de medo amplamente difundida pelos meios de comunicação social, que trouxe com ela associadas, humilhações, ofensas, ansiedade, ódio, etc.. Se vir na Escala da Consciência em que lugar estão estas sensações, facilmente chega à conclusão que o os meios de comunicação social e o governo com este tipo de informação, na verdade não nos protegeram dessa suposta pandemia, pela simples razão de que uma energia de medo ou equiparada, ao contrário de nos proteger, vai atrair-nos para mais dessa energia, lodo vai atrair-nos para essa e de outras doenças, até porque toda a doença é energia negativa, muito próxima da energia do medo.

Outra situação tem a ver com a obrigatoriedade de cumprir as normas impostas pelo governo, no que respeita ao recolher obrigatório, uso de máscara, distanciamento social, etc.. Não vou aqui referir a razoabilidade científica ou não dos procedimentos (embora discorde como cidadão livre que sou), que foram impostos durante a chamada pandemia, porque não sou médico, no entanto esta imposição, além de incutir com grande ênfase o medo (que se vai manter durante muitos anos e vai causar muitos estragos, durante muitos e muitos anos, mesmo depois da dita pandemia passar), que como disse atrás, além de não nos proteger de nada, vai inclusive atrair-nos para essa e outras doenças, sendo que, ao nível espiritual, viola desde logo o livre-arbítrio que cada um de nós deve ter.

Quem é que sabe se uma doença não possa ser o melhor para nós pelo ensinamento (como refiro em muitas passagens deste livro) que podemos retirar em vez da saúde? Certamente não são os Srs. do governo que obrigam todos a cumprir normas (algumas completamente absurdas e sem lógica e coerência), que a pretexto de uma suposta saúde, obrigam todas as pessoas a cumprirem por igual as suas ordens, muitas delas incoerentes.

Claro que em relação à nossa saúde e à saúde dos outros devemos tomar certas medidas, mas sempre dentro da razoabilidade que faz com que o livre-arbítrio do outro não colida com o nosso livre-arbítrio, pois se assim for, vai haver livre-arbítrio de uns que vai condicionar o livre-arbítrio de outros.

Muitos argumentam que essa obrigatoriedade é para proteção de todos, no entanto para mim, essa obrigatoriedade, além de nesta situação não ser eficaz (é a minha opinião), viola o livre-arbítrio de cada um, quando são impostas sem razoabilidade e sem coerência e sem ouvir as duas partes (prós e contras). Para mim a solução ideal seria o mero aconselhamento e a partir daí cada um fazia as suas opções e exercia o seu livre-arbítrio.

O livre-arbítrio é uma das possibilidades que o Criador nos concedeu que, porventura é das mais importantes para que possamos ter as experiências mais diversas.

O livre-arbítrio é tão mais importante, quanto cada um vai precisar de experiências diferentes em relação ao outro, que poderão para uns ser experiências mais dolorosas e para outros mais prazerosas, logo, temos de ter cuidado para não interferirmos no livre-arbítrio da pessoa que está a ter uma situação mais dolorosa (embora quase na generalidade dos casos possamos ajudar se sentirmos que é o melhor para a pessoa), pois não sabemos até que ponto essa situação, que para nós (e para a própria pessoa) até é dolorosa, pode trazer consigo um ensinamento que está associado e que precisa de ser apreendido por ela.

Claro que este livre-arbítrio que o Criador nos concedeu não é total, mas é o necessário para que cada um possa experienciar, por sua opção, várias situações distintas, mas limitadas, pois, caso assim não fosse, num planeta de energias predominantemente baixas, como são as energias de um planeta de expiação e provas de 3ª dimensão, facilmente seria criado o caus e desordem absolutos, e isso o Criador não permite, até que este nosso livre-arbítrio seja usado com bom-senso, com energia positiva e sem prejudicar os outros.

Um livre-arbítrio mais amplo, mas ainda assim limitado a *fazer o bem*, só nos vai ser concedido quanto estivermos num planeta de regeneração e expansão, pois aí, todos os que por lá estiverem já estão a vibrar em energias de altas frequências (e não é possível sobreviverem seres de energias muitos baixas), e aí já podemos fazer uso mais generalizado desse livre-arbítrio para o bem.

PORQUE É QUE UNS ADOECEM E OUTROS NÃO?

Para começar a responder à pergunta: - *porque é que umas pessoas adoecem e outras não?*, vou desde já dar uma resposta que pode chocar muita gente: - *é porque uns 'querem', 'pediram' ou 'precisam' e outros 'não quiseram', 'não pediram' ou 'não precisaram'.*

Como reparou, na minha resposta à pergunta deste capítulo, coloquei entre aspas as palavras: *querem, pediram e precisam e não quiseram, não pediram e não precisaram.*

Aqueles que sempre argumentam que isso é totalmente falso e que eu estou totalmente equivocado, porque eles nunca quiseram, pediram ou precisaram de nenhuma doença, sofrimento ou mal-estar, embora, em parte, possa ser verdade ao nível consciente, no entanto a parte da nossa mente que assume o comando destas experiências é a parte inconsciente da nossa mente, logo essa verdade não é real ou efetiva.

Claro que, quem sofre, sente mais uma afirmação deste género e até pode suar como provocação (que aqui não é o caso), no entanto o meu intuito não é, de forma alguma, provocar ninguém, mas é só para *abanar a consciências* para que essa pessoa possa começar a perceber uma razão de ser daquela doença e com isso poder vir a ter uma melhor qualidade de vida.

Quando as pessoas argumentam que eles não quiseram, pediram, ou precisam daquela doença, em parte e pelo que acabei de referir, até têm alguma razão, mas só porque estão a analisar tudo de forma racional, ou a analisar tudo através da sua mente consciente, no entanto se, por exemplo essa pessoa, fizesse uma regressão sob hipnose, certamente iria perceber que aquele sofrimento de uma maneira ou de outra foi criado e/ou atraído para si, para um bem-maior ou ensinamento que lhe vai ser útil no futuro, e vai servir como evolução no caminho espiritual.

Nenhuma doença que nos aparece apareceu *por acidente* ou *por acaso*, até porque na Criação de Deus não há acasos nem acidentes, tudo o que acontece tem um propósito maior, ou como uma expressão de cariz espiritual que refere: *-não há um grão de areia em todo o planeta que não seja do conhecimento do Criador e que não tenha um propósito e uma utilidade na Criação Divina.*

Todas as doenças que alguém tem ou algum dia teve, tiveram sempre um propósito último positivo, que na generalidade das situações foi um meio para retirar algum ensinamento.

Se é aprendizagem é para sabermos algo que não sabíamos... e se é para saber o que não sabíamos é para fazermos alguma coisa de diferente com esse conhecimento, pois conhecimento novo, com a mesma ação de antes, não seria útil ou necessário.

Cada pessoa é única e umas pessoas vão precisar de aprender umas coisas e outras vão precisar de aprender outras coisas... para umas pode ser necessária a doença ou o desconforto para aprenderem algo, e para outras pode não ser necessário passar por essa experiência de dor ou sofrimento, razão pelo qual, no início deste capítulo eu disse que uns quiseram, pediram e precisaram e outros não.

Como vai perceber pela leitura deste livro, a nossa experiência como ser humano encarnado neste planeta, tem por fim a evolução e para evoluirmos precisamos de aprender... e podemos aprender tanto pela dor (ou sofrimento) como pelo amor (ou bem-estar), a escolha vai ser nossa - ou da nossa mente inconsciente, da nossa alma ou da nossa Equipa do Plano Espiritual.

Porque a energia do amor é uma energia que nos traz bem-estar, logo se a temos, só temos de continuar a fazer o mesmo de antes, já a aprendizagem pela dor é um tipo de aprendizagem que nos tem de ser imposta (sendo a dor o meio para isso), até porque quando sentimos dor vamos precisar de fazer algo para nos livrarmos da dor, pois se a dor foi resultante do que fizemos, se vamos continuar a fazer o mesmo, vamos ter mais do mesmo, ou seja mais dor.

Para mim quando há uma situação dolorosa há sempre um ensinamento ou aprendizagem que precisamos retirar, por isso, um determinado tratamento pode funcionar para uma pessoa (porque retirou o ensinamento que essa situação lhe trouxe) e com isso, foi atraída para o tratamento mais eficaz que resolveu o problema, enquanto que para outra, que não retirou qualquer ensinamento, normalmente o tratamento não é eficaz e geralmente o mesmo problema, mas mais grave ou outro problema igualmente grave, vai voltar a aparecer, para que a pessoa retire o ensinamento que não retirou anteriormente, que certamente será fazer algo diferente.

A minha convicção é que quando a pessoa retira o ensinamento devido, o tratamento certo e eficaz vai aparecer associado a novo comportamento e a pessoa, como se de um milagre se tratasse, vai recuperar totalmente e sem recaídas.

Quem nunca ouviu aquela pessoa dizer, depois de se recuperar, que o choque foi tão grande e teve tanto receio de nunca mais ver a família que agora aprendeu a dar mais valor à família e a estar mais presente… e depois vai começar a fazer diferente, se calhar a trabalhar menos, a ajudar mais a família, etc., que pode ser o ensinamento que estava associada àquela doença.

De uma mesma situação de doença ou desconforto, em pessoas diferentes os ensinamentos, que uns e outros vão poder retirar podem ser diferentes, enquanto para uns pode ser por exemplo um ensinamento referente a uma mudança alimentar, para outros pode ser para mudar o estilo de vida… enquanto para outros pode ter a ver com o termo de um relacionamento abusivo, etc..

Não devemos condicionar ninguém a retirar um mesmo ensinamento de uma mesma situação mais ou menos parecida de ou sofrimento, só porque uma outra pessoa retirou esse ensinamento, até porque um mesmo sintoma ou situação mais dolorosa, como disse atrás, pode ter origens muito diversas de uma pessoa para as outras, pelo que o ensinamento a retirar, assim como o comportamento ou situação, que lhe deu origem, deve ser individual e analisado no contexto de cada um, embora alguns exemplos possam ser úteis, mas apenas para avaliar essa possibilidade. O que acontece por exemplo, para realçar a situação que referi, é quando duas pessoas sofrem de um problema igual ou parecido e sujeitas ao mesmo tratamento, uma restabelece-se mais depressa e outra não, pela simples razão de que uma retirou o ensinamento devido e outra não.

E como é que vamos saber qual o ensinamento que um determinado desconforto nos quer trazer? Temos de parar... temos de nos escutar... temos de acreditar na nossa intuição.

Uma forma de nos escutarmos é silenciarmos a nossa mente através de uma meditação e perguntarmos mentalmente (também podemos e devemos pedir ajuda à nossa Equipa do Plano Espiritual, até porque Eles gostam que nós lhes peçamos ajuda), o que é que aquela situação nos quer ensinar e esperar pela resposta que nos vai chegar na forma de intuição ou mesmo através do que vamos passar a fazer de diferente. Não devemos forçar que esse ensinamento nos chegue de imediato, até porque esse ensinamento até já pode ter sido por nós incorporado, numa maneira diferente de fazer ou em um novo comportamento que já estamos a fazer de forma natural e inconsciente.

Acredite que quando questionarmos o que determinada situação mais dolorosa nos traz de ensinamentos, a nossa Equipa do Plano Espiritual vai desde logo ouvirmos e ajudar-nos a ter essa resposta, que pode chagar de várias formas, como uma intuição, como aquela pessoa que aparece na nossa vida a dar uma sugestão, como aquela oferta de trabalho, como a mudança de local, como a mudança de um relacionamento, como a mudança na alimentação, etc. como se *do nada* começasse a aparecer aquilo que precisamos.

Muitas pessoas não acreditam em determinada intuição, pela simples razão de que não lhe vêm coerência em relação às situações pelas quais passaram, no entanto lembre-se de que todos nós já passámos por muitas experiências, quer nesta vida, quer em vidas anteriores e embora a nossa mente inconsciente guarde todas essa experiências, não temos consciência efetiva delas, pelo que, quando alguma intuição que lhe venha não pareça obvia, experimente esse fazer diferente, até porque se fizer o mesmo já sabe que vai ter o mesmo, por isso experimente o novo, na certeza de que no inicio até pode sentir algum desconforto, mas só porque é uma coisa nova. Lembre-se que quando começou a ter maus comportamentos, também não se sentiu bem de início e conseguiu mantê-los, agora com os novos e bons comportamento vai suceder o mesmo, só que nestes vai notar uma satisfação crescente, na certeza de estar a fazer o melhor que sabe, logo, cada vez vai ser vai ser mais fácil estar nesse novo caminho.

Não avalie tudo à luz do que viveu nesta encarnação, pois esta encarnação, mais não é do que uma parte muito ínfima no conjunto de todas as suas encarnações passadas, pelo que, se uma situação lhe não parecer obvia no contexto da sua vida atual, certamente faria sentido se pudesse analisar algum momento de uma vida passada (veja mais esclarecimentos no capítulo *O peso do passado na vida presente*), etc..

Tudo pelo que passamos vai afetar a nossa energia, pela simples razão de que tudo é energia, ou se quiser, tudo é informação e energia, que consoante a sua qualidade se agrupa e vai para determinado lugar que lhe seja afim ou semelhante. Lembre-se que, porque tudo é energia, logo a doença é energia, assim como a saúde também é energia, a pobreza é energia, a abundância é energia, a prosperidade é energia, etc.

Qualquer doença é uma energia negativa que não foi libertada e que ficou presa dentro do nosso organismo e à nossa volta no nosso campo energético, apenas isso, pelo que, ressentimentos, ódios, mágoas guardadas, etc., geram doenças sérias e complicadas, que vão ser mais ou menos graves conforme a crença da pessoa acreditar que é essa a doença que vai ter, associada a esse desconforto.

Quando começamos a analisar tudo o que nos acontece e passamos a dar mais poder à nossa consciência, ou se quiser à nossa mente consciente (para fazermos chegar essas informações à parte inconsciente da nossa mente que vai executar), vamos desde logo começar a trabalhar nas sensações e emoções que estão associadas a determinado comportamento ou reação e onde elas estão situadas ao nível do nosso corpo e deste modo consciente vamos desde logo começar por alterar o modo como o corpo percebe a realidade, pois se nada fizermos as nossas células vão dar-nos sempre as mesmas sensações à luz das nossas crenças e convicções de antes.

Quando iniciarmos estes diálogos com o nosso corpo, devemos ter sempre em conta que a nossa mente inconsciente guarda tudo, até podemos dizer que a nossa mente inconsciente guarda todos os nossos pensamentos, guarda todos os nossos segredos - guarda os segredos da nossa alma.

O nosso espírito (ou a nossa alma), utiliza o nosso corpo como um instrumento para ter novas experiências na matéria, que na qualidade de espírito seria incapaz de experienciar, logo o nosso espírito vai tentar aproveitar todas as nossas experiências para aprender mais. O nosso espírito tem sede de experimentar coisas novas, não como mera distração ou puro prazer, mas antes para evoluir, pois o objetivo último da nossa alma é evoluir, para se aproximar e poder chegar cada vez miais perto da perfeição - a imagem do seu Criador.

As doenças ou desconfortos que sentimos, e se ainda os mantemos, é porque de alguma forma ainda *precisamos* deles. Ninguém está a sofrer *por acidente*.

Se um mesmo sintoma, tem origens diferentes de pessoa para pessoa, também seria lógico haver tratamentos diferentes *na origem*, para aqueles dois sintomas muito iguais, no entanto como os sintomas aparecem iguais a nossa medicina trata os dois da mesma forma, porque não teve em consideração a sua origem.

Vou passar a referir as várias origens que poderão estar relacionadas com as nossas doenças:
- causas físicas: doenças diversas, traumatismo diversos resultantes de acidentes, erros alimentares, etc.;
- causas emocionais: discussões, divórcios, separações, etc.;
- causas mentais: medos, fobias, etc.;
- causas espirituais: carmas que precisamos resolver nesta encarnação;
- etc.

Todas as origens que acabei de referir, que poderão estar na origem das nossas doenças ou desconfortos mais ou menos graves, que vão dar origem às nossas crenças e convicções, poderão depois evoluir para outros sintomas que até se poderão confundir com a causa ou origem dos mesmos, mas na verdade, muitos destes sintomas, são antes uma consequência e não a origem.

Quando uma crença negativa ou de que algo de negativo nos vai acontecer ficar bem registada na nossa mente inconsciente, as nossas células só podem reagir com as sensações em que acreditamos, pelo que, por exemplo, se acredita que vai ter determinada doença se estiver ao sol é provável que vá ter… se acredita que vai ter determinada doença se estiver ao frio pode vir a ter… etc..

Muitas pessoas referem por exemplo: - eu estou doente por causa do frio… ou, eu estou doente por causa do calor, etc., mas na verdade não foi o frio ou o calor que provocou aquele mal-estar, até porque se fosse mesmo o frio ou calor que provassem esse mal-estar, todas as pessoas que apanhassem esse mesmo frio e esse mesmo calor teriam de ficar doentes, logo, se uns ficam com mal-estar e outros não, o motivo são eles próprios ou o que os organismos de cada um estão predispostos a sentir perante determinado estímulo exterior.

Quando uma pessoa tem uma crença enraizada que vai sentir determinado sintoma (que até poderá ser mesmo uma doença mais grave) quando estiver perante determinado estímulo, como por exemplo: o frio, o calor, a água, o pólen, o stress, a raiva, o medo, determinado alimento, determinado relacionamento, etc., é esse mesmo sintoma que vai ter, até porque as células dessas pessoas já estão doutrinadas pela mente das pessoas para lhe dar essas mesmas sensações.

Quando há uma ordem, mesmo que seja em jeito de pensamento ou mesmo mera afirmação de cariz mais positivo ou mais negativo (neste caso de doença), as células dessas pessoas não poderiam dar outro tipo de sintomas, se não aqueles que lhes são indicados, sob pena de lhe estarem a dar sintomas contrários àqueles que a própria pessoa espera… e se há coisa que as nossas células não fazem é ir contra as nossas orientações, sejam elas dadas a um nível mais consciente, ou estejam já essas crenças bem enraizadas a um nível mais inconsciente (que até poderão ter origem espiritual).

Uma das formas de perceber que uma pessoa ainda não retirou qualquer ensinamento de uma situação de mal-estar ou de doença que sofre é, por exemplo, quando transfere a responsabilidade desse seu mal-estar para fatores exteriores, como os que acabei de referir, ou também para fatores hereditários (que apenas podem influenciar, mas apenas se nada for feito, como comprova o Dr. Bruce Lipton, no seu livro a Biologia da Crença), etc., como que desresponsabilizando-se de tudo o que de negativo lhe acontece, como se fosse uma vítima indefesa das situações, o que não é verdade, como espero que comece a perceber.

Para cumprirmos a nossa missão, somos ajudados pelo Plano Espiritual a ter certas inclinações e gostos para cumprirmos com sucesso a nossa missão.

Quando ouvimos ou intuímos os nossos Guias e Mentores do Plano Espiritual e estamos a cumprir ou no caminho, para cumprir a nossa missão de vida, automaticamente somos atraídos para experienciarmos certas experiências que estão alinhadas também com essa energia que estamos a emitir, em vez de outras. Se na missão ou experiências previstas para uma pessoa numa determinada encarnação, estiver, por exemplo um relacionamento amoroso, acha que foi o acaso que fez com que encontra-se a sua *alma-gêmea*? Acredite que quando é para acontecer, quer sejam relacionamento, estar em determinado lugar na hora certa, e muito mais... a nossa Equipa do Plano Espiritual dá uma ajudinha.

A nossa Equipa do Plano Espiritual, sem invadir o nosso livre-arbítrio, vai atrair-nos para os lugares e situações, onde possamos ter as experiências que melhor servem os nossos interesses, quer sejam elas mais ou menos positivas, quer sejam elas de maior ou menor sofrimento ou de maior ou menos satisfação.

Claro que, embora todos nós tenhamos Guias, Mentores e uma Equipa Espiritual que nos guia e que nos influencia (até ao limite do livre-arbítrio de cada um) para termos as experiências que mais nos servem para a nossa evolução, o nosso livre-arbítrio é sempre respeitado, ou seja: podemos ser influenciados pelo Plano Espiritual, mas nunca vamos ser obrigados a fazer algo contra a nossa vontade mais ou menos consciente, a nossa vontade vai ser sempre respeitada, desde que estejamos em condições de decidir o que é melhor para nós.

Embora a nossa intenção quando decidimos reencarnar seja a de cumprirmos a nossa missão e termos as experiências que necessitamos para evoluir, na maior parte das vezes não conseguimos, porque fugimos das situações que nos trazem dor, ou optamos por ter outras experiências que nos afastam da nossa missão.

Quando num passado mais ou menos distante fizemos algo de negativo, na nossa mente pode continuar a convicção de que *só poderíamos ter feito aquilo*, nas circunstâncias em que tudo aconteceu… ou porque acreditávamos que era o melhor, por simples ignorância, porque fomos enganados, traídos, etc..

Quando numa futura reencarnação temos como missão principal limpar um carma, das duas uma: ou vamos aprender pelo amor ou vamos aprender pela dor. Se conseguirmos retirar os ensinamentos, através da energia de amor: que se traduz genericamente em, perante circunstâncias similares no futuro, passarmos a agir com amor, é porque aprendemos a lição pelo amor, já se persistirmos a ter um comportamento negativo, se não mudarmos, com toda a certeza pode ser necessária experiências de dor para tirarmos o ensinamento devido.

A aprendizagem pela dor só é suscitada se for a única forma de retirarmos o ensinamento que precisamos, pois se conseguirmos retirar aqueles mesmos ensinamentos *pelo amor*. As experiências de energia de amor são sempre as primeiras a serem consideradas.

Quanto ao resgate cármico, mais não é do que ajudar o outro na mesma medida em que o prejudicamos de algum modo, o que é da mais elementar justiça, se prejudicamos, agora vamos ajudar.

A minha convicção profunda é de que só passamos por provas dolorosas, como último recurso, ou se a um nível mais ou menos inconsciente e/ou espiritual, não conseguirmos ou não quisermos aprender a lição que uma determinada ação que tivemos causou algum tipo de sofrimento ao outro.

Muitas vezes a pessoa até tem a consciência de que está a fazer mal a si mesmo e aos outros, mas não consegue mudar, até parece que há uma força oculta que o puxa para aquelas situações – como explicar esta situação?

A minha convicção é que, quando somos atraídos para uma das situações que até sabemos que não é o melhor para nós, mas continuamos a fazer, poderá ser uma situação cármica pela qual precisemos de passar, que pode estar a ser potencializada por um ou vários obsessores do Plano Espiritual.

Passarmos pela experiência de dor não é o fim em si mesmo, a dor será o que nos vai obrigar a fazer diferente e a retirar algum ensinamento, porque sofrer por sofrer não traria nenhum ensinamento nem vantagem para o futuro.

Temos de ter a noção que, se numa vida anterior fizemos mal a alguém e se ainda não aprendemos nenhuma lição positiva daquilo que fizemos, vamos ser obsidiados por aqueles a quem fizemos sofrer, que até podermos considerar de alguma forma, justo – porque nós já fizemos isso ao outro, embora quando sofremos de alguém isso não nos dê o direito ou nos obrigue a fazer o mesmo, pois assim, não limpamos carma algum, antes o acrescentamos. Para limparmos carma, temos de fazer diferente e positivo, em relação ao negativo que nos fizeram.

Claro que também podemos sofrer pequenos acidentes, para nos ajudarem a ir em direção à nossa missão ou para evitarmos acidentes maiores, do tipo:

- aquela escorregadela que nos fez cair e nos fez ter mais cuidado quando passamos novamente;

- aquele corte no dedo quando estávamos a cozinhar, que fez com que já não cozinhássemos aquela comida que nos iria fazer mal;
- aquele toque que demos com o carro, que fez com que passássemos a ter mais cuidado na condução e assim evitemos um acidente mais grave, por falta de atenção;
- aquela telha que cai do telhado quando estamos a passar por baixo, que na próxima vez nos fez desviar daquele caminho e ir por outro caminho onde vamos encontrar aquilo que procurávamos;
- etc..

Certamente todos nós já passamos por uma ou mais situações parecidas com as que acabei de referir, que quando analisamos mais tarde, até vamos conseguir agradecer a uma situação menos boa que nos aconteceu que acabou por nos trazer coisas muito mais positivas.

A minha convicção é de que pequenos acidentes são as tais flechas dos nossos Anjos ou chamadas de atenção da nossa Equipa do Plano Espiritual, para nos indicarem para fazermos algo diferente, como nos exemplos que acabei de referir.

Para ilustrar o que acabei de referir, deixo aqui um exemplo que aconteceu comigo:

- Tinha a carta de condução à relativamente pouco tempo, quando numa rua da vila onde habito, dei um pequeno toque em outro carro, pela simples razão de me ter distraído a olhar para a rua. Deste pequeno acidente não resultou nenhum dano físico, apenas uma pequena amolgadela no meu automóvel e no automóvel em que bati. Acontece que, a partir desta altura passei a tomar muito mais atenção na condução que fazia.

A minha convicção foi que, aquele pequeno toque, serviu para evitar, possivelmente um acidente muito mais grave, por passar a conduzir com mais cuidado e atenção. Agora e mais distanciado daquela situação, agradeço aquele ensinamento.

Se analisar bem tudo aquilo que já nos aconteceu e que amaldiçoamos, que até nos possa ter causado algum sofrimento e que até nos possa ter impedido de fazer aquilo que pretendíamos fazer, naquela altura, se calhar agora se analisarmos bem, até nem foi assim tão grave e até pode ter sido o melhor que nos podia ter acontecido, pois fez-nos tomar opções diferentes que se vieram a revelar muito positivas.

Por incrível que possa parecer à primeira vista, à medida que vamos expandindo a nossa consciência, vamos ter cada vez um maior conhecimento do motivo pelo qual uma situação mais ou menos dolorosa que nos está a acontecer ou aconteceu no passado e vamos retirar o ensinamento devido, cada vez mais rapidamente. Sem nos darmos conta, podemos por exemplo, passar a estar com pessoas diferentes… a ter reações diferentes… a ter comportamentos diferentes… a ter uma alimentação diferente, etc…

A cada dia que passa, vamos começar a perceber, de uma forma, mais ou menos conscientes, os ensinamentos que precisamos, se calhar, sem nos darmos conta, vamos passar a estar mais em locais diferentes, em situações diferentes e com pessoas diferentes, em que a energia é mais positiva e assim quase que por magia, vamos afastar-nos dos acidentes e daquilo que nos causava dor, pela simples razão de que, se passamos a estar em lugares de energia positiva, logo vamos estar cada vez mais protegidos.

A nossa paz-interior vai começar a manifestar-se quando começarmos a acreditar que aquelas coisas mais dolorosas que nos estão a acontecer ou que nos aconteceram, têm um fim muito maior e que vai significar um grande bem ou ganho para nós, que a seu tempo, vamos conhecer. Se essa situação mais dolorosa vai significar algum ganho para nós no futuro, porque não agradecermos desde já essa situação?!!

Os nossos Anjos e Guias e toda a nossa Equipa Espiritual que nos ampara (acredite que há muitos Seres a ampararem-nos), porque Eles e nós, embora na maior parte do tempo não estejamos sintonizados na mesma frequência energética (até porque Eles vibram numa energia mais positiva do que nós), mas como Eles não desistem, podem valerse de outros meios para se comunicarem connosco, como: a informação que precisamos vir de outra pessoa, aquele contratempo que nos faz ter outras opções, aquela pessoa que nos aparece com aquilo que precisávamos e não encontrávamos, etc.. Quando pedimos não podemos estar à espera que ajuda aparece de uma forma, pois quando é para ajudar o Criador esmera-se e ajuda mais do que aquilo que pedimos, só não esperemos que Ele apareça à nossa frente com todas as soluções!!

Para exemplificar o que acabei de referir vou aqui contar uma fábula que ilustra bem este assunto:

Um pescador muito religioso e que cumpria todos os preceitos religiosos da sua religião, certo dia quando estava em alto mar a pescar formou-se grande tempestade e o seu pequeno barco começou a meter água e a ficar na iminência de afundar. Ora o pescador como era muito crente, começou a orar a Deus e aos Seres em quem acreditava a pedir ajuda:

- Meus Deus ajudai-me nesta hora de aflição, socorrei-me e não deixeis que o meu barco afunde e que eu possa chegar são e salvo a casa..., foi repetindo cada vez com mais fervor as suas orações e súplicas, acreditando firmemente que, por ser uma pessoa religiosa e crente seria ouvido e seria salvo.

Acontece que a sua oração e sua súplica, chegaram ao Plano Espiritual e desde logo foi promovida ajuda ao pescador:

- Começou por aparecer um outro barco maior que ao ver aquele pescador em dificuldades, aproximou-se e ofereceu ajuda ao pescador, convidando-o a entrar para o seu barco que tinha condições de segurança naquela tempestade, mas o pescador agradeceu e disse:

- Não é preciso, eu acredito que Deus vem salvar-me...

Mais outros dois barcos se aproximaram a oferecer ajuda, mas o pescador mais uma vez continuou com a mesma resposta de antes.

Então, a partir do terceiro barco que apareceu para ajudar e que foi recusado pelo pescador, não apareceu mais nenhum barco a oferecer ajuda, o que fez com que o pescador tivesse naufragado e perdido a vida.

Chegando ao Plano Espiritual, o pescador que tinha morrido naufragado, estava profundamente chateado e logo foi questionar o porquê de não ter sido ajudado:

-Eu que sempre cumpri os preceitos religiosos e que sempre fiz o que me era pedido porque é que Deus não me ouviu?

Respondem no Plano Espiritual:

- As tuas preces e orações foram ouvidas e atendidas de imediato, não mandamos só uma ajuda, mas sim três ajudas, mas tu teimoso como és, recusaste todas as ajudas...

As sincronicidades (positivas ou negativas) são uma das formas do Plano Espiritual nos mostrar aquilo que nos serve ou aquilo que não nos serve, até porque, a menos que sejamos médiuns com capacidades para interagir com o Plano Espiritual, só vamos receber ajuda de natureza mais física e na nossa densidade energética, através de outros, que podem ser pessoas, situações, etc.

A nossa Equipa do Plano Espiritual, também nos pode influenciar da seguinte forma:

- para nos indicarem que estamos a fazer bem e no caminho certo: dão-nos sensações de prazer, ou fazem-nos atrair para irmos para os locais, pessoas, situações, etc., onde vamos encontrar aquilo que precisamos;
- para nos indicarem que não estamos a fazer bem ou nos estamos a desviar do nosso caminho e das experiências e aprendizagens que melhor nos servem: dão-nos sensações ou experiências de dor ou fazem-nos atrair para experiências dolorosas para nos afastarmos daí.

Se reparar bem é assim que um treinador e tratador de animais ensina, ou seja:

- se o animal faz bem é recompensado com um biscoito;

- se faz mal é *recompensado* com uma pequena palmada;
    A associação ao prazer, vai fazer com que volte a fazer, porque quer ter mais prazer… já a associação à dor, vai fazer com que não volte a fazer, pois quer evitar a dor.

Quer o nosso ego, quer o ego dos animais, busca o maior prazer e fugir da dor, logo vai passar a fazer o que está associado ao prazer e deixar de fazer o que está associado à dor.

Muitas vezes para conseguirmos manter os novos ensinamentos e para estes se tornarem crenças e convicções fortes, vamos ter de mudar, vamos ter de fazer diferente do que fizemos até aí, e se vamos passar a fazer diferente não podemos estar junto com outros que continuam a fazer o mesmo, pois aí só podemos fazer igual.

Quando começamos a ter novas crenças e convicções vai ser inevitável que nos afastemos daqueles que pensam diferente de nós e nos aproximemos daqueles que pensam igual a nós, pela simples razão de que aqueles que pensam diferente também estão a fazer diferente, logo, se estão a fazer diferente, uns e outros vão acabar por ir para lugares diferentes onde podem fazer esse diferente.

No fim e, quase sem nos darmos conta, nós e aqueles que pensam igual a nós, vamos estar juntos ou a encontrar-nos cada vez com mais frequência, até porque, nós e eles vamos ter gostos e prioridades iguais ou muito parecidas, que fazem com que nos encontremos nesses locais e/ou com pessoas que vão procurar o mesmo que nós… já daqueles que pensam diferente, vamos cada vez afastar-nos mais, pelas razões opostas.

Não podemos continuar a fazer o mesmo de antes, se pensamos diferente em relação ao que fazíamos antes, pelo que, um dos principais desafios que se me apresentou foi esse mesmo, *fazer diferente, numa sociedade que faz mais do mesmo (igual).*

Se antes, aquilo que fazia se baseava nas crenças e convicções que tinha e se agora as crenças que tenho são outras e diferentes ou mesmo opostas, não posso continuar a fazer o mesmo de antes, sob pena de estar a ir contra as minhas convicções atuais, podendo isso traduzir-se mais tarde ou mais cedo, por manifestar-se em mal-estar físico, mental, emocional e mais tarde até degenerar em doença mais ou menos grave.

Claro que quando estamos inseridos numa sociedade vamos ter de interagir com as pessoas que estão nessa sociedade, não podemos ser radicais sob pena de não nos conseguirmos inserir nessa mesma sociedade, em que, pese embora, não comunguemos dos mesmos ideias, quer queiramos, quer não, ainda estamos inseridos nela e temos de estar minimamente inseridos, até para podermos sobreviver fisicamente.

O desafio está, pois, em conseguir estarmos inserido numa sociedade com valores e prioridades muito diferentes dos meus, mas mesmo assim, conseguir sobreviver com dignidade sem abdicar dos nossos princípios fundamentais e continuar a estar inserido minimamente naquilo que é essencial nesta sociedade.

O que é importante é que cada um que tenha este tipo de convicções diferentes em relação à sociedade em que está inserido, embora tenha de ceder em algumas situações (pois vai ter de respeitar as opções dos outros, que são a maioria) por outro lado, deve, sempre que possível procurar opções diferentes e/ou afastar-se para poder tomar as suas opções.

Se mudamos radicalmente nas nossas prioridades e opções (por não serem compatíveis com os novos ensinamentos), devemos depois procurar outras alternativas... no meu caso, posso referir que as situações que fazia e que não são compatíveis ou são mesmo opostas em relação aos novos ensinamentos, são referentes: - ao trabalho: agora o trabalho tem de promover e/ou contribuir para gerar energia positiva; - rendimentos: - agora sei que não preciso de ter cada vez mais rendimentos para comprar aquilo que não contribui para a minha evolução, agora sei que mais importante do que *ter mais* é *ser mais*; alimentação quase vegan: - por muitos razões que refiro neste livro; etc.

Quando mudarmos vai haver uma natural e saudável separação entre uns e outros, simplesmente porque o caminho que uns escolheram é diferente do dos outros.

O caminho de cada um, vai ser sempre um processo solitário, por mais que algumas pessoas declarem a sua fidelidade uma à outra (até que a morte nos separe!), até porque vão estar a garantir uma coisa que não sabem se vão poder cumprir, por muitos fatores, sendo um deles a morte física de um deles (em alturas diferentes), mas também a separação (entre casais), ou mesmo desavenças diversas, no entanto em algumas situações mais ou menos pontuais e mais ou menos prolongadas no tempo, podemos ter a companhia de alguém que nos é querido, mas mais tarde ou mais cedo teremos de fazer o nosso caminho apenas só nós mesmos, na certeza de que cada um precisa de experiência diferentes.

Se fizermos depender o nosso caminho e evolução, espirituais de outra pessoa estar connosco e nos acompanhar, estarmos a colocar uma enorme responsabilidade no outro (e fora de nós), que na maioria das vezes não tem essa noção, porque não lhe dissemos, muitas das vezes apenas supomos que outro vai estar ali sempre ao nosso lado, nem que seja por *obrigação.*

No nosso caminho e evolução espirituais, deveremos desapegar-nos de tudo (à semelhança dos grandes Mestres e Avatares da humanidade, como Jesus, Buda ou Maomé) que partiram sozinhos na busca da iluminação (embora mais tarde se tenham juntado a Eles os seus discípulos).

O desapego que temos de ter nesta caminhada, pode não ser apenas da nossa família (Buda que era um Príncipe deixou toda a sua fortuna e a sua esposa e filho recém-nascido), mas também do trabalho que fazemos, do lugar onde vivemos, da casa onde moramos e muito mais... todo o apego vai prender-nos e não vai contribuir para que possamos seguir rumo à nossa evolução espiritual.

O que temos de perceber é que o desapego em especial de pessoas, nunca pode significar falta de amor, antes pelo contrário, pois ao nos desapegarmos de alguém, estamos não só a dar liberdade àquela pessoa para fazer e estar onde quiser, como também nós vamos passar a sentir-nos mais livres de seguir o nosso caminho sem dependermos de uma *bengala* que mais tarde ou mais cedo nos poderia faltar e assim vamos já estar preparados, quer para *estar com,* quer para *estar sem,* sem que isso nos possa afetar em grande grandemente, ou como diz o ditado – *para melhor, está bem, está bem... para pior já basta assim.*

O desapego de pessoas pode significar mesmo que tenhamos de deixar a nossa família mais chegada, mas isso, ao contrário, de até poder ser um drama ou ser considerado como abandono, poderá e deverá ser entendido como algo que vai trazer vantagens a todas as partes: a quem se desapega, porque vai poder seguir a sua missão, sem entraves; à família, porque não vai ser responsabilizada por reter alguém contra a sua vontade.

O que devemos compreender e aceitar é que o caminho de cada um, um dia, mais ou menos distante, vai ser solitário, pelo que devemos estar e ajudar aqueles que nos estão mais próximos até quando pudermos e até quando essa proximidade seja útil tanto para nós como para essas pessoas, quando isso não acontecer, devemos libertar-nos desse apego para podemos seguir na nossa jornada.

AUTO-SABOTAGEM E GANHOS SECUNDÁRIOS

Por incrível que possa parecer à primeira vista, nós somos os únicos responsáveis por tudo aquilo que nos acontece.

Pode parecer forte para alguns, a afirmação que acabei de referir, mas na verdade, somos nós que a nível mais ou menos consciente, escolhemos as experiências que mais nos servem.

O nosso ego vai sempre atrair-nos para aquilo que nos dá prazer e satisfação e vai tentar afastar-nos para aquilo que nos causa dor e sofrimento, ou seja, para o nosso ego, o que conta é conseguir o máximo de prazer com o mínimo de sofrimento.

Embora o nosso ego procure sempre o maior prazer ou conforto com o mínimo de esforço ou dor, já para o nosso espírito pode ser necessário que tenhamos uma experiência de dor e sofrimento para retirarmos algum ensinamento, isso pode significar que vamos ter de confrontar o prazer que o nosso ego quer ter, com o sofrimento que nosso espírito quer experienciar para retirar algum ensinamento.

O ego, até ser devidamente elucidado – o que só vai acontecer quando expandirmos a nossa mente através de novos ensinamentos e práticas -, se por um lado vai apreciar quando numa determinada encarnação temos as ferramentas ou meios considerados mais positivos, como: boa saúde, boa aparência, boa situação económica, bons relacionamentos, etc., já o mesmo não vai acontecer quando encarnamos com ferramentas menos positivas (na ótica do ego), como: doença, má aparência física, pobreza ou má situação económica, maus relacionamentos, etc.., pois nestas últimas situações, aquilo que o ego busca que é maior prazer com menos esforço, está comprometido, logo vai tentar por todos os meios livrar-nos dessas situações.

Não é de todo negativo que o nosso ego nos tente livrar de situações mais dolorosas, o que pode acabar por não ser positivo para nós é quando nos livramos dessa dor ou sofrimento sem retirarmos qualquer ensinamento.

O que nós temos de fazer perceber ao nosso ego é que nós temos as capacidades ou falta delas, os talentos ou falta deles, a saúde ou falta dela, etc., na medida certa para levarmos a efeito com sucesso a nossa missão, ou para nos ajudar a impedir de fazermos o que não devemos (no caso de termos alguma situação mais limitante).

Claro que convencer o ego de que: o sofrimento, a má aparência física, maus relacionamentos, má situação económica, etc., são o melhor para nós ou servem um propósito mais grandioso, não é uma tarefa fácil, pois ele está doutrinado para pensar diferente pela educação que tivemos, por isso temos de ensinar o nosso ego do porquê deste nosso pensar, o qual pode ser conseguido com muita investigação (pode começar pelas Fontes que indico no final deste livro) e perseverança. Quando fizermos com que o nosso ego acredite que aquelas situações negativas, vão ser-nos úteis, vai ser tudo cada vez mais fácil.

O que geralmente acontece é que poucos de nós tentam convencer o ego de que essas limitações são bons meios para nós. A maioria de nós, porque não tem esta noção e/ou acredita, deixa que o ego lide com a situação, e aqui é que tudo se vai complicar, porque o ego não vai olhar a esforços para nos livrar da dor e sofrimento, com ou sem ter retirado algum ensinamento dessa situação.

Se, por exemplo temos uma limitação e o ego não a aceita, isto vai fazer com que o ego nos crie uma sensação de revolta e mais tarde uma sensação de resignação e aceitamento desse sofrimento, que até pode achar merecedor.

Claro que se o ego achasse merecedor um determinado sofrimento e daí retira-se os ensinamentos devidos, haveria tendência a que essa sensação de revolta ou resignação fosse atenuada ou mesmo extinta por haver sido retirado o ensinamento devido, mas normalmente não é isso que acontece e a sensação de revolta ou resignação tende a sabotar todas as tentativas para reverter a situação.

Não vai ser fácil a luta para convencermos o nosso ego, de que essas situações mais negativas ou dolorosas, podem ser o que melhor nos serve, mas é possível, só temos de convencer o nosso ego que isso é o melhor para nós, que apenas temos de tirar o ensinamento adequado, o mais depressa possível, para aí sim essa dor ou sofrimento desaparecer de forma natural e saudável, como sempre foi objetivo do ego, só que agora com meios diferentes e com algum sofrimento, mas o mesmo objetivo de antes.

O que vai acontecer é que se não nos desligarmos, de todas as aprendizagens e ensinamentos do passado, que nos levaram a pensar e a agir desse modo, antes e agora, através das influências que recebemos de todos os lados (desde os meios de comunicação social, desde os nossos pais e professores até à sociedade em geral), esta luta tem tendência a ser ganha pelo ego e assim podemos passar mais uma encarnação *em branco* sem que tenhamos evoluído aquilo a que nos propusemos.

A luta entre o nosso espírito e o nosso ego, quando acontece de forma inconsciente o nosso ego tem tendência a ganhar, até porque, quase tudo à nossa volta apoia o que o ego busca para nós que é: *menor esforço/dor e maior prazer.*

Se sentimos ou acreditamos que merecemos determinado sofrimento (antes de pensarmos em tirar algum ensinamento), vamos ser atraídos para os lugares, pessoas, situações, etc., onde possamos experienciar essa dor ou sofrimento que acreditamos merecer e de que acreditamos ser vítimas;

Muitas pessoas pensam constantemente em doenças ou amaldiçoam a vida que têm e depois culpam situações externas de estarem se sentir-se desse jeito.

O que acontece é que quando emitimos algum pensamento, mesmo que de forma inconsciente, as células do nosso organismo vão desde logo tratar de nos dar as sensações que lhes estamos a transmitir:

- Se pensamos ou dizemos que nos sentimos doentes, as nossas células vão desde logo dar-nos sensações de doença... se pensamos ou dizemos que nos sentimos bem e de boa saúde, as nossas células vão desde logo dar-nos sensações de saúde e bem-estar;
- Se nos estamos a sentir revoltados, as nossas células vão desde logo providenciar para nos darem sensações no nosso corpo que expressem essa revolta... se nos sentimos em paz, as nossas células vão agora providenciar para nos darem essas sensações de paz.

As nossas células nunca nos poderiam dar sensações diferentes em relação àquilo que pensamos, pela simples razão de que, se assim fizessem estariam a trabalhar contra as indicações que estão a receber da nós, da nossa mente e isso elas nunca vão fazer.

É muito importante ter a noção de que, um mero pensamento é desde logo uma ordem para as várias dezenas de triliões de células que compõem o nosso organismo e que são responsáveis pelas nossas sensações. Não precisamos falar em voz alta, apenas um mero pensamento, crença ou convicção, vai fazer despoletar em nós uma determinada sensação.

Dirá agora o leitor:

- Como posso pensar ou dizer que me sinto bem, para passar essa informação para as minhas células e para elas me darem boas sensações, se o que, eu estou a sentir agora não é sentir-me bem? Se eu pensasse ou dissesse que me sentiria bem estaria a mentir a mim mesmo...

Claro que quando a pessoa não se sente bem, se pensar ou falar a outros que se sente maravilhosamente bem, vai sentir que está a pensar ou a dizer uma mentira e aí vai haver um conflito entre o que está a dizer e o que está a sentir, ao pensar ou ao dizer essa afirmação. O que Louise Hay aconselha nestas situações é de ir avaliando qual o pensamento ou afirmação mais positivos que nos trazem as melhores sensações e irmos evoluindo cada vez mais nessas afirmações para ver até onde conseguimos ter as melhores sensações com afirmações cada vez mais positivas.

Quando a pessoa não se sente bem, já vimos que tem de alterar o pensamento original (até porque o pensamento antecede sempre a ação), para o mais positivo que conseguir.

O ideal seria que, uma pessoa que, por exemplo se sente doente, comece por pensar e dizer que se sente maravilhosamente bem, mas como dissemos atrás, esta afirmação pode soar a estarmos a mentir, convém, pois, avaliar antecipadamente, de forma mental ou mesmo oral, qual é o pensamento que vai dar origem à sensação mais positiva que essa pessoa vai conseguir aceitar

Para sabermos até que ponto conseguimos aceitar uma afirmação positiva sobre determinada situação, vamos começar por dizer mentalmente ou em voz alta uma afirmação positiva em relação a essa situação e depois vamos avaliar como nos sentimos... se sentimos desconforto é porque essa afirmação é positiva de mais... se nos sentimos confortáveis é porque aceitamos essa afirmação.

A forma como nos sentimos perante, não só as afirmações mais positivas que fazemos, mas perante todas as demais situações – como refere Louise Hay – é o que determina se nos estamos a dirigir na direção certa que precisamos: boas sensações, indicam que é esse o caminho... más sensações, indicam que não é esse o caminho (embora possa haver lições a retirar para irmos por outro caminho).

Muitas pessoas quando as colocamos perante a necessidade de terem de reverter pensamentos negativos para pensamentos positivos argumentam que não conseguem pois na sua vida toda essa situação é muito grave, como poderiam arranjar pensamentos mais positivos, se tudo lhes corre mal? Costumo dizer que, se uma situação está tão má que não pode ficar pior, é porque então a tendência só pode ser melhorar... se já estamos no fundo, não podemos descer mais.

Outra sugestão que costumo dar é no sentido de avaliar quanto é que determinada situação pode melhorar... 1% por dia... 2% por dia... ou mais, ou menos... ou então: - *a pouco e pouco vou melhorando...*, - *sei que consigo, pois muitos que estiveram nas mesmas situações também conseguiram...*, etc.

Todos nós conseguimos melhorar... a questão não é tanto o quanto melhoramos, mas se estamos dispostos a fazer algo (nem que seja só uma simples afirmação positiva.

Quando entramos num caminho positivo sabemos que o que custa mais é sempre o primeiro passo, até porque vamos entrar num caminho diferente, mas depois deveremos ter a certeza que estando no caminho certo (boa energia), vamos cada vez mais atrair coisas e situações que se alinhem com o novo comportamento que vai tornar cada vez mais fácil e mais rápida a nossa caminhada.

Outra forma de avaliarmos que aceitamos certos pensamentos ou afirmações mais positivos, é a forma como nos sentimos quando os verbalizamos ou mentalizamos: se nos sentimos mais tensos ou com más sensações é porque não aceitamos esses pensamos; se nos sentirmos mais relaxados e com boas ou melhores sensações, é porque aceitamos esses pensamentos ou palavras, ou seja, se nos sentimos bem é porque aceitamos, se não nos sentimos bem é porque os rejeitamos.

A propósito do que acabei de referir passo a relatar uma experiência que comprova a perfeição com que o Criador fez o nosso corpo e o seu funcionamento:

Várias terapias usam uma técnica que serve para o organismo *falar* connosco e nos indicar, por exemplo, o que precisamos mudar ou qual o órgão interno que está debilitado, etc..

Começo por referir uma técnica que é usada em várias terapias, nomeadamente: Kineseologia, na terapia da Medicina da Energia e também na terapia PSYCH-K (de que tenho formação). Passo a explicar como se processa, em Psych-K:

- Esta técnica baseia-se na máxima de que, quando falamos ou pensamos verdade, ganhamos ou mantemos a nossa energia… já se pensamos ou falamos mentira ou incorreto, perdemos energia…
- Vamos avaliar este ganho ou perda de energia, depois de fazermos determinadas perguntas à pessoa…
- Vamos primeiramente testar uma resposta positiva, dizendo á pessoa para dizer o seu nome e testamos… e depois vamos testar uma resposta negativa… podemos pedir para a pessoa dizer que se chama de um nome diferente do seu e vamos testar…
- O teste é feito da seguinte forma: mandamos esticar um dos braços na lateral do corpo e dizemos à pessoa para o manter nessa posição… e depois de fazermos a pergunta e ouvirmos a resposta da pessoa…vamos pressionar para baixo no braço da pessoa e o que vai acontecer é simplesmente espantoso: se a resposta for positiva a pessoa mantém a força e o braço mantém-se sensivelmente na mesma posição… se o que ela disser não for verdade, o braço perde força e com uma leve pressão conseguimos deslocar o braço para baixo.

Até nesta técnica podemos ver a perfeição da Criação Divina, ou seja, com uma resposta positiva que é a nossa essência, ou o sermos verdadeiros e sinceros... não perdemos ou ganhamos mesmo força e energia, já, se pelo contrário, vamos contra a nossa essência e não dizemos ou pensamos a verdade, vamos perder energia.

Se, constantemente, fugimos da verdade, estamos a ir contra a nossa essência e um dos resultados visíveis é o nosso mal-estar que se vai traduzir nessa falta de energia e mais tarde poderá dar origem certamente a doenças mais ou menos graves. Aqui também, as doenças podem ser o meio que nos vai obrigar, pela dor, a retirar um novo ensinamento que nos indica que, porventura estivemos durante muito tempo a não dizer e a não fazer a verdade, quer para nós, quer para os outros.

A terapia do Psych-K é usada para reverter crenças que adquirimos e que na generalidade das situações, nos estão a influenciar negativamente, para alcançarmos determinado objetivo.

O processo para reverter uma crença através da Psyc-k, embora sendo rápido (pode demorar apenas alguns minutos, ao contrário da hipnose que normalmente demora mais tempo, pois é necessário um relaxamento físico e mental), vai implicar um tempo de *silêncio* interno da pessoa, para ela *fazer um diálogo mental com ela própria* e saber quando a crença negativa ficar revertida, através da nova e agradável sensação (vai sentir-se mais relaxada ou com uma melhor sensação) que vai sentir depois de esclarecer e negociar consigo mesma a nova crença que vai substituir a anterior... a partir daqui e depois de alguns segundos vai *gravar* este novo ensinamento ou crença (através de uma posição das mãos)... por fim é feito novo teste muscular a essa crença e vamos verificar que agora já deu uma resposta positiva, ou foi revertida.

Para explicar melhor como certas crenças nos condicionam sem que tenhamos consciência que nos estão a afetar – pois a grande maioria delas foi-nos ensinada em tenra idade ou de forma mais ou menos inconsciente -, passo a citar o que o Dr. Rob Williams, que desenvolveu a terapia Psych-K, referiu numa palestra (10):

Na minha opinião há a mais profunda ignorância na psicoterapia convencional que é de tentar mudar uma crença subconsciente, usando meios conscientes... está visto que são coisas diferentes e que por isso não é surpresa que não funcionem muito bem... o inconsciente gosta de segurança e do que lhe é familiar o consciente gosta de descobrir (...) o consciente apenas consegue processar três situações ao mesmo tempo o que equivale a 200 bits/segundo, enquanto o inconsciente consegue processar um sem número de situações e consegue processar quatro milhões de bits/segundo...

Mais à frente o Dr. Rob Williams, exemplifica esta terapia, chamando ao palco uma pessoa da assistência e começa a exemplificar: Em primeiro lugar foi avaliada se a crença de: *mereço sucesso e felicidade na vida -*, era aceite e era uma verdade na mente inconsciente dessa pessoa. Na continuação da demonstração, foi verificada que esta crença não era aceite pela mente inconsciente dessa pessoa. Refere o Dr. Rob Williams que:

- isso significa desejar com todo o coração e até mais, mas não tem o programa apropriado... o que acontece é que você refere de forma consciente: - eu realmente quero que isto aconteça... mas a subconsciente diz: - desculpe mas não tenho o programa para processar isso (...).
depois segue-se o processo de mudança de crença através desta terapia que dura entre 2 a 5 minutos.

Na terapia Psich-k, antes de se iniciar o processo de remover a crença negativa para a aceitação da crença positiva, é perguntado:

- *é seguro e apropriado fazer um equilíbrio para esta meta agora? e*
- *todas as partes apoiam esta mudança?*

Durante o processo de mudança da crença é efetuado um *diálogo interno* até que seja aceite a nova crença, com o devido ensinamento. Como vimos também nesta terapia a base da mudança é o ensinamento ou aprendizagem de forma mais ou menos consciente que vamos retirar que vai potencializar a mudança, até porque quando se pergunta *se é apropriado fazer aquela mudança*, tal situação vai ter subjacente o ensinamento que vai ser preciso retirar. Por aqui se vê a importância de retirarmos algum ensinamento, também aqui, para o sucesso desta técnica terapêutica.

Como já disse, acredito que todas as mudanças, incluindo a mudança de crenças e convicções (que poderão estar na origem do nosso sofrimento), para serem efetivas e duradouras terão de ser apreendidos, de forma mais ou menos consciente, os ensinamentos ou aprendizagens que essas situações traziam consigo e, na terapia Psych-K, esta aprendizagem é estimulada, quer nas perguntas iniciais que referi, quer no processo de mudança de crença através de diálogo interno que a pessoa vai fazer consigo mesma (pois o ensinamento tem de vir da própria pessoa) vai ser possível reter o ensinamento que aquela situação trazia consigo.

A generalidade das terapias ditas holísticas, tem subjacente sempre algum ensinamento que teremos de retirar, sem o qual, a técnica terapêutica não vai resultar. Por este fato, e por experiência própria, verifiquei que, uma mesma técnica terapêutica, pode resultar muito bem numa pessoa e não resultar em outra, sendo que, a principal razão para isto acontecer é o ensinamento que a pessoa tem de retirar em alguma fase do processo de tratamento, que é feito por algumas pessoas e não é feito por outras.

Na generalidade das terapias holísticas é promovido um tempo de silêncio e/ou relaxamento para podermos fazer esse diálogo interno, sendo que esse silêncio é para nos podermos ouvir (intuitivamente) e sentir (o relaxamento muscular ou não, pode ser uma boa indicação).

A nossa mente inconsciente como disse o Dr. Rob Williams, é uma autêntica máquina ultra potente de processamento de informações, que quando é acessada, podemos alterar qualquer programa de comportamento, ou seja, sempre que um programa de comportamento não nos serve, podemos alterá-lo, com inúmeras técnicas e terapias, como a terapia Psych-K, a hipnose clínica e muitas outras.

Relativamente à hipnose clínica também existem variadas técnicas para alterar programas inconscientes de comportamento, vou aqui passar a referir duas: uma que dá pelo nome de *hipno-dessensibilização sistemática* e outra: a *regressão,* para termos a noção da força da nossa mente inconsciente e de como ela nos pode ajudar a retirar os ensinamentos que precisamos de determinada situação.

Na hipno-dessenssibilização sistemática ordenarmos à nossa mente inconsciente para rever determinado acontecimento até achar as melhores sensações (que na maioria das vezes estão associadas a determinado ensinamento)... o que vai acontecer é que, mais tarde ou mais cedo ela vai indicar-nos o ensinamento ou sensação que lhe pedimos, porque a nossa mente inconsciente está ao nosso serviço e se lhe dissermos que vamos esperar até que ela retire o ensinamento devido, ela como nos quer servir, não vai demorar muito tempo a perceber e a indicar-nos o ensinamento (mesmo que o não percebamos conscientemente) que pretendemos.

Relativamente à regressão (que tanto pode ser a vidas passadas como a um momento dessa vida do passado) é pedido à pessoa para recordar um acontecimento do passado que está relacionado com a situação dolorosa que quer tratar... de seguida e quando a pessoa consegue recordar esse acontecimento (todas as pessoas têm esta capacidade, mas muitas, por receio ou medo não permitem que isto aconteça), vamos pedir-lhe para recordar determinadas situações que se passaram e por fim e como *tratamento* vamos pedir-lhe para trazer algum ensinamento dessa situação para a vida presente – o que vai acontecer, até porque, como disse atrás, quando ordenamos algo à nossa mente inconsciente e lhe indicamos que estamos à espera de algo, ela vai dar-nos essa indicação o mais depressa possível. Normalmente e para a pessoa se não pressionar demasiado, um ensinamento que eu sugiro que possa ser retirado, porque normalmente são situações traumáticas ou dolorosas que foram revividas, pode ser: - *se eu sofri com aquilo, logo não vou fazer aos outros.*

Como a nossa mente inconsciente em primeiro lugar gosta de nos ser prestável vai dar-nos aquilo que lhe pedimos o mais brevemente possível.

O que na verdade vai acontecer é que quando confrontarmos a nossa mente inconsciente com determinado cenário que antes nos causou dor e sofrimento, mas que agora lhe ordenamos que retire ensinamentos e/ou boas sensações (até poderemos dizer ou mentalizar que enquanto não tirarmos esses ensinamentos vamos continuar à espera), vamos ver que, cada vez que trazemos imagens e/ou recordações dolorosas e as fazemos passar vezes sem conta, ou de forma mais ou menos rápida na nossa mente, aquelas sensações menos agradáveis vão-se desvanecendo, como se de um filme de terror que vemos, que, a cada vez que o vemos novamente vamos descobrir coisas novas e deixar de nos causar aquele medo inicial, pelo simples facto de que, cada vez sabemos melhor o que vamos ver e sabemos que não é assim tão grave e, com isso, vamos libertar a nossa mente para poder encontrar os ensinamentos positivos dessa situação que lhe pedimos.

Como diz Rob Williams, embora nós de forma consciente queiramos alterar certas crenças e convicções – como no exemplo que disse atrás – essa informação terá sempre de chegar à nossa mente inconsciente, o que na maior parte das vezes não acontece, geralmente aquele ensinamento apenas chega à parte consciente da nossa mente, mas esta parte da nossa mente não consegue alterar os programas que estão na nossa mente inconsciente, a menos que os façamos lá chegar.

Para que estas crenças sejam alteradas ao nível da nossa mente inconsciente, para terem o efeito pretendido, podemos usar várias técnicas e/ou terapias, destaco duas que eu conheço pessoalmente: a terapia Psych-K que referi atrás e a Hipnose Clínica. Haverá certamente outras técnicas, como por exemplo a meditação guiada, etc., mas o que é importante ressalvar é que, estas técnicas terapêuticas irão resultar totalmente, parcialmente ou não resultar, de acordo com o empenhamento da pessoa em fazer o que lhe vai ser solicitado.

Muitas vezes certos comportamentos são menos fáceis de alterar, por estarem associados a ganhos secundários relevantes para essa pessoa. Mas afinal o que é que são ganhos secundários?
- Ganhos secundários, são aqueles que a pessoa tem na situação em que se encontra e que a um nível mais ou menos consciente valoriza mais do que os ganhos que teria se não tivesse essa situação mais dolorosa.

Por exemplo, aquela pessoa que prolonga uma doença (normalmente de forma inconsciente), pois a mente inconsciente dela ao pesar o que ganha e o que perde com essa doença, decide que o melhor para ela é continuar doente.

Quais poderão ser os ganhos secundários que podem estar a fazer com que determinado tratamento não resulte? Imaginemos aquela pessoa que tem um trabalho de que não gosta, que tem colegas de trabalho que detesta, que tem de se levantar muito cedo para trabalhar, que tem de trabalhar ao frio e ao calor excessivos, que não tem tempo para estar com a família, que recebe apenas o salário mínimo, etc. Nesta situação os ganhos secundários podem ser mais significativos e mais valorizados de forma inconsciente, em relação a não ter essa doença, porque:

- ao ficar em casa, não vai ter de ir para um trabalho que detesta;
- não vai ter de se levantar cedo;
- não vai ter de trabalhar ao frio e à chuva,
- vai ter tempo para estar com a família,
- vai poder receber quase o mesmo ordenado por estar de baixa médica,
- etc..

Nestas situações a mente inconsciente da pessoa pode achar que tem mais ganhos estando doente, do que estando de boa saúde e a trabalhar.

O que na maior parte das vezes acontece é que a nossa mente, principalmente a nossa mente inconsciente, mas também a um nível mais consciente (por excesso de zelo, até porque nos querem servir exemplarmente) tendem, não só a manter aquela situação, como a agravar o estado de saúde, até porque (se nada de contrário for feito), pode estar associado na mente da pessoa a informação de que: *se esta doença me dá ganhos secundários superiores ao que tinha... uma doença mais grave poderá dar-me maiores ganhos secundários...*, e assim ser mais difícil reverter essa situação.

Se nada for feito, numa situação de ganhos secundários evidentes, a tendência vai ser que a mente inconsciente da pessoa continue a procurar (de forma mais ou menos inconsciente) razões que confirmem aquela situação e todos nós sabemos, que há semelhança da técnica de hipno-dessensibilização sistemática em que ordenamos à nossa mente inconsciente que vamos esperar até que ela nos consiga dar boas sensações perante determinada situação e ela vai conseguir isso para nós no mais curto espaço de tempo possível, também aqui, se ordenamos (mesmo que de forma inconsciente), que vamos esperar até ela nos dar más sensações, é isso que ela vai fazer o mais rapidamente possível.

Também no caso de uma doença com ganhos secundários evidentes, a nossa mente vai arranjar cada vez mais situações para nos manter com aquela doença ou desconforto, até que nós lhe ordenemos de forma mais consciente que isso não é o melhor para nós.

À semelhança do que acontece com a medicina tradicional, que até parece que salva da morte toda a gente (pois quando alguma terapia não salva da morte é apontada como causa da morte, mas o mesmo não acontece com a medicina tradicional, como se por exemplo nos Hospitais não morresse ninguém), muitas vezes técnicas terapêuticas, podem não resultar por diversas razões, que podem ir desde a crença da pessoa naquela terapia (e sabemos que o efeito *placebo* ou mesmo *nocebo* é dos mais importantes para o sucesso de um tratamento mais holístico), etc., mas essencialmente pode ser porque a pessoa ainda não está preparada para retirar o ensinamento que aquela situação lhe traz, que será sempre fazer algo diferente – pois conhecimento sem ação tem efeito nulo.

Muitas pessoas querem resultado diferente, mas a continuar a fazer o mesmo, pelo simples facto de que estão habituadas a que o comprimido do Sr. Doutor trate de tudo sem elas terem de mexer uma palha, quando na verdade o que o comprimido do Sr. Doutor está a fazer é a tratar um sintoma e não a secar origem desse mesmo sintoma.

Como já referi atrás, a doença ou outras limitações mais ou menos dolorosas, podem, na verdade, ser o melhor que nos pode acontecer, ao servirem para nos impedir de fazer o que não acrescenta nada no nosso processo evolutivo ou que até podia fazer-nos de alguma forma regredir, ou perder tempo precioso na nossa caminhada evolutiva.

Muitas pessoas deparam-se durante a vida com estas limitações e amaldiçoam a vida a e a situação que enfrentam, no entanto enquanto se mantiverem neste registo e não se libertarem destas convicções, a tendência será para que aquelas limitações permaneçam, pois, a lição que elas traziam ainda não foi apreendida.

Uma forma muito comum de nos sabotarmos é quando temos crenças e convicções muito negativas, vamos fazer com que o nosso organismo ou as nossas células optem por não aproveitar a boa energia que até lhe podemos estar a enviar em forma de alimentos saudáveis, estilo de vida saudável, etc. e porque é que isto acontece? Pela simples razão de que energia positiva não serve para criar energia negativa e pode ser descartada ou não aproveitada convenientemente.

Antes de mais convém referir que o simples ato de prestar atenção para determinada coisa ou situação – que poderá ser a nossa doença, vamos desde logo, estar a dar energia a essa coisa e a fortalecer isso, a menos que quando olhemos ou falemos emitamos logo um pensamento (energia) de amor ou de reversão daquilo que estamos a ver, se for uma situação negativa.

Um outro comportamento que podemos ter para não pensar ou falar em determinada situação negativa (para evitarmos fortalecer isso), será programarmo-nos antecipadamente, que não é mais do que, fazemos chegar à nossa mente inconsciente a informação ou a ordem para não pensarmos, falarmos ou reagirmos, perante determinada coisa ou situação. E como é que vamos fazer isso?

Antes de mais, convém referir que, se não dissermos às nossas células que queremos novas e diferentes sensações ou reações perante determinada situação, a nossa mente inconsciente vai ordenar-lhes para reagirem da mesma forma de antes, em situações mais ou menos similares no futuro.

Temos então de dizer às nossas células que queremos um novo comportamento e para isso acontecer, como já vimos atrás temos de fazer chegar esta informação à nossa mente inconsciente, pois é de lá que partem as ordens para as nossas células atuarem.

Para esta nova informação chegar à nossa mente inconsciente, existem várias formas, já aqui referi duas técnicas de dua terapias: - a Hipno dessensibilização sistemática na hipnose clínica e a terapia Psych-K, mas existem outras técnicas e terapias que podem permitir esta mudança, como: a meditação, a visualização criativa em estado de relaxamento profundo, etc.. Para que todos possam experimentar, vou aqui referir, a técnica mais fácil que poderá ser a *visualização criativa:*

Para fazer a técnica da visualização criativa, aconselho que seja feita todas as manhãs, antes de se levantar – para programar o seu dia; e antes de se deitar para programar a sua noite de sono:

A visualização criativa consiste em, num estado de relaxamento físico e mental – em que a nossa mente consciente não precisa de estar ativa e por isso se desliga ou fica em stand-by, permitindo assim que as informações que estamos a dar cheguem mais facilmente à mente inconsciente e por isso, cheguem, sem 'censura' às nossas células, para um novo comportamento.

A seguir algumas afirmações que podemos mentalizar ou mesmo verbalizar:

- *para falarmos mais em saúde (pois devemos sempre referir o positivo) e esquecermos a doença: "- a partir de agora a minha saúde melhora a cada dia que passa";*
- *para reagirmos com calma numa discussão: "- a partir de agora quanto mais stress houver numa discussão, cada vez mais calmo vou ficar, pois eu sei que a melhor forma de reagir numa discussão é manter a calma...";*
- *para o nosso organismo aproveitar os bons nutrientes e rejeitar os maus nutrientes: " – a partir de agora o meu organismo e as minha células aproveitam os bons nutrientes e eliminam ou não aproveitam os maus nutrientes, pois são os bons nutrientes que me servem para dar boas sensações...";*
- *para tratarmos uma determinada doença: "– eu sei que o meu organismo e as minhas células sabem como curar esta doença e eu ordeno que isso, seja feito a partir de agora...";*
- *para reagirmos com mais energia e entusiasmo: "- eu sei que é quando estou a perder que devo ter calma, sei que resolvo melhor as coisas numa discussão se me mantiver calmo, sei que é quando estou a perder no desporto que me devo manter mais concentrado e focado e confiante...".*

Deveremos fazer estas pré-programações, de preferência de manhã, enquanto ainda estamos na cama e quando estamos o mais relaxados possível, ou então à noite antes de adormecer e também quando estivermos o mais relaxados possível, sempre que quisermos alterar estes ou outros comportamentos ou reações.

Por exemplo ao nível da alimentação, notamos que, se não programarmos o nosso organismo e as nossas células para passarmos a gostar dos alimentos mais saudáveis e para que elas possam aproveitar esses bons nutrientes e descartarem os maus, elas poderão não o fazer, ou seja, poderão não gostar dos bons alimentos e não aproveitar os bons nutrientes e podem até fazer o oposto, ou seja, gostar dos maus alimentos e aproveitar os maus nutrientes e descartar os bons nutrientes… e porque é que isto acontece?

Quase todos os exemplos que dei atrás, pelo negativo (mas o mesmo funciona para o lado positivo), pode levar o nosso organismo a não aproveitar os bons nutrientes e a aproveitar os maus, mas para explicar melhor, vamos analisar quando a pessoa está constantemente a falar da sua doença:

- *quando a pessoa fala da sua doença, como uma fatalidade ou um caso sem solução mais ou menos imediata, é passada desde logo a ordem para as células do seu organismo que não há solução para aquela doença. Ora as nossas células, não discutem ordens, um mero pensamento vai fazer despoletar um comportamento, que neste caso como é de doença, vão desde logo arranjar sensações ou sintomas que identifiquemos como de doença;*

- *quando acreditamos muito na inevitabilidade de uma doença, mesmo passemos a comer alimentos saudáveis, remédios, medicamentos, terapias, etc., para tratarem aquela doença, tais tratamentos podem não resultar, simplesmente porque poderão não ser aproveitados (ou poderão ser em doses mínimas, na maioria das vezes porque enganamos as nossas células ou deixamos passar alguma informação positiva) pela simples razão de que, se dizemos que a doença é inevitável ou incurável, aqueles não são 'bons materiais' para nos darem as sensações e sintomas de doença que esperamos, até porque estes que podem curar-nos, não vão servir para nos darem sensações de doença, logo, a tendência natural do organismo da pessoas é que podem ser descartados ou não assimilados, porque esse material não é o ideal para dar aquelas sensações que a pessoa pediu às suas células, até porque, nesta situação, o que nós estamos a pedir às nossas células é sintomas de doença e esses materiais poderiam dar-nos saúde;*

É muito importante que tomemos consciência efetiva da forma como reagimos a toda e qualquer situação, analisando, em primeiro lugar aquilo que pensamos (pois o pensamento antecede sempre a ação, nem que seja por milésimos de segundo), em seguida por aquilo que falamos e depois por aquilo que vamos acabar por fazer.

A nossa mente inconsciente está a gravar o modelo de comportamento que estamos a ter perante as mais diversas situações e, se nada de contrário lhe ordenarmos, em futuras situações em que ache alguma semelhança, vai ordenar às nossas células para reagirem da mesma maneira, logo, é da máxima importância que avaliemos a todo o momento a qualidade da nossas reações às mais diversas situações, para que, no caso de não serem aquelas que mais nos servem, as possamos alterar, pois se o não fizermos vamos continuar a ter as mesmas reações e comportamento que tivemos antes, no futuro.

Temos de ter a noção de que, quer o comportamento negativo, quer o comportamento positivo, vão fortalecer-se ao longo do tempo, pelo que, se você é uma pessoa que está num ciclo de pensamento e ação positivos, a tendência será de ter cada vez mais coisas positivas na sua vida… se pelo contrário está num ciclo negativo, a tendência será para que na sua vida haja cada vez mais situações negativas.

As técnicas que referi ajudam-nos a colocar novos modelos de comportamento e reação na nossa mente inconsciente, que é de onde partem as ordens para as nossas células, no entanto para que todas estas técnicas funcionem, é necessário que retiremos o tal ensinamento que essa situação nos veio trazer. As técnicas que referi ao facilitarem um silêncio interno e uma introspeção fazem com que possamos estabelecer um diálogo interno mais eficaz com nós mesmos e assim possamos percebermos melhor o ensinamento que aquela situação nos veio trazer.

A melhor forma de analisar se um ensinamento de uma determinada situação é aquele que deveríamos ter retirado é ver se ele nos traz boas sensações... quanto à lógica e coerência vamos deixar para mais tarde, pois temos de ter a noção que quando uma coisa é nova vai ser diferente.

É da máxima importância termos sempre a noção que é imprescindível, termos atenção aos pensamentos que trazermos para a nossa mente, porque é a partir deles que o nosso processo criativo começa, desde as sensações que vamos ter, como aquilo que vamos fazer e criar.

Quando a energia dos nossos pensamentos é uma energia positiva, porque são ou estão muito perto de uma energia de amor, vão estar muito próximos da nossa essência energética e por isso vamos sentir-nos bem, já os pensamentos negativos, porque estão longe da energia do amor vamos sentir-nos desconfortáveis.

Claro que há pessoas que até, pensam sentir-se bem, com energia negativa, mas na verdade o que essas pessoas sentem, não é uma energia de amor ou de paz-interior, mas antes, sensações de prazer e/ou poder, a que o organismo da pessoa se habituou e que, associou como sendo sensações agradáveis, mas na verdade muitas dessas sensações estão muito longe da energia do amor, como mais tarde vão ter oportunidade de comprovar.

É muito importante termos a noção que, para despoletarmos um novo comportamento, tudo começa com um mero pensamento.

O pensamento antecede sempre a ação, mesmo que não nos demos conta disso, pois, como facilmente se depreende, para fazermos uma coisa, termos de pensar nela primeiro, mesmo que sejam programas automáticos de comportamento, tipo fazer uma viagem - em que não precisamos de nos lembrar de como se conduz o nosso automóvel (pois isso já está gravado na nossa mente inconsciente), mas precisamos de pensar em ir buscar o carro, pensar em levar as chaves, pensar em colocar a trabalhar o carro, etc..

Foi provado através da Lei da Atração que, se formos capazes de manter um pensamento com pureza e sem o contradizer por 17 segundos, então outro pensamento de igual vibração vai juntar-se a este, e este vai atrair outro e assim sucessivamente um atrás do outro.

Segundo a Lei da Atração, os iguais atraem-se ao se juntarem, ou seja, vai haver uma combustão ou incremento que se traduz em somar cada vez mais energia ao primeiro pensamento, obtendo por este meio um outro pensamento cada vez com mais energia. Nesta altura vamos possuir um pensamento mais evoluído, com mais energia porque todos aqueles pensamentos que agora se juntaram passam a vibram numa frequência mais elevada.

Se todos nós conseguirmos então manter um pensamento positivo por pelo menos 17 segundos, outro pensamento igual se juntará a ele, e então ocorre mais um ponto de combustão porque esse pensamento vai tornar-se cada vez mais forte, o que na prática se traduz por vermos manifestada na nossa realidade física esse desejo ou situação.

Mantenhamos, pois, os nossos pensamentos positivos por 17 segundos, e então outros pensamentos se reunirão. Quando conseguimos manter este pensamento durante mais de 68 segundos de forma pura e convicta e sem nenhuma espécie de dúvida de que aquilo vai mesmo acontecer, o que vai suceder é que logo essa coisa vai começar a materializar-se aos nossos olhos.

A maioria daqueles que não querem mudar desejarão reter-nos naquilo que fomos no passado, no entanto, este pode já não ser o nosso propósito. Nós não precisamos de agradar aos outros e recebermos a sua aprovação e aceitação pouco deveria significar para nós e para eles.

Observemos a diferença entre quem nós eramos no passado e quem somos agora.

Ao brilharmos intensamente e autenticamente, vamos afetar os outros de forma profunda, no seu espaço de saber e crenças enraizadas, e com isto vamos permitir que também eles próprios vejam que na verdade são mais do que o que eles se permitiram ser até àquela data.

Nunca nos devemos contentar por sermos menos do que a nossa Verdade, nunca nos devemos contentar com a mediocridade, por ainda pertencermos ao velho modo de ser, devemos deixar brilhar intensamente a nossa Luz em todas as situações. Confiemos que aqueles que ressoarem com a nossa vibração e consciência irão bater a nossa porta. uanto ganharmos esta consciência, qualquer coisa que não seja Amor ainda poderá surgir dentro em nós, mas nesta altura vamos poder observar isso para retirarmos o ensinamento devido e para escolhermos aquilo que vibra com o nosso novo eu e no final, vamos ser nós que vamos escolher entre tudo o que podemos e queremos para o nosso Bem-maior, ou então, escolhemos permanecer com segurança na nossa versão menor de nós mesmos.

Quando as coisas parecerem desmoronar e quando a dor chegar, devemos estar mais atentos, na certeza de que vamos ter um novo ensinamento que nos vai fazer crescer. Nesta convicção, quase que até nos podíamos alegrar por estes acontecimentos mais dolorosos, até porque, nesta fase já acreditamos que toda a dor e toda a desintegração do velho, vai levar a um *upgrade* ou atualização de quem nós fomos, ou seja, para o novo poder surgir o velho tem de sair para lhe dar espaço.

Vamos cada vez mais ter a noção de que é muito cansativo para nós retermos a velha energia, mas por outro lado, vai ser muito libertador quando incorporamos as novas verdades que ressoam com a nossa Essência Divina.

Não vamos estar livres das energias de baixas vibrações, não, mas cada vez mais vamos saber que essas energias trazem algum ensinamento, e nesta certeza, quando nos depararmos com este tipo de energias, quer em nós, quer nos outros, vamos cada vez mais, ter a certeza de que tudo isso veio até nós por um propósito ou Bem-maior e quando começarmos a perceber isso, vamos encarar com mais confiança e otimismo essa situação e com isso, diminuir cada vez mais o tempo em que essa energia de sofrimento ou de baixas vibrações vai ficar connosco.

OS CONTRATOS QUE FIZEMOS E FAZEMOS

Sabia que tudo aquilo que pensamos e tudo aquilo que dizemos funciona como se de um contrato que tivéssemos feito e assinado?!! Sabia que funcionam como uma declaração para o Universo daquilo que queremos e daquilo que não queremos e é através destes contratos que o Plano Espiritual e a nossa Equipa Espiritual sabe aquilo que nós pretendemos experienciar e aquilo que não queremos experienciar… mas como é que isto funciona?

Antes de mais convém referir que, para o Plano Espiritual *não querer uma coisa, ou não querer o negativo,* isso não é um contrato e não nos traz o oposto e positivo, essa afirmação pela negativa, é apenas a manifestação daquilo que não queremos, pelo que, se queremos o positivo, em vez de negarmos o negativo, vamos ter de começar a pensar e/ou a verbalizar esse positivo para que passe a ser considerado um *contrato* espiritual, para que possamos ser ajudados pela nossa Equipa do Plano Espiritual, ou se quisermos o negativo, pensar e/ou verbalizar esse negativo para sermos ajudados pelos Seres negativos do Plano Espiritual.

Estes contratos que nós *assinamos* com um simples pensamento, mas também com palavras e ações, tem a ver com o livre-arbítrio que nos foi concedido pelo Criador, para que pudéssemos optar por certas experiências e não por outras.

Se optamos por uma determinada experiência e não por outras, tanto pode ser por mera opção, como poder ser porque precisamos de aprender alguma coisa com essa experiência… mesmo que ela seja de cariz negativo poderemos vir a tirar algum ensinamento no futuro.

Uma experiência, que aparentemente não contribui para o nosso crescimento espiritual e que há primeira vista até não trará nenhum ganho especial para nós (porque não admitimos nem descobrimos nenhum ensinamento associado a essa experiência), mesmo assim essa experiência é permitida, pelo simples facto de que, cada um de nós tem o livre-arbítrio de escolher as experiência que pretende, mas também porque para o Criador todas as experiências pelas quais optamos, vão poder ser aproveitadas, de uma maneira ou de outra (mais ou menos dolorosa, mais ou menos agradável, mais ou menos rápida, etc.) para a nossa evolução espiritual, basta que nós façamos a nossa parte – retiremos o ensinamento devido.

O Criador tem todo o tempo de mundo para esperar por nós, pelo que, se teimamos em ter experiências que não contribuem no imediato para a nossa evolução, o prejuízo vai ser sempre nosso, se calhar porque vai demorar mais tempo até que possamos evoluir com esse tipo de experiências e também porque podemos ter experiências mais dolorosas em vez de experiências mais prazerosas, ou como diz a célebre frase espiritual: - *podemos evoluir pelo amor ou pela dor, a escolha vai ser sempre nossa.*

Um mero pensamento ou uma palavra funcionam como a manifestação das nossas escolhas, ou seja, através destas escolhas estamos a exercer o nosso livre-arbítrio de escolher isso, estamos, pois, a celebrar *contratos que ficam registados no Plano Espiritual*, que vão determinar e dar a conhecer aquilo que pretendemos fazer e experienciar.

Claro que a nossa Equipa do Plano Espiritual está sempre disponível para nos ajudar, no entanto não esperemos que nos ajude para fazermos o mal e/ou negativo, vão sim ajudar-nos se virem (e de lá de cima vêm tudo!) que isso vai contribuir positivamente para nós. Isto não quer dizer que não nos ajudem em situações menos positivas, o que não podemos esperar é que, por exemplo nos ajudem a infligir dor ou sofrimento aos outros ou a nós próprios, quando isso vai ser prejudicial à nossa evolução e nenhum ensinamento no imediato vamos poder retirar dessa situação, no entanto vão poder ajudar-nos a tirar os ensinamentos possíveis que essas experiências nos possam mesmo assim vir a trazer.

É da máxima importância que tenhamos a consciência de que, não adianta dizermos em voz alta que rescindirmos um qualquer contrato mais negativo, se depois isso não se refletir, naquilo que vamos passar a fazer (e antes a, pensar e falar).

Claro que, para iniciarmos o processo de rescisão de um contrato espiritual que tenhamos feito é importante referir mentalmente ou em voz alta que essa rescisão tem efeitos: - *em todas as linhas de tempo... em todas as reencarnações passadas... com todas as pessoas relacionadas, quer eles estejam encarnadas ou desencarnadas, etc.)*, mas se depois de anunciarmos ao Universo esta nossa vontade de rescindirmos um contrato negativo, depois não passarmos a agir em consonância com isso mesmo, até podemos ter rescindido aquele contrato, mas com o nosso pensar e fazer igual ao contrato que acabamos de rescindir, vamos automaticamente criar novos contratos negativos, pelo que aquela nossa ação de rescindir aquele contrato negativo, acabou por não ser efetiva na prática, porque fomos criar novo contrato igualmente negativo, com aquilo que continuamos a pensar, falar e fazer.

Na prática, continuar a fazer do mesmo, em relação ao contrato que acabamos de rescindir, funciona como se voltássemos a rescindir o contrato que rescindimos e este, na prática, vai ficar sem efeito, até porque a última ação que temos (seja ela verbal ou mental a rescindir determinado contrato, sela uma ação que façamos), é que vai definir qual o contrato que fica em vigor.

Se o último contrato entra em contradição com algum anterior é evidente que é o último que fica a vigorar, embora por vezes quando algum contrato do passado (positivo ou negativo) é muito forte (de o termos executado vezes sem conta), tal ainda possa condicionar o novo contrato... por via das dúvidas e para que tudo fique bem esclarecido no Plano Espiritual e na nossa Equipa Espiritual que nos acompanha, deveremos fazer três coisas:

- *primeiro: deveremos rescindir oralmente esse contrato (podemos até pedir ajuda à nossa Equipa Espiritual), invocando que essa rescisão tem efeitos imediatos e em todas as linhas de tempo, como encarnações passadas e futuras, etc.,*

- segundo: devemos celebrar o novo contrato (que pode ser verbalmente);
- terceiro: a partir do novo contrato devemos mantermo-nos coerentes e passar a fazer de acordo com esse último contrato, pois assim vamos fortalecê-lo e automaticamente estarmos a confirmar a anulação dos anteriores (contraditórios).

O que acontece é que, se não nos mantivermos coerentes com o novo contrato positivo que celebramos e através do qual a nossa Equipa e todo o Plano Espiritual nos vai poder ajudar mais eficazmente, na prática vamos celebrar novos contratos negativos que podem ter anulado a rescisão que anunciámos dos anteriores contratos negativos e se anulam uma rescisão de um contrato negativo esse contrato vai manter-se, logo vamos ser ajudados no Plano Espiritual, não pela nossa equipa positiva, mas pelos Seres negativos, até porque só os Seres negativos nos podem ajudar a executar contratos de cariz negativo.

Enquanto a nossa Equipa Espiritual positiva nos pode ajudar nos contratos positivos, quer durante a sua execução quer em algum ensinamento que dá possa resultar, já nos contratos negativos, já não nos vão poder ajudar a executar esses contratos (porque são ações de energia negativa), apenas nos vão poder ajudar a retirar algum ensinamento.

Temos, pois de ter a máxima atenção não só naquilo que dizemos, mas também naquilo que pensamos e depois no que vamos fazer, pois na prática, em todas estas fases da criação estamos a celebrar contratos com o Universo e a manifestar o nosso livre-arbítrio de fazer isso e não outra coisa.

O que é que pode estar a impedir de, na prática, do dia-a-dia não estamos a conseguir executar um contrato positivo e a rescindir um contrato negativo? Apenas e só o ensinamento que essa situação nos vem trazer, que, porque é um ensinamento novo, vai implicar fazer algo diferente.

Na minha perspetiva o ensinamento que uma situação mais dolorosa nos vem trazer está na origem da maior parte dos insucessos dos tratamentos médicos e/ou terapêuticos realizados.

Os ensinamentos que precisamos poderão chegar até nós sob a forma de problemas, nomeadamente:

- de origem física: como alimentação, sedentarismo, etc., em que a doença pode vir trazer o ensinamento de que deve mudar o seu estilo alimentar e fazer mais exercício físico;
- de origem emocional: pode ser o ensinamento para lhe mostrar que aquela não é a melhor forma de tratar o seu parceiro/esposa/namorado, família, etc., ou que deve sair de determinado relacionamento, etc.;
- de origem espiritual: pode ser aquela obsessão, que nos vem ensinar que devemos perdoar a quem fizemos mal no passado, até porque, provavelmente aqueles que nos magoaram ou maltrataram no passado tiveram as suas razões, que até podem ter sido de nós mesmos lhes termos feito sofrer muito mais no passado por desavenças em outras vidas anteriores e até podemos ter sido nós que iniciamos essa desavença, que até pode ter sido um mal-entendido que possa ter dado origem a tudo isso, etc..

Respeitar o livre-arbítrio de cada um implica pois que, nunca podemos ir contra a vontade do outro, pois isso seria ir contra o contrato que ele celebrou, ou contra a vontade (mais ou menos consciente) dele, ou seja, se o outro não quer uma coisa, isso funciona como um contrato entre o outro e o Universo do qual todos nós fazemos parte (inclui não só todos os outros seres humanos encarnados e desencarnados, como as plantas, animais, etc., além de todo o Plano Espiritual positivo e negativo), logo temos de respeitar.

Porque temos de respeitar o livre arbítrio de cada um, ou os seus contratos, uma das máximas das terapias ditas holísticas é que não podemos tratar ninguém de forma direta e objetiva de uma determinada doença, sem o seu consentimento prévio, até porque, por incrível que possa parecer a alguns, a melhor maneira de ajudar alguns poderá ser mesmo *ajudar não ajudando*.

O *não ajudar* o outro, pode ser o melhor que podemos fazer, isto pelo simples facto de não termos noção se será aquilo que que convém mais àquela pessoa: - se aquela doença/ desconforto ou o seu alívio, pois, todo o sofrimento ou desconforto vem trazer-nos algum ensinamento, pelo que, se alguém tirar o sintoma, sem a pessoa ter pedido ou ter retirado antes o ensinamento respetivo, em vez de estarmos a ajudar essa pessoa estaremos a prejudicá-la, pois vai ter de passar novamente por uma situação semelhante de dor, para retirar o ensinamento que nós, ao retirar aquele sofrimento, impedimos.

É evidente que a pessoa que está a sofrer uma situação dolorosa, pode, por opção própria querer um determinado tratamento, sem antes ter retirado nenhum ensinamento (como acontece na maioria das ocasiões), claro que nestas situações deveremos sempre ajudar (mesmo que achemos que a pessoa não retirou nenhum ensinamento), até porque aqui a responsabilidade é do próprio, porque foi ele que pediu e não nós que impusemos.

Claro que uma coisa é impormos ou pressionarmos um determinado tratamento – que nunca devemos fazer, como disse atrás... outra bem diferente é sugerir um tratamento no qual acreditamos: isso deveremos fazer sempre, mas nunca em forma de pressão ou imposição, mas sim como forma de ajudar, mas deixando sempre a decisão para o próprio.

Na aceitação da nossa sugestão de tratamento, quem sabe não possa estar o ensinamento que essa pessoa precisa, até porque se ela o aceitou, algum motivo mais ou menos consciente já tem de ter.

Nós tempos que correm (pela pandemia covid) os governantes e muita gente, esqueceram esta máxima do livre-arbítrio que cada um de nós possuiu e que tem a sua sustentação nas Leis Divinas, que, quer os governantes queiram, quer não queiram, estas Leis que estão acima das suas Leis terrenas.

Os governantes, impondo a sua vontade, sob o pretexto de proteção, no entanto, mesmo como proteção, cada um de nós é que sabe o que melhor lhe convém. Quem são os nossos governantes ou as pessoas à nossa volta, para saberem se por exemplo o ensinamento que precisamos não pode ter sido retirado de nós, pela imposição destas medidas?

Passamos agora aos contratos que já fizemos:

- em primeiro lugar, os contratos que fizemos no Plano Espiritual: quando ainda estávamos no Plano Espiritual e quando nos foi proposto reencarnar na terra.
Foi-nos proposto determinadas tarefas e vivências que nós aceitamos, ora esta aceitação funcionou como contratos que assinamos.
Para as tarefas que nos foram incumbidas para fazermos durante a nossa encarnação terrena, vamos ser ajudados pela nossa Equipa Espiritual, no entanto, mesmo nesta situação (embora tenhamos *assinado* estes contratos), temos o nosso livre-arbítrio de os executar ou não, isso vai depender de nós, pelo que a sua execução, vai depender sempre de nós e nunca nos podem ser impostos por quem quer que seja, embora depois tenhamos de aceitar as consequências dessas nossas ações;
- em segundo lugar, os contratos que fizemos nesta e em outras encarnações passadas: cada vez que emitimos um pensamento (que o Plano Espiritual percebe), uma palavra ou uma determinada ação, isso funciona como um contrato que rubricamos. Estes contratos manifestam a todos os demais a nossa vontade e/ou aquilo que escolhemos experienciar.
Ninguém nos pode impedir de executar estes contratos e/ou vontades, a menos que tais vontades prejudiquem diretamente terceiros.

É muito importante ter esta noção bem clara, que:

- tudo aquilo que pensamos ou manifestamos de uma forma mais ou menos verbal, é a manifestação do nosso livre-arbítrio, pelo que, tais vontades funcionam como contratos, pelo que, ninguém nos pode impedir (com as exceções referidas atrás), de executarmos esses contratos, mas podem sempre ajudar-nos a executá-los.

A maioria de nós celebrou contratos de cariz negativo que ainda não rescindiu, pelo que, só vai poder receber ajuda entidades de energia negativas e não poderemos receber ajuda de Seres de energia positiva, até porque energia positiva ou Seres de Energia positiva, não ajudam em ações de energia negativa.

Os Seres de Luz, só nos podem ajudar para o positivo, mas se o nosso contrato é de ações de energia negativa não o vão poder fazer (só no ensinamento vamos poder retirar mais tarde). O que vai acontecer é que, os Seres de Luz ou outros de energia positiva, só vão poder ajudar, se se verificarem duas situações: em primeiro lugar, a pessoa tiver rescindido aqueles contratos negativos; e em segundo lugar, a pessoa pedir ajuda para a nova situação (de energia positiva) ou se os seus pensamentos, palavras e ações emitirem energia positiva.

Se estamos a vibrar numa energia negativa ou de baixas vibrações e pedimos ajuda, mesmo que seja aquela ajuda com intenções positivas, essa ajuda nunca vai dar força à energia negativa da pessoa, a menos que o Plano Espiritual ache que mais energia negativa (piorar a situação), pode ser o abanão (intenção positiva) que essa pessoa precisa.

Toda a situação dolorosa que nos acontece traz sempre com ela algum ensinamento, logo até pode ter sido útil, mas só, desde que consigamos retirar o ensinamento que essa situação nos veio trazer. Quando o Plano Espiritual, vê que um determinado *abanão* em forma de sofrimento, pode ser útil para a pessoa sair daquela situação, claro que não vai impedir essa ajuda negativa (também respeitando o livre-arbítrio da pessoa), mas sempre visando um proveito ou Bem-maior para essa pessoa, que pode ser o ensinamento que daí pode retirar com essa situação mais dolorosa.

Uma grande vantagem nestes contratos que assinamos espiritualmente (ao contrário dos contratos que celebramos enquanto seres humanos), é que podemos rescindi-los por nossa iniciativa (unilateralmente), sem necessitarmos que a outra parte (Universo) concorde com esta rescisão.

A rescisão unilateral (só pela nossa parte) dos nossos contratos espirituais não confere direito a qualquer indemnização à outra parte, ou seja: sempre que quisermos alterar este tipo de contratos, só temos de dizer isso claramente (e depois passar também a pensar e a fazer de acordo com o novo contrato).

Alguns exemplos de afirmações diversas, que podemos ter pensado, falado ou que acreditemos, quer nesta encarnação, quer em encarnações anteriores, que funcionam como contratos:
- *não é bom ter dinheiro;*
- *mereço esta doença;*
- *vou ter a mesma doença dos meus pais;*
- *não mereço ser bem-sucedido nos meus relacionamentos,*
- *etc.,*

Com este tipo de afirmações, mesmo que tenham sido em encarnações passadas, o que acontece ainda hoje é que, ainda podem estar em vigor e se ainda os mantivermos válidos, só vamos poder receber ajuda para isso mesmo.

Na eventualidade dos nossos contratos do passado ainda estarem válidos isso pode estar a impedir a nossa Equipa Espiritual, de nos ajudar, até porque se o Plano Espiritual nos ajudasse a reverter essas situações estaria a ir contra esses nossos contratos, no entanto porque esse livre-arbítrio é sempre respeitado, só vamos poder ser ajudados para retirar algum ensinamento posterior, pelo que, enquanto os não rescindirmos, não vamos poder receber ajuda da nossa Esquipa Espiritual positiva.

Claro que, para concretizar na nossa vivência diária este tipo de contratos negativos, vamos poder ser ajudados pelas entidades negativas, até porque estas entidades, quer elas estejam no Plano Espiritual, quer elas estejam encarnadas, estão familiarizados com este tipo de energia e vão poder ajudar-nos, pelo que, quando somos ajudados negativamente por estes Seres, na verdade o que eles estão a fazer é mesmo a ajudar-nos a concretizar as experiências que escolhemos de cariz negativo.

Na maioria das vezes a ajuda que recebemos para executar contratos negativos, pode ter a ver com situações cármicas que foram herdadas de um passado mais ou menos distante e pelas quais tenhamos de passar. Neste caso, quer os obsessores se encontrem no Plano Espiritual, quer se encontrem encarnados, vão influenciar e ajudar aquela pessoa que celebrou aquele tipo de contratos, para que sinta cada vez mais essa energia negativa, também como forma de vingança. Nesta situação o Plano Espiritual positivo nada pode fazer (fora o ensinamento posterior) até porque aquele sofrimento que a pessoa possa estar a sentir, além de ter sido um contrato que assinou, pode ser considerado útil pelo Plano Espiritual positivo, ou ser o abanão que a pessoa precisa para sair daquela situação e com o ensinamento que daí possa retirar até acabe por rescindir aqueles contratos e passe a vibrar numa energia positiva que vai afastar definitivamente aqueles obsessores ou Seres de energia negativa.

Tudo o que dizemos fica escrito e a vibrar, sejam pactos, votos, promessas, desejos, tudo o que pensamos ou dizemos é real e fica em vigor até ao dia em que declaramos que mudámos de ideias e passarmos a fazer desse modo.

Muito importante a ter em conta, é que estes contratos para a nossa mente inconsciente podem funcionar também para aquilo que dizemos da boca para fora ou como se de uma piada se tratasse, até porque a nossa mente inconsciente (porque esta parte da nossa mente só executa, não percebe brincadeira ou piadas, ela não tem sentido de humor), vai aceitar isso como verdade, logo, se ao nível espiritual a nossa equipa sabe distinguir, até porque de lá conseguem perceber qual a energia que emitimos quando dizemos certas afirmações, já para a nossa mente inconsciente isso pode não acontecer, pois esta parte da nossa mente, porque não entende o que é piada, da verdade, vai levar à letra essas afirmações de caráter negativo e vai atrair-nos para essas energias.

Podemos estar a passar por muitas dificuldades no nosso dia-a-dia, que têm origem em contratos, pactos, promessas ou votos que fizemos não só nesta vida, mas muito provavelmente em vidas passadas.

Os contratos que fizemos até podem não ter sido todos negativos, pode também haver contratos positivos, se serviram ou vão servir para a nossa evolução.

Em termos mentais, devemos ter sempre conta é que, se nada fizermos agora, no futuro a nossa mente vai tomar como referência um comportamento e reações anteriores, que teve para uma situação equivalente (é uma forma da nossa mente ganhar tempo, pois já não tem de avaliar qual terá de ser o comportamento, pois já tem um modelo) no passado e a partir daqui, fica desde logo gravado um modelo de reação e comportamento que nos vai poupar energia e ainda pode servir como proteção (se for negativo) ou incentivo (se for positivo), além de ser uma declaração ou contrato que indica o que escolhemos experienciar.

Os contratos que um dia fizemos, podem tornar-se empecilhos quando damos um salto para outro patamar da nossa evolução, tornando alguns obsoletos e desatualizados, pela simples razão de que agora vamos ter outras prioridades, crenças e convicções, muito diferentes dessa altura, que passam a ser os nossos novos contratos.

Claro que nós iríamos gostar que aqueles contratos que não mais nos servem se tornassem desatualizados automaticamente, já que eles já não servem os nossos propósitos atuais, mas isso pode não acontecer de forma automática, quando eles foram muitas vezes executados, nesta situação, termos de os rescindir de forma convicta, verbalizando novo contrato (que no início pode ajudar), passando a pensar e a fazer de acordo com o novo contrato.

Por vezes dizemos a expressão: - *mas como é que isto me aconteceu?* Isto não é rescindir nenhum contrato, isto é apenas a constatação de um facto. Para rescindirmos um contrato devemos antes de mais declarar a nossa intenção de ter aquilo que na verdade agora queremos: – *nunca devemos referir o que não queremos.*

O que não queremos, não é uma ordem ou contrato, pois não querer uma coisa, não nos dá o oposto ou outra positiva, o que devemos fazer é referir por exemplo: - *todos os contratos que estejam em contradição ou que de alguma forma estejam a impedir o presente contrato, declaro expressamente que os rescindo, sejam eles da encarnação presente ou de qualquer encarnação passada, linhas de tempo, etc., rescindo todos estes contratos que me possam estar a impedir de executar este contrato com efeitos imediatos e futuros.*

DAR ATENÇÃO É DAR ENERGIA

Ao contrário do que muita gente pensa, dar atenção é nada mais nada menos, do que dar força ou energia a essa coisa, ou seja, tudo aquilo para o que dermos a nossa atenção o que na verdade estamos a fazer é a alimentar e a fortalecer essa coisa ou situação, quer ela esteja na nossa mente ou no nosso corpo, ou quer ela esteja no exterior a nós, o que estamos a fazer nestas situações é a dar vida e a tornar essa coisa mais forte e resistente.

Sempre que vemos alguma coisa que nos desagrada e não tiramos o foco dessa coisa ou situação, ou não nos sugestionamos de forma mais consciente para não aceitarmos para nós tal situação, o que na verdade estamos a fazer é a dar energia a essa coisa, mas ainda mais grave é que estamos a alinhar-nos vibracionalmente com essa energia, abrindo assim o caminho para que essa energia chegue até nós.

O que temos de fazer nestas situações é muito simples: - temos de ordenar a nós mesmos e às nossas células para não considerarem essa situação e para não considerarem situações iguais ou parecidas que venham a ocorrer no futuro. Uma forma de determinarmos para que situações enviamos a nossa energia ou não enviamos (ou que damos a nossa atenção ou que não damos a nossa atenção), é dizermos às nossas células isso mesmo. Esta sugestão pode ser em pensamento ou em voz alta, mas para ser mais eficaz recomendo, que este novo comportamento seja pré-programado de preferência, antes de nos levantarmos, ou antes de adormecermos, em que nos imaginamos a conversar com as nossas células e indicamos-lhes como nos queremos sentir ou qual o nosso comportamento, em determinadas situações pelas quais iremos passar durante o dia.

Se reagimos da melhor maneira a todas as situações, não é necessário alterar nenhuma reação ou comportamento, no entanto, se ainda estamos a vivenciar uma encarnação num planeta de expiação e provas, muito provavelmente ainda precisamos de passar por algumas provas mais dolorosas, pelo que se, antecipadamente ordenarmos à nossa mente inconsciente para reagir de maneira mais positiva e encontrar algum ensinamento numa situação mais dolorosa, vai ser isso que vai acontecer, mais tarde ou mais cedo e o nosso propósito de passar por essa provação ou sofrimento pode ser mais rapidamente e facilmente aproveitado, quer para o ultrapassarmos mais facilmente, quer para retirarmos o ensinamento devido, isto irá acontecer cada vez com mais frequência, até porque a nossa mente já foi por nós sugestionada antecipadamente para fazer isso nessas situações.

É muito importante termos a noção de que, por defeito (se nada de contrário indicarmos à nossa mente inconsciente), ela vai gravar tudo o que acontece à nossa volta e guardar como modelo de comportamento ou reação. Por isso quando damos atenção às doenças, à miséria, às calamidades, etc., como se as estivéssemos a viver, sentindo aquelas más sensações de medo, angustia, etc., o que na verdade estamos a fazer é a dar energia e a alimentar e fortalecer essas situações... e nós próprios estamos a alinhar-nos com essa energia de baixas vibrações, fazendo com que sejamos atraídos para esse tipo de situações.

Quando nos alinhamos com energias negativas, vai ser inevitável que, a curto, médio ou longo prazo, (dependendo da quantidade de energia que dispensarmos a essa coisa ou situação e das crenças que tivermos em relação a doenças relacionadas com esse tipo de baixas energias) venhamos a ter essa doença ou sofrimento.

Por muito que custe a acreditar, somos nós próprios que criamos de forma consciente e inconsciente a grande maioria das nossas doenças, sendo que tais doenças ainda poderão ter origem mais atrás, ao nível espiritual/cármico.

Para as nossas células, a nossa mente consciente ou inconsciente funciona como os nossos pais que nos estão a dar ordens que temos de aceitar, até porque acreditamos neles. Ora, quando estas ordens ou sugestões partem de quem depositamos total confiança vamos aceitá-las sem pestanejar e executá-las de imediato, é o que fazem as nossas células.

Para alterarmos um hábito de comportamento ou reação das nossas células, por exemplo em relação ao frio ou chuva, devemos tomar atenção consciente à ordem que chega às nossas células, ou o nosso diálogo interno que faz despoletar todo o processo, até porque se elas reagem com sensações de desconforto é porque lhe ordenamos isso mesmo. Quando tivermos descoberto esse diálogo interno em forma de sugestão que deixamos passar de forma mais ou menos consciente, para as nossas células, devemos logo e de imediato tomar medidas para alterar para uma sugestão mais positiva e uma maneira fácil será dizer, num estado de relaxamento profundo, por exemplo:

- a pouco e pouco as minhas células reagem e adaptam-se cada vez melhor à situação' ... a cada dia que passa sinto-me mais saudável quando estou na situação y sei e confio nas minhas células para me darem sensações cada vez mais positivas e saudáveis.

Todos nós sabemos que não é o frio, a chuva ou o que quer que seja, que provoca doenças ou mal-estar, o que provoca as doenças é o que a nossa mente ordena às nossas células para fazerem sob o pretexto dessa situação, pois se a razão do nosso mal-estar fosse a chuva ou o frio todas as pessoas teriam os mesmos sintomas e não é isso que acontece nestas situações.

Podemos evoluir pelo amor ou pela dor, a escolha vai ser sempre nossa.

PORQUE É QUE O APEGO NOS PRENDE

Um dos maiores entraves na evolução espiritual é sem dúvida nenhuma o apego e o medo, simplesmente porque são energias de baixa vibração.

Um dos conceitos menos fáceis de aceitar e mesmo compreender e aquele que porventura causa maior sofrimento, é o conceito do desapego, quer nas relações pessoais quer em relação às coisas e situações.

Convém referir que todo o conceito de apego que aceitamos, deriva em grande medida do facto de nos ter sido incutido desde que nascemos, através de todos os ensinamentos que tivemos, que para sermos felizes não basta usarmos, temos de possuir, aquilo tem de ser nosso, só para nós e cada vez mais.

É costume ouvimos expressões como: - *o meu marido/a minha esposa, - os meus filhos, - o meu carro, - a minha casa, etc.,* ou seja, ligamos o conceito de posse ao conceito de felicidade e se não temos esta posse é sinal de fraqueza e de falta de interesse, mas toda essa suposta felicidade é uma ilusão, que é fomentada com vista, não à felicidade verdadeira das pessoas, mas antes ao lucro de alguns.

Levaram-nos a pensar que, quando tivermos muito, seremos mais felizes, no entanto como não conseguimos ter tudo aquilo que nos dizem, andamos numa correria louca para termos aquilo que ainda não temos, para termos essa suposta felicidade, que nunca vai chegar, porque nunca vamos ter tudo aquilo que nos disseram para ter.

Convém, no entanto, desde já aqui referir que não é errado ter bens materiais ou ter uma vida confortável, o que não é saudável é fazer depender a felicidade de ter isso sempre na nossa posse e de ter isso só para nós.

Se fazemos depender a nossa felicidade de um bem material que se vai deteriorar e que vai acabar por sair da nossa existência, mais tarde ou mais cedo, vamos deixar de sentir essa felicidade, porque ela estava dependente desse bem material, então, quanto mais não seja, por uma razão de sensatez, é melhor fazermos depender a nossa felicidade de coisas sobre as quais temos controlo e não de coisas exteriores, como os bens materiais que não podemos controlar ao ponto de não os conseguirmos manter indefinidamente connosco, pela simples razão que vão acabar por se deteriorar com o tempo e acabar por desaparecer.

Já quando fazemos depender a nossa felicidade, apenas de nós (não que os outros não possam estar ou ajudar), como manifestar amor, a compaixão, a paz, etc., nas quais nós temos total controlo, até porque partem de nós e nós temos sempre o poder de emanar estas energias, não vamos depender de outras coisas exteriores a nós, sejam elas coisas materiais ou pessoas.

Influenciados pelos meios de comunicação social, até pensamos encontrar, por momentos alguma felicidade quando fazemos determinada compra, no entanto porque aquilo que compramos são na sua generalidade bens materiais, e têm uma duração curta e logo vão sair da nossa realidade, lá vamos comprar mais para substituir aquilo que se deteriorou e vamos andar nesta correria louca, esperando que seja a próxima compra a trazer-nos a dita felicidade.

Porque estamos doutrinados pelos meios de comunicação social, que nos fazem crer que comprando cada vez mais vamos ser mais felizes, até vamos poder sentir algum prazer, que muitos confundem com felicidade, mas depressa vamos dar conta que aquilo que sentimos mais não foi do um mero e passageiro prazer que depressa vai desaparecer, até muito antes desse bem material se deteriorar.

Em virtude da associação que nos levaram a fazer que só seremos felizes se tivermos só para nós, também nas relações humanas, muitas pessoas justificam esse apego em relação às pessoas, por um suposto amor, do tipo, se eu quero bem, ela tem de ser minha e tem de estar sempre comigo.

O grande problema não está de forma alguma em estar junto da pessoa que se gosta, isso até é bom, o problema está em: *ter de ter sempre essa pessoa consigo*, esta exigência, isto sim é que é apego, se eu em vez de: - *eu tenho de ter sempre,* for substituída por - *eu gosto de ter sempre*, já não implica uma relação de apego, ou seja, quando eu quero e gosto, aceito a vontade do outro de também não querer e de não gostar.

Quando se gosta de alguém não podemos fazer depender, quer o nosso bem-estar, quer o bem-estar desse outro, de o termos sempre ao pé de nós, isto sim é apego porque não damos liberdade ao outro, nem nos damos a nós essa liberdade de sair perto do outro. Estar perto do outro, tem de ser positivo, quer para o outro, quer para nós.

O que interessa ter alguém junto de nós se essa pessoa não está feliz?

O apego é por muitas pessoas justificado, no tal suposto bem-querer do outro, ou mesmo amor que dizem sentir pelo outro, no entanto se repararmos bem, visa antes de tudo, mais o bem-querer de si mesmo do que do outro... Apego é sempre do que o outro nos pode dar e não do que nós podemos dar ao outro.

Muita gente, se calhar de forma inconsciente, tem a noção que o desapego é sinónimo de largar, de não se importar, mas é precisamente o contrário, desapego não significa de modo algum que as pessoas, têm de estar separadas, que não se interessam pelo bem-estar da outra, ou que deixam de gostar uma da outra, antes pelo contrário, desapego também pode significar proximidade, também pode significar estar a viver junto dessa pessoa, também pode significar estar perto, também pode significar ter projetos comuns e muito mais, não significa é que essa pessoa nunca pode sair dali.

Ter uma relação amorosa com desapego é um desafio que se calhar poucos conseguem conceber, mas não porque tenham menos capacidade do que os outros, mas antes, pelos ensinamentos que lhes foram transmitidos e que lhes continuam a ser passados, nomeadamente pelos meios de comunicação social, que incentivam o consumo e a posse desenfreada de pessoas e coisas, associando tudo isso a felicidade, no entanto tudo isto como mais tarde vai ser descoberto por cada um de nós, é pura ilusão, que nos foi vendida por alguns materialistas que à custa da sua ganância, não têm pejo em incutir estas falsas crenças na mente das pessoas apenas para proveito próprio.

Por muito que nos custe a acreditar temos sido manipulados por longo tempo de forma quase inconsciente por alguns que daí tiram grandes dividendos, não só a nível monetário, mas também a nível espiritual negativo, para que esta nossa sociedade, seja uma sociedade doente, a nível físico, mental e espiritual.

Já reparou que uma sociedade de pessoas saudáveis e de bem com a vida, não dá lucro a essas pessoas? Só uma sociedade de pessoas doentes é lucrativa materialmente (como se comprova em época da chamada pandemia do ano 2020 e 2021, em que os mais ricos, muito mais ricos ficaram), mas tudo isto só se vai manter enquanto cada um de nós não tomar consciência de tudo isto e começar a mudar.

Podemos dizer que amar com desapego é uma arte e é a maior prova de amor que podemos dar a quem amamos e a quem gostamos de ver bem, pois além de continuarmos a amar, não vamos condicionar continuar a dar o nosso amor , mesmo que ele esteja longe de nós e com isso, não só vamos libertar o outro para estar onde melhor se sentir, seja mais perto ou mais longe de nós, como ainda o vamos libertar de gostar da mesma forma que nós gostamos. Quem ama com desapego o que quer é ver o outro bem, esteja ele perto ou longe.

Amar com desapego, se calhar até podemos chamar de amor incondicional, até porque não nos vamos condicionar a dar o nosso amor ao outro, esse amor vai partir de nós, se ele não retribuir da mesma forma, como já o libertamos disso, vamo-nos libertar da expectativa e do stress de esperar esse mesmo amor de volta.

Desapego, de forma alguma significa, afastamento, desinteresse, etc., pois desapego é precisamente o oposto, desapego é bem-querer, só que todo este bem-querer é manifestado independentemente da pessoa *ser nossa* e de estar mais ou menos perto de nós, fazer o que nós queremos, etc.

E no Plano Espiritual depois de desencarnarmos, também haverá apego a pessoas e coisas?

Sabemos que quando desencarnamos e passamos para o Plano Espiritual a nossa consciência mantém-se, ou seja, as nossas convicções vão connosco, logo se sentimos apego enquanto encarnados, vamos sentir apego no Plano Espiritual depois de desencarnarmos, enquanto que, se sentimos desapego enquanto encarnados vamos sentir esse desapego também depois.

O apego, depois de desencarnarmos até poderá ser mais gravoso, quer para os que desencarnam que sentem apego às coisas e/ou pessoas encarnadas, quer em relação às pessoas encarnadas que sentem apego por quem desencarnou.

Enquanto desencarnados, o apego vai ser ainda mais doloroso, pois vão estar apegados a coisas (pessoas ou coisas materiais) com as quais não podem interagir (ou não o poderão fazer como quando estavam encarnados), porque, a energia de uns e de outros é muito distinta para haver uma interação completa, embora possa haver influência energética de uns para outros, por isso aquele desencarnado que sentia apego enquanto encarnado, vai continuar sentir esse apego, enquanto desencarnado e pode inclusivamente, optar por se manter junto das coisas a que é apegado. Vai tentar interagir com essas coisas e impedir que vão para a posse de outros, mas não vai conseguir e isso vai ser muito doloroso, pois o desencarnado vai ver-se a perder as coisas (pessoas e coisas materiais) a que está apegado, sem que possa fazer algo que o possa impedir de forma efetiva (embora possa influenciar negativamente essas pessoas).

O apego no plano espiritual é um fardo que o desencarnado vai ter para se libertar.

Também em relação ao apego dos que ainda estão encarnados em relação aos que desencarnam, esse apego vai continuar a ser um fardo para aqueles que estão desencarnados.

Ao contrário do que muita gente pensa, manifestar apego por alguém que morreu não vai fazer bem nenhum aos dois: ao que morreu e ao que manifesta esse apego e que ainda está encarnado, pelo simples razão de que essa energia de apego vai ser percebida e/ou ouvida pelo apegado desencarnado e vai prendê-lo, não o deixando prosseguir a sua viagem, afetando também a vida do encarnado, pois a presença de um desencarnado junto do encarnado, mesmo que, com intenção positiva, vai ser sempre negativa, em especial para o encarnado, - Inúmeros relatos desta situação podem ser lidos nos vários livros do Chico Xavier.

Aquelas expressões: - fazes-me tanta falta... - não consigo estar sem ti, etc., podem ser manifestações que revelam apego, que podem estar a impedir que essas pessoas desencarnadas e objeto do apego não sigam o seu caminho no Plano Espiritual, porque estão presas nesse apego. Estas e outras expressões que denotam apego, são expressões que não ajudem os nossos entes queridos que desencarnaram, muito pelo contrário.

Recentemente li um relato de uma reunião espiritual que ilustra bem esta situação:

- foi questionado o marido que estava no Plano Espiritual já desencarnado a razão pela qual não saía de casa da esposa encarnada... ele disse que até queria sair, mas sempre ouvia: – *fazes-me tanta falta, gostava tanto que estivesses aqui... e por isso não conseguia sair dali,* até porque essas energias de apego acabavam por o atrair e puxar para estar ali.

Outro equívoco que muitas pessoas cometem, mesmo quando desencarnadas (quando têm pouca cultura espiritual) é pensarem que continuando em casa, vão conseguir proteger (especialmente de outros espíritos desencarnados que agora pode ver) e defender a sua família que lá ficou, no entanto isso não vai ser possível, pois a menos que tenha muitos conhecimentos espirituais, não vai saber como agir. Também o desencarnado não vai conseguir comunicar com a sua família encarnada para lhe indicar para se proteger, etc., pelo que a estadia como desencarnado junto da família, além de não ajudar nada, antes pelo contrário, ainda vai estar a atrasar a sua ida para o Plano Espiritual onde, vai ser tratado e depois sim, até pode voltar por algum tempo para junto da sua família para a poder ajudar efetivamente.

A permanência do desencarnado junto da sua família encarnada tem ainda outro inconveniente, que é de o desencarnado acabar por sugar as energias dos encarnados de quem se aproxima, mesmo que as intenções do desencarnado sejam positivas, essa proximidade, vai acabar por ser muito prejudicial para os encarnados, podendo inclusive causar doenças mais ou menos graves, em virtude do desencarnado sugar energia do encarnado, fazendo com que o encarnado acabe por ficar enfraquecido a todos os níveis.

Também enquanto encarnados é necessário deixar ir quem morreu, pois, uma das situações que mais dor causa ao desencarnado é, além de ouvirem (sim, podem ouvir), os lamentos e as súplicas dos encarnados, vão ser puxados para também cá para baixo, não os deixando seguir o seu caminho espiritual, onde se poderiam recuperar mais rapidamente. A dor que os encarnados provocam aos desencarnados, é tanto maior, até porque os desencarnados não têm meios de comunicar com os encarnados e satisfazer aquele pedido.

A súplica de apego que muitos fazem em relação aos que faleceram, ao contrário de demonstrar amor e carinho, vai causar enorme dor e sofrimento ao desencarnado.

Muita gente à semelhança do que acontece aqui enquanto seres humanos, pensam que manifestar preocupação, medo, angústia, etc., é uma forma de ajudar o outro, que é uma forma de ser solidário, mas é precisamente o contrário.

A preocupação, o medo, etc., porque são energia negativa e pesada, quando manifestados, só contribuem para causar mais dor e sofrimento, quer essa energia seja manifestada a outro encarnado, quer seja manifestada a um desencarnado, embora muitas vezes a pessoa que emite essa energia até possa sentir algum alívio, mas este alívio é pura ilusão, já que está a descarregar apenas e só energia negativa, que vai voltar para ela.

Quer seja por palavras, ações ou pensamentos, estamos constantemente a emitir energia e os destinatários dessa energia se estiverem na mesma frequência vão ser afetados, quer positivamente quer negativamente, consoante seja a qualidade desta nossa energia.

Quando desencarnamos, quase nada muda, até porque se enquanto encarnados temos uma consciência e emitimos energia, enquanto desencarnados continuamos a ter a nossa consciência e continuamos a emitir energia, a única diferença é do corpo de cada um, como desencarnados temos um corpo de energia menos densa (semelhante à energia de um pensamento), enquanto que como encarnados temos um corpo de energia mais densa.

Na situação de apego doentio, quando uma pessoa morre, ouvimos expressões do género: - *fazes-me tanta falta, - gostava tanto que estivesses aqui, etc..* - isto são expressões de apego que fazem com que o desencarnado seja puxado para o plano terreno, não o deixando prosseguir com o seu caminho e levando os cuidadores do plano espiritual a trabalharem mais, quer aqui na terra com os encarnados (para libertarem os desencarnados), quer no plano espiritual com a pessoa desencarnada para a libertarem dessa energia.

Se queremos ajudar que aquela pessoa que gostamos muito que acabou de desencarnar, nunca podemos emitir em relação a ela energias de apego, que o possam puxar cá para baixo... se queremos bem, devemos enviar para essa pessoa, energias de amor e de bem-querer, mas dizer-lhe para ir, para continuar a sua caminhada. Podemos e devemos rezar e orar por essas pessoas, pedindo aos Seres de Luz em quem acreditemos ou à nossa equipa Espiritual para tomarem conta dele e o encaminharem – fazendo isso estamos efetivamente a ajudar.

Desde que haja uma sintonização energética entre as pessoas, estejam elas onde estiverem, mesmo que umas se encontrem no plano terreno e outras no plano espiritual, vai haver uma conexão que as vai atrair. Esta situação de apego é uma das razões pelas quais os desencarnados mais sofrem e que atrasa o seu tratamento e a sua caminhada e evolução no plano espiritual.

À semelhança do apego entre duas pessoas encarnadas, nunca devemos confundir o bem-querer ao outro, com apego. Apego é a exigência de ter o outro presente, mas se calhar mais para o nosso bem-estar, do que para o bem-estar dele.

Devemos lembrar-nos que o nosso bem-estar, nunca pode ser à custa do bem-estar do outro, esteja ele onde estiver – e este onde estiver, quer dizer, estar junto de nós, longe de nós, ou mesmo desencarnado no plano espiritual.

Também à semelhança do desapego enquanto encarnados devemos sempre lembrar-nos que o desapego em relação aos que desencarnaram, não significa deixar de querer bem, não significa deixar de lembrar deles, não significa deixar de mandar boas energias, não significa deixar de pedir ajuda para eles, não significa deixar de querer estar junto deles (mas não agora e sim no futuro), significa antes, que queremos o melhor para eles, estejam eles onde estiverem e estejam eles com quem estiverem.

Ainda e no que respeita ao apego e desapego, há muito boa gente que confunde por exemplo: relação sexual com amor… estar apaixonado com amor… etc., claro que nisto e em muito do que fazemos, podemos e devemos colocar energia de amor, mas estas ações em si mesmas não garantem que haja a energia de amor, tanto pode haver amor, como pode não haver. Como diz o Prof. Laércio, quando um apaixonado declara por exemplo: - *eu sei ti não sei viver,* diz ele que expressões deste género indicam o contrário de amor, indicam uma relação de apego doentio, que indicia que aquela pessoa está doente emocionalmente.

Por mais que amemos alguém, a razão do nosso viver nunca pode ser responsabilidade do outro, terá de ser sempre nossa, até porque isso seria uma enorme responsabilidade para o outro.

Muito daquilo que fazemos, por si só não garante que estejamos a emitir boa ou má energia, a intenção com que fazemos isso é que vai determinar se isso tem energia positiva ou não.

O que tem de ser bem esclarecido é que em tudo o que fazemos, tanto podemos juntar energia positiva ou energia negativa, a intenção é que conta.

Por exemplo: numa relação sexual com alguém podemos colocar muita energia de amor, carinho, amizade, etc., como podemos ter uma relação sexual com muita energia de raiva, rancor, ódio, etc..

Nada é intrinsecamente mau ou de energias negativas, a menos que usemos isso com intenções e energia, negativas e vice-versa.

A relação sexual por exemplo, por si só, não a podemos catalogar como um ato de amor ou de baixas energias, até porque tanto pode ser uma coisa como outra, ou até um pouco das duas, tudo vai depender da energia/intenção que os dois ou um deles colocar nessa situação.

Será como se alguém perguntasse, se a faca e o garfo têm boa energia? Ora, estes objetos em si têm energia neutra, no entanto se forem usados por bem, por exemplo na alimentação, promovem boa energia e servem um propósito positivo ou de energias positivas, que é a alimentação, já se, a faca e o garfo servirem para aleijar ou matar alguém já não servem os mesmos propósitos de promover energia positiva, no entanto a energia em si desses objetos, continua a ser a mesma.

Também para o Plano Espiritual, nada é intrinsecamente mau ou nada é intrinsecamente bom, até porque tudo, mais cedo ou mais tarde, vai ser aproveitado para um propósito maior que é a nossa evolução.

Relativamente à paixão ou o estar apaixonado por alguém, claro que pode haver muita energia de amor, no entanto o sentimento de paixão como ele é conotado na nossa sociedade atual está mais virado para a posse e apego ao outro, do que propriamente ao amor na sua essência, que deveria pressupor um amor sem condições, pois se só damos o nosso amor se recebermos do outro em igual medida, isso já não tem a energia do amor, isso vai ter a energia de uma troca ou transação.

Numa paixão os apaixonados vivam em função do suposto amor do outro, abrindo mão, muitas vezes das suas convicções mais profundas para, julgam eles, manter e fortalecer esse suposto amor, no entanto como diz o Prof. Laércio Fonseca, esta paixão que muitos confundem com amor, na verdade é uma doença até porque faz depender a sua felicidade de algo que o outro lhe tem de dar, enquanto o amor é muito mais, amor é incondicional e um estado de ser em plenitude.

Claro que podemos e devemos amar com entusiasmo e contentamento, mas sem uma paixão que nos cegue de vivermos uma vida em função do outro e do que o outro faça ou não faça por nós.

Devemos colocar entusiasmo, alegria e prazer, quando demonstrarmos o nosso amor a alguém, sim, mas sem nunca fazer depender o nosso amor de termos na nossa posse e *preso* a nós essa pessoa ou coisa.

Desapego, não é deixar de amar ou deixar de gostar, não, desapego é continuar a gostar ou a amar (essa pessoa ou coisa) mesmo quando estamos longe, mesmo sem essa pessoa ou coisa estar na nossa posse, mesmo sem essa coisa ou essa pessoa nos pertencer... sim, pertencer... pois, na verdade, é isso que está implícito por exemplo, num contrato de casamento: *vais ser meu/minha até que a morte nos separe...*".

Se nada é nosso, porque é que os nossos parceiros/as teriam de ser só para nós e para sempre?

Na nossa sociedade materialista foi-nos ensinado e incutido desde que nascemos que temos de possuir, não basta usufruir, temos de ter só para nós, até porque outros podem roubar de nós... foi-nos ensinado que temos de ter só para nós e quanto mais melhor, quer sejam bens materiais quer seja o amor da pessoa amada.

Quando isto acontece em relação aos bens materiais, vamos cada vez mais açambarcar mais e mais com medo que mais tarde possamos não ter e assim acabamos por andar numa busca desenfreada para termos o que achamos que ainda nos falta para sermos mais felizes e termos a tão ansiada paz-interior.

À semelhança dos bens materiais, também nas relações pessoais foi-nos ensinado que devemos '*prender*' a pessoa amada ao nosso lado e para isso até se inventaram cerimónias de casamento que mais não são do que contratos que obrigam duas pessoas a estarem juntas e a amarem-se por toda a vida, custe o que custar, sob pena de supostamente pecarem, etc.

Se a um dado momento essas duas pessoas evoluírem em sentidos opostos e distintos e, energeticamente passarem a ser incompatíveis, mesmo assim estão obrigadas a estar juntas, mesmo em seu prejuízo (embora haja o divórcio), sim porque essa obrigatoriedade pode atrasar a sua evolução espiritual, até porque na missão de um pode estar a evolução espiritual mais acentuada nessa vida e na missão do outro pode não estar ou pode não ter escolhido isso.

O apego estimulado pela nossa sociedade, através do contrato do casamento que obriga as pessoas a terem de ficar juntas, quer seja pelo medo ou pelo pecado - *não separe o homem o que Deus uniu* -

segundo a Igreja Católica, quer seja pelo medo de ficarem sozinhas, etc., a nossa sociedade incentiva.

Porque é que só nós é que podemos gostar da pessoa que está ao nosso lado?

Porque será que essa pessoa, aos olhos do parceiro, não pode gostar de mais ninguém a não ser dele/a? Não será por medo de vir a perder?

Se há medo de perder, criou-se uma Lei, que obrigada duas pessoas a ficarem juntas, no entanto quando agimos com base no medo, o que estamos a dar força e energia é a essa energia, que é uma energia negativa, que vai acabar por atrair para nós, mais situações de energia negativa.

Porque é que não podemos amar uma pessoa sem a ter ao nosso lado e sem ter uma vida em conjunto?

Porque é que temos de garantir que a pessoa amada é nossa e só nossa? Aqui está o medo de virmos a perder e quando isto acontece, já perdemos, só que ainda o não materializamos.

Se calhar seria útil começarmos a pré-programarmo-nos para sentirmos mais amor e menos apego, com informações do género:
- *quanto mais amor eu sinto, mais desapego eu tenho.*

Em relação ao apego aos bens materiais, cada vez mais tomamos consciência que os bens materiais, mais não são do que bens efémeros, que acabam por nos trazer prazeres momentâneos e passageiros, mas que no fim de contas nos deixam mais vazios do que antes de os termos possuído. Esta é uma realidade que cada vez mais é sentida por todos nós. Todos nós sentimos que tem de haver algo mais… tem de haver algo mais duradouro e que nos preencha e que dependa de nós e não de um bem material ou mesmo do que uma pessoa possa fazer ou não, por nós.

Muita gente argumenta como pode acreditar nas coisas mais espirituais se não as vê, ao invés das coisas materiais que estão à vista de todos?

Se repararmos bem tudo aquilo a que chamamos de material é perecível e logo efémero, logo, vai acabar mais ou menos depressa.

Ao contrário dos bens materiais, incluindo até as próprias pessoas encarnadas, tudo o que está no Plano Espiritual, tem um carácter permanente, incluindo a nossa própria vida que se vai perpetuar, até porque no Plano Espiritual não há morte, até porque se houvesse seria a morte de um corpo espiritual e isso não é possível.

Em que é que podemos confiar mais, será naquilo que sentimos ou, por exemplo, no nosso carro ou na nossa casa?

Se confiarmos naquilo que sentimos, sabemos que vai depender de nós manter essa sensação, já se for a confiança num bem material, mesmo que o tratemos da melhor forma possível, com o tempo sabemos que vai deteriorar-se e acabar por morrer e sair da nossa existência sem que o possamos evitar, como, por exemplo acontece com o nosso carro, a nossa casa, etc.

Na maior parte das vezes apenas podemos prolongar um pouco mais a posse dos bens materiais que temos, pelo cuidado e bons tratos que lhes devemos dispensar (à semelhança do que devemos fazer com o nosso corpo humano), mas o tempo de vida útil é diminuto, comparado com a nossa existência terrena e ainda muito menos, se compararmos com a nossa existência permanente depois de estarmos num corpo espiritual.

Também com o nosso próprio corpo, que tanta gente assume como sendo a única coisa que existe, com o tempo vai começar por assumir novas formas, vai ficar com menos vitalidade, com menos capacidades, etc., e por fim vai deixar de funcionar e deixar de servir para continuarmos a ter experiências na matéria, pelo que, quando isso suceder apenas vamos mudar para um corpo espiritual e quem sabe possamos voltar numa próxima encarnação com outro corpo com outras capacidades e talentos, para termos novas e diferentes experiências.

Um dos muitos ensinamentos espirituais é que não nos devemos apegar a nada material, incluindo o nosso próprio corpo – que devemos cuidar e tratar bem, até porque vamos ter de prestar contas sobre o uso deste corpo que nos foi emprestado -, pois, à semelhança dos bens materiais que acabam por morrer, também este nosso corpo quando cumprir a sua função vamos deixá-lo e convém que o deixemos na consciência de que o usamos da melhor maneira possível e que serviu os nossos interesses, pois caso isso não aconteça, vamos ter de prestar contas de o termos estragado ou deteriorado antes do tempo, por maus hábitos, que podemos ter tido durante o tempo que o usamos.

Acontece que, neste mundo em que nos incutem o materialismo como meio para atingir a felicidade, leva a que muitas pessoas não acreditam em nada mais para além do material e apegam-se de tal maneira aos bens materiais (incluindo o próprio corpo físico, ou até à sua juventude) que quando ficam mais velhas ou quando atingem a velhice e se aproxima a morte do corpo, vão sofrer enormemente, até por antecipação, pois para elas não existe mais nada para além dessas coisas materiais que vêm.

«Se um dia acordares e te sentires especialmente bem, se calhar já morreste e ainda não deste conta.»

Muitas pessoas têm pavor da morte, porque só acreditam no material... porque só acreditam que são apenas aquele corpo e quem pensa assim é natural que tenha medo, até porque ao acreditarem que quando morrerem vai acabar tudo, é normal que tenham medo, pois acreditam que vão deixar de existir e contam que a sua existência se vai resumir a 60, 70 ou 80 anos ou ainda menos, vão querer viver tudo e mais alguma coisa, para terem, certeza que que viveram tudo o que tinham para viver e experimentaram tudo o que havia para experimentar, por isso, muitos não olham a meios para viver tudo e mais alguma coisa, mesmo que sejam experiências negativas.

Uma boa maneira de nos livrarmos do apego aos bens materiais, é vermos tudo isto como algo que nos é disponibilizado para usufruiremos, mas que não precisamos de ter só para nós, não precisamos de fechar a sete chaves para ninguém nos pode tirar.

Não devemos fazer depender a nossa felicidade desses bens materiais, devemos considerá-los apenas meios que nos foram disponibilizados para nos ajudarem nas experiências que precisamos e escolhemos ter.

Se todos estes bens materiais, incluindo o nosso próprio corpo acabam por morrer e desaparecer, não acha que tem de haver coisas mais duradouras?

Qual seria a lógica do Criador em fazer com que a nossa felicidade dependesse de coisas que têm um período de vida tão curto?

Ao contrário das coisas materiais, uma das coisas que nunca vai morrer é a nossa consciência única e individual, estejamos nós encarnados na Terra, ou no Plano Espiritual, esta nossa consciência vai ser sempre nossa e vamos ter sempre a noção daquilo que fizemos.

Quando estivermos desencarnados no Plano Espiritual até nos pode ser permitido recordar as nossas encarnações passadas (se formos para a 5ª dimensão ou superior todo o esquecimento vai ser revertido) e ter consciência daquilo que fizemos de mais e menos positivo, quer para que possamos retirar algum ensinamento, quer para conhecer aqueles que estiveram connosco e que nos ajudaram, quer como nossa família, quer como amigos, conhecidos, etc.

Seria, pois, mais prático e correto dizer, que depois que morremos é que vamos começar a viver a nossa verdadeira vida, até porque vamos poder ter uma consciência mais alargada (se estivermos preparados) de todas as nossas vivências, experiências, talentos que desenvolvemos, etc., quer das diversas encarnações que tivemos aqui na Terra ou em outros planetas, quer ter conhecimento de quando estivemos no Plano Espiritual (onde podemos ter aprendido e desenvolvido alguma atividade meritória).

Devemos ter sempre a firme convicção e lembrar-nos sempre – especialmente quando estamos a sofrer alguma situação mais dolorosa –, que a nossa Super-alma e a nossa Equipa Espiritual sempre vão estar disponíveis para nos ajudarem, basta para isso que queiramos e estejamos em condições de receber essa ajuda.

Devemos recorrer e pedir ajuda à nossa Equipa do Plano Espiritual, não para fazerem as coisas por nós, mas para que nos possam ajudar, para que, por exemplo, tenhamos mais coragem e entusiasmo para enfrentar determinada situação mais difícil ou dolorosa, para tirarmos o ensinamento respetivo, etc..

Quando nos deparamos com uma situação mais dolorosa, se calhar o pedido mais lógico a fazer seria do tipo: - *livrai-me desta dor*, no entanto, se calhar, não vai ser esta a ajuda que vamos receber, até porque se a nossa Equipa Espiritual nos livrasse da dor sem termos o ensinamento devido, não nos estariam a ajudar, pelo que, em vez de pedirmos para não termos aquele sofrimento, que tal pedir o ensinamento respetivo? Até porque quando retiramos algum ensinamento, não nos vamos estar a livrar só dessa dor, mas também a impedir que outros sofrimentos que possam vir no futuro para retirarmos aquele mesmo ensinamento, pois quando o ensinamento já foi apreendido já não são precisas mais provas.

É muito bom e muito útil percebermos, que é nas provações e nos momentos menos bons porque passamos que recolhemos os melhores ensinamentos, no entanto podemos à primeira vista não nos apercebemos destes ensinamentos pois estamos a analisar tudo mentalmente e de forma racional e, estes ensinamentos, na grande maioria são as experiências que a nossa alma a um nível espiritual precisa, logo só os poderemos entender e aceitar melhor se fossem analisados desta forma, mas para isso teríamos de ver estas situações com os *olhos do ensinamento* e não com os *olhos do sofrimento*, ou seja, para retirarmos um ensinamento temos de ver a situação não na perspetiva de quando estávamos a sofrer, mas depois, já libertos da pressão do sofrimento, passarmos avaliar o ensinamento associado a essa situação.

Claro que para nós seres humanos a viver a realidade da matéria da terceira dimensão seria muito mais fácil aceitar essas aprendizagens que nos chegam em forma de sofrimento, se pudéssemos conhecer de imediato o ensinamento que daí retiramos, mas na maioria das vezes não estamos preparados.

Os buscadores nunca se perdem, porque o espírito está sempre a indicar caminhos e recebem continuamente pistas do mundo espiritual, são as chamadas sincronicidades… as pessoas comuns chamam essas pistas de coincidências, mas não existem coincidências no caminho da evolução espiritual, cada evento que ocorre tem um objetivo concreto e válido. O espírito pediu determinado evento e deseja conhecê-lo para aprender e ficar mais sábio e mais forte.

O que acontece neste mundo materialista é que nos esforçamos para resolver os nossos problemas, ao nível da mente e do ego, mas o espírito percebe que não deve ser assim, que devemos antes analisar esses acontecimentos de forma mais desprendida e mais distante, pois quando forçamos em demasia e colocamos muita energia e muita força para tentarmos perceber tudo ao nível da mente, normalmente não conseguimos perceber nada, pois é no silêncio que podemos escutar as respostas que procurámos. Como poderíamos ouvir um segredo ou ensinamento no meio de grande barulho e confusão?!!

A seguir alguns exemplos de sofrimentos que nos podem trazer ensinamentos bem distintos:
- por exemplo em forma de solidão que nos pode querer ensinar a conhecer-nos melhor para além da máscara social;
- pode ser a rejeição que nos vem mostrar o quanto ainda somos carentes e dependentes da validação exterior;
- pode ser uma doença que nos pede para pormos todas as nossas escolhas em causa e reanalisarmos o rumo da nossa vida;
- pode ser uma gravidez inesperada que renova em nós a magia da vida;
- pode ser uma pessoa extremamente difícil nas nossas relações que nos pede uma nova visão e resposta mais humilde da nossa parte;

- pode ser uma declaração de amor que nos vem mostrar o potencial de amor que existe em nós;
- etc..

A SOLIDÃO NO CAMINHO ESPIRITUAL

Se continuas a pensar e a fazer o que sempre fizeste, vais ter o que sempre tiveste, vais ser o que sempre foste, não evoluíste.

A evolução a nível espiritual, exige muito trabalho, essencialmente trabalho de investigação, pesquisa e, por fim, a prática.

A evolução, assenta essencialmente em acreditar que tudo tem uma *razão-maior-de-ser*. Claro que não cheguei a esta conclusão continuando a pensar e a fazer as coisas que sempre fiz. No meu caso particular, achei que aquilo que fazia (como atividade profissional durante mais de dezassete anos seguidos), já não me acrescentava nada na minha evolução, foi nesta altura que decidi que precisava de novas experiências e aprendizagens e assim incrementar e acelerar o meu processo de crescimento espiritual.

Como diz o Prof. Laércio Fonseca, as pessoas têm uma grande oportunidade de fazer diferente quando por exemplo são despedidas de um emprego, para passarem a fazer diferente e coisas que lhe tragam satisfação, mas em vez disso, ficam stressadas enquanto não encontram novo emprego que lhes vai trazer mais do mesmo, que, na maioria dos casos, vai ser um trabalho de que não gostam e que só o fazem para poderem fazer face a compromissos financeiros que têm e que vêm promovendo, que na sua maioria não promovem a sua evolução, nem tão-pouco a sua saúde física.

Claro que os compromissos que assumimos deverão ser cumpridos, não vou aqui referir que não devemos cumprir os nossos compromissos, o que eu digo (assim como o Prof. Laércio) é que, por exemplo o despedimento (no meu caso foi uma saída por minha iniciativa), pode ser uma excelente oportunidade para passarmos a fazer diferente e conseguirmos evoluir com novas experiências, foi o que eu próprio fiz…

O que acontece, na generalidade das pessoas é que, condicionadas pela publicidade que vêm, criaram compromissos e obrigações financeiras a que estão *presos* e agora são obrigados a ter um rendimento que dê para cobrir aquelas despesas que já fizeram, mais ou menos antecipadamente, mas que ainda não pagaram na sua totalidade.

Claro que, fazer diferente, pode não ser possível *do dia para a noite* (embora no meu caso e no caso de Buda tenha sido isso que quase aconteceu – embora eu próprio não me possa comparar com Buda em quase nada), pois pode haver compromissos, nomeadamente de ordem familiar (filhos, marido/esposa, etc.) e financeiros que não comportem uma mudança imediata.

Se vamos passar a fazer diferente, os meios financeiros vão ser diferentes, por passarmos a fazer diferente... a nossa disponibilidade também vai ser diferente (quer para a nossa família, quer para um trabalho) ... a nossa disponibilidade idem, os lugares onde vamos passar a estar idem, as pessoas com quem vamos passar a estar com mais frequência, idem, etc.

No começar a fazer diferente vão começar a aparecer os primeiros danos colaterais que são, entre outros, a solidão...

Porque é que há solidão no caminho espiritual? Simplesmente, porque se agora só nós é que estamos a pensar e a fazer diferente e os outros continuam a pensar e a fazer o mesmo de antes, nós vamos estar em caminho diferentes dos outros que continuam a fazer o mesmo.

É normal que haja um afastamento de ambas as partes, até porque o que aos outros continua a interessar, a nós deixou de interessar. Aqui começa a parte dolorosa até porque este afastamento, embora seja inevitável e saudável, vai doer um pouco no início, até porque, na maioria das vezes vamos ter de afastar-nos das pessoas mais próximas e que mais gostamos (que até pode incluir a família direta), pela simples razão de que o que elas fazem pode ser incompatível com o nosso novo pensar e fazer, por isso o afastamento de uns e outros, além de vir a ser inevitável, vai ser saudável e benéfico para ambas as partes, embora seja doloroso em especial no início.

No entanto as nossas recompensas por fazer diferente, vão começar a aparecer.

No meu caso, o fazer diferente, foi depois de muita investigação e aprendizagens de várias fontes. Juntei o que em comum essas várias fontes indicavam, com as minhas sensações em relação a esses ensinamentos e o resultado foi uma crença e convicção cada mais profundas e consolidadas, de que estou no caminho certo.

Muita gente pergunta-me:
– porque é que acreditaste no que aquela pessoa disse e não no que outra disse?

Claro que eu não acredito, por acreditar... acredito porque para mim tem lógica e coerência, principalmente à luz dos ensinamentos de carater espiritual, que venho referindo neste livro e que depois fui investigando através de várias fontes.

Uma das condições que eu coloco a mim mesmo, para aceitar algum novo ensinamento ou mesmo informação, é em primeiro lugar avaliar quais as sensações que essa informação me traz: se me traz boas sensações é para aceitar e reforçar se possível com mais investigação; se me não traz boas sensações, opto por descartar ou avaliar melhor através de outras fontes.

O processo de aceitação de uma nova forma de fazer, começou antes com uma nova forma de pensar e de falar (através da várias terapias ganhei essa noção), até porque, quer queiramos, quer não queiramos, o pensamento (mesmo que por milionésimos de segundo) antecede sempre a ação... depois continuou com a investigação de vários outros autores (que me transmitem confiança) sobre os mesmos assuntos, e assim se começaram a formar novos ensinamentos, que se transformaram em novas crenças e convicções, cada vez mais consolidados, que deram origem a um *fazer diferente*.

Os grandes Mestres da humanidade, desde Buda, Maomé ou Jesus, no seu processo de iluminação, os três optaram inicialmente por uma caminhada solitária, para exemplificar que, na nossa caminhada espiritual, devemos estar desapegados de tudo e de todos, pois, quer queiramos, quer não queiramos, em algum tempo da nossa caminhada vamos ser apenas nós com nós mesmos.

No caso de Buda ou Sidarta Gautama (que era um Príncipe e a sua esposa tinha acabado de dar à luz o seu primeiro filho) e Maomé que tinha vários filhos, ambos deixaram as suas famílias para procurar a sua iluminação, porque reconheceram que não seria possível levarem consigo a sua família. Apenas Jesus e pelo que se sabe não tinha família constituída, mas mesmo assim, saiu da casa de seus pais, inicialmente de forma solitária.

Todos estes mestres, mais tarde, depois da sua iluminação tiveram inúmeros seguidores, mas só numa fase posterior à sua iluminação, que mais não foi do que tomarem consciência dos Seres Divinos que são, através de visões que tiveram do mundo espiritual, porventura viagens astrais conscientes, etc.

Estes Mestres deixaram as suas famílias para buscar a sua iluminação, não porque não gostassem das suas famílias, mas porque reconheceram que, aquela busca seria atrapalhada ou dificultada, se tivessem de dar atenção à sua família.

Para complementar esta exposição sobre a iluminação dos grandes Mestres da humanidade, cabe aqui referir uma passagem dos Evangelhos, que reflete bem esta situação e que mostra bem que, para se conseguir a iluminação, ou caminhar nesse sentido, tal tem de ser uma busca solitária – embora em alguns casos possa haver companhia, como no caso dos discípulos destes Mestres, embora numa fase posterior -, refere Jesus quando um abastado se Lhe dirige e pergunta: *- Mestre o que preciso para entrar no Reino dos Céus?* e Ele diz: *- Deixa tudo e segue-me...* aí é referido que, porque o homem era muito abastado, retirou-se em silencio e não O seguiu.

Porque é que a riqueza pode ser um impedimento de crescimento e evolução espiritual? Simplesmente porque como dizem as Escrituras, um amo não pode servir a dois Senhores ao mesmo tempo, ou seja, uma pessoa não pode estar a tratar dos negócios e ao mesmo tempo estar em práticas espirituais, até porque umas e outras precisam de tempo, logo são, mais ou menos incompatíveis.

Se, a nossa família pode ser um empecilho para alcançarmos ou evoluirmos espiritualmente, de uma forma mais rápida, também os apegos materiais, são um dos fatores que impedem ou fazem com que não evoluamos mais eficazmente, pelo simples facto de que, não podemos fazer duas coisas distintas ao mesmo, tempo, ou teremos de cuidar da nossa família e/ou negócios ou temos de trabalhar no nosso crescimento espiritual.

A partir da altura em que temos novos conhecimentos, vamos também passar a ter mais obrigação de fazer diferente e de acordo com esses novos ensinamentos, para nos mantermos coerente naquilo que aprendemos. Como diz o Prof. Hélio Couto, não é só aquele que fez a bomba atómica que matou milhões de pessoas na 2ª guerra mundial que vai ter carma negativo para resgatar, mas também todos aqueles que contribuíram de alguma maneira para que ele pudesse ter condições para fazer essas bombas... refere o Prof. Hélio Couto, um exemplo... até a senhora que serviu o café àquele que inventou as bombas atómicas vai ter carma para resgatar. Claro que o carma que um (cientista) e a outra (senhora que lhe trazia o café), vai ser muito diferente, muito maior para o primeiro e menor para a segunda, mas ambos vão ter de resgatar carma, porque cada um contribui, para aquele fim, logo, quando tomarmos consciência do novo fazer, provavelmente vamos ter de abdicar de algum trabalho, dinheiro, além de pessoas, etc..

É da máxima importância que nos afastemos ou não apoiemos tudo aquilo que possa acarretar carma negativo, mesmo que nós não sejamos os responsáveis diretos, pois assim vamos evitar carma coletivo por termos dado o nosso apoio ou energia para aquela coisa ou situação se manifestar.

Cuidar apenas da nossa família, pode ser apenas a missão da vida de uma pessoa e caso essa missão seja levada a cabo positivamente, isso vai certamente influenciar positivamente na evolução espiritual dessa pessoa, até porque com esse tipo de missão pode estar a resgatar carma do passado, que depois de limpo, vai fazer com que numa futura encarnação esteja livre dessas obrigações e possa depois ocupar-se a tempo inteiro da sua evolução espiritual mais específica

Conforme acabei de referir, é muito importante ter em conta que, a nossa missão de vida, nem sempre serão feitos grandiosos e gloriosos, ou uma busca solitária de evolução espiritual, pode ser apenas cuidar de uma família, ou ter uma determinada profissão, isso pode ser o que está previsto durante uma encarnação e isso pode bastar... no entanto cada caso vai ser um caso, em que uns e outros podem e devem fazer coisas diferentes que vão contar para a sua evolução se forem feitas com energia positiva ou boas intenções.

É muito importante ter a noção que uma vida aparentemente insignificante, mas vivida de uma forma elevada e positiva, pode ser uma missão muito bem-sucedida.

COMO NOS PROTEGEMOS DAS MÁS ENERGIAS

Antes de começar a desenvolver este assunto deixo-vos com uma parábola, que começa desde já por ilustrar este assunto, que tem por título: O duelo entre o feiticeiro e o sábio, começa assim:

Na antiguidade, um ser negativo ou feiticeiro muito poderoso foi procurar um sábio e desafiou-o em público e disse-lhe:

- Eu te desafio, ó sábio, a realizares comigo um confronto psíquico. Eu vou-te enviar muitas energias negativas e espíritos trevosos e você pode usar as armas que você quiser contra mim e no fim vamos ver quem consegue resistir melhor aos ataques um do outro.

Havia uma multidão a observar este diálogo entre o mago e o sábio. Logo após o mago lançar o seu desafio, todos olharam para o sábio a fim de saber qual seria a sua reação, mas o sábio, serenamente, disse:

- Eu aceito seu desafio.

No dia seguinte, toda a multidão foi acompanhar o duelo entre o mago e o sábio. O mago estava munido de vários tipos de símbolos, adereços, cordões, imagens, anéis, etc., enquanto a sábio nada possuía consigo, estava apenas com a roupa do corpo, que era sempre de cor branca.

O feiticeiro em voz alta disse:

- Que o embate comece!

Assim que se iniciou, o feiticeiro fez uns desenhos no chão, pegou na sua vareta e começou a mentalizar más energias em direção ao sábio. Nesse momento, dezenas de espíritos trevosos foram ao encontro do sábio, que em posição de lótus, parecia estar em estado meditativo.

Os espíritos negativos atacaram o sábio, que permaneceu impassível e sereno diante de todos os ataques.

As energias negativas envolviam-no, mas o sábio parecia não ser afetado por elas. O feiticeiro então tentou outras técnicas, mas nenhuma parecia atingir aquele homem santo.

Passado algum tempo, o feiticeiro começou a sentir-se mal, sentiu falta de ar e começou a ter taquicardia, começou a fraquejar, e quase desmaiou. Então deu-se por vencido e admitiu que, de facto, o sábio era mais poderoso do que ele, já que a sua magia foi ineficaz em relação ao sábio, mas a magia do sábio havia sido certeira contra ele próprio.

Assim que o desafio se encerrou, todas as pessoas foram perguntar ao sábio que técnicas de combate espiritual ele usou contra o feiticeiro para se defender, e todos ficaram ansiosos pela resposta.

Então um homem falou alto:

- Conte-nos, sábio! Que grande magia usaste que o deixou fraco e fez com que vencesse esse duelo e esse desafio?

O sábio, ainda com olhar sereno, respondeu a todos o seguinte:

- Não usei nenhuma magia nem qualquer técnica psíquica, respondeu o sábio.

Toda a multidão ficou sem entender nada, como é que o feiticeiro se sentira tão mal se o sábio não usou nenhuma técnica de combate astral? Mas o sábio, retomando a palavra, explicou:

- Não amigos, não usei nenhuma técnica, prática ou magia paranormal contra ele. O que eu fiz foi só simplesmente o seguinte: no momento em que ele me enviava energias negativas e espíritos trevosos, eu enviava a ele energias de amor, paz e luz e foram essas energias que me protegeram dos ataques que ele mandou para mim.

O feiticeiro ouvindo isso, perguntou:

- Mas então por que eu passei mal durante o desafio?

O sábio respondeu:

- Todas as pessoas têm uma sombra e essa sombra pode ser comparada a um quarto escuro, lá dentro na nossa mente inconsciente, que é onde guardamos tudo aquilo que de ruim há em nós e com que não nos desejamos confrontar ou conhecer, como pensamentos, emoções, mágoas, etc.

O que acontece quando acendemos a luz de um quarto escuro onde tudo de mau e ruim está guardado? O que acontece é que vamos passar a ver o que antes estava escondido pela escuridão, e passamos a entrar em contato com todo esse mal que lá está. E quando nos deparamos com tudo esse mal e não queremos solucionar, vamos sentir-nos mal, pois estamos a ver e a tocarmos nossas feridas ena nossa escuridão interior que agora fica bem visível e isso vai gerar uma tensão e desconforto naqueles que não desejam mudar e por isso vão sentir-se mal. As trevas rebelam-se contra a luz, mas a luz ofusca e afasta todas trevas.

Um dos maiores ensinamentos dos mestres é que ninguém deve lutar contra as trevas, as mesmas armas das trevas, basta apenas acender a nossa luz, basta apenas elevar a nossa energia.

O sábio completou então o seu ensinamento:

- Quando cada um de vocês conseguir iluminar e vencer as suas trevas interiores, não há qualquer coisa neste mundo, por pior que seja, que vos poderá atingir ou vos abalar.

Fica por aqui o duelo entre o feiticeiro e o mago em forma de metáfora que nos diz que a melhor ensinamento para nos defendermos de energias negativas é responder com energia positiva e de altas vibrações, se assim fizermos vamos estar sempre protegidos pois as trevas e a escuridão nada podem contra a energia da Luz ou do Amor.

A melhor forma de nos protegermos das energias negativas dos outros que é sairmos desse padrão de energia negativa, pois assim vamos passar a estar desalinhados e não sintonizados nesse tipo de energia.

Se, por exemplo respondemos com ódio a quem nos odeia, vamos estar alinhados na mesma frequência energética dessa pessoa e assim predispomo-nos a receber essa energia e outras equiparadas sucessivamente.

Como alguém disse, o crime perfeito é quando enviamos energia negativa a outra pessoa, pois, se ela estiver na mesma frequência vibracional da energia que lhe enviamos (ou com emoções semelhantes) irá receber essa energia e ser atraída para lugares e situações onde lhe pode acontecer aquilo que lhe enviamos em forma de pensamento, como por exemplo algum acidente, mal-estar ou doença mais ou menos grave.

O que pode acontecer é que sempre que uma pessoa deseja mal a outra, essa energia tem endereço e destinatário certos, pelo que, se a outra pessoa se mantiver no mesmo estado de vibração energética em relação à pessoa que lhe enviou essa energia em forma verbalizada ou mesmo em pensamento, aquela energia vai com toda a certeza atingir a outra pessoa, porque ao serem duas energias de qualidade semelhante, vão atrair-se (na Lei da Atração são as energias iguais que se atraem), o que se pode traduzir, na prática, por essa pessoa ser atraída para situações que lhe poderão provocar o que lhe é sugestionado negativamente.

No entanto, para o Plano Espiritual, não há crimes perfeitos, nem nenhum deles fica sem julgamento (ao contrário da justiça terrena), até porque tudo o que fizemos ou estamos a fazer, vai ficar registado na nossa ficha pessoal no Plano Espiritual, pelo que, se acha que depois de morrer, vai tudo acabar e tudo o que fez de bom ou de menos bom vai ser esquecido, não conte com isso, pois o que vai acontecer vai ser precisamente o contrário, tudo vai ser analisado… tudo o que fizemos de bom e tudo o que fizemos menos bom e mau.

Um dos maiores sofrimentos que vamos ter quando desencarnarmos e estivermos no Plano Espiritual, é o remorso que vamos ter ao sermos confrontados com aquilo que de menos bom ou mesmo mau e negativo fizemos, sem que mais nada possamos fazer para reverter essa situação.

O maior sofrimento que vamos ter vai ser por termos desperdiçado uma vida a fazer aquilo que agora nos está a causar tanto sofrimento, quando tínhamos todas as condições para fazermos muito melhor.

Vai ser, portanto, um sofrimento entre nós e a nossa consciência, mas como toda a criação Divina é Perfeita, também aqui, por mais negativo que tenhamos feito, tudo poderá ser revertido num futuro mais ou menos distante e para isso acontecer até vamos contar com a ajuda de muita gente, incluindo familiares e amigos e também da nossa Equipa do Plano Espiritual como Guias, Mentores, Guardiões, etc.

Umas das situações que mais nos pode trazer esperança num futuro melhor é saber que aquilo que fizemos um dia ou estamos a fazer hoje mesmo vai ficar registado, pelo que, nesta convicção e certeza, não vai ser indiferente para nós fazer o bom e positivo, ou o mau e negativo, até porque será fácil prever que o que fizermos de positivo vai contar positivamente e que tivermos feito de negativo vai contar negativamente para o tipo de experiências que vamos ter no futuro.

A qualidade da nossa energia a cada instante equivale a uma emoção ou sentimento, sendo que em termos gerais apenas existem duas espécies de energia: a positiva e a negativa. Qualquer sentimento ou emoção faz com que emitamos uma determinada qualidade de energia que pode ser pois, em essência, uma energia positiva ou negativa.

Vamos ver alguns exemplos daquilo que afeta positivamente e negativamente a nossa vibração energética:
- *o que pensamos, o que falamos e o que fazemos:*
  O pensamento aqui vem em primeiro lugar, porque, mesmo que não nos apercebamos toda e qualquer ação precede um

pensamento, incluindo até a própria reação do nosso corpo, que foi incorporada primeiramente através de um pensamento.

Com todo e qualquer pensamento que temos, o que estamos a fazer é a emitir uma determinada energia para o Universo. Se temos pensamentos negativos, de desânimo, tristeza, raiva, medo, etc., toda esta energia além de a libertarmos para o Universo, vai também afetar-nos a nós em primeiro lugar, porque foi criada por nós e porque estamos a vibrar nessa frequência energética, parte dela vai ficar connosco, por isso é muito importante que cuidemos da qualidade dos nossos pensamentos e que aprendemos a ter pensamentos cada vez mais positivos.

Se passamos o dia a reclamar ou a pensar e falar mal das coisas e das pessoas, isso afeta a qualidade da nossa frequência energética. Para mantermos a frequência da nossa energia em altas vibrações, é fundamental que eliminemos todos os pensamentos e hábitos que possam gerar energia negativa.

- *relacionamentos:*

As pessoas que estão à nossa volta podem influenciar diretamente a qualidade da nossa energia.

Se estamos ao lado de pessoas de energia positiva, alegres, determinadas, etc., vai ser mais fácil para nós entrarmos nessa vibração, mas se estivermos cercados de pessoas de energia negativa, tomemos cuidado, pois elas podem fazer com que sejamos afetados por essas energias – basta que já estejamos a vibrar numa energia aproximada ou que por exemplo, através de um acesso de raiva ou outra energia negativa, tivermos aberto a porta para nos alinharmos com essas energias e assim ficamos predispostos para nos alinhar-nos cada vez mais com essas energias ou com energias ainda mais negativas.

- *as músicas que ouvimos:*

As músicas são poderosíssimas. Se só escutarmos músicas que falam de morte, traição, raiva, ódio, tristeza, abandono, etc., sem nos darmos conta, estamos a ligar-nos a esse tipo de energias e por consequência a ser atraídos para esse tipo de situações;

Certamente já escutou aquela música que, de tanta emoção até chorou ou teve outra emoção: nestas situações a mensagem chegou até à sua mente inconsciente e vai criar programas de comportamento, até porque a sua mente inconsciente não avalia possibilidades, ela só executa e quando a mensagem causa alguma emoção, esse é um sinal que chegou à parte inconsciente da mente e está a criar um programa automático de comportamento, que vai ser tanto ou mais reforçado, quanto mais ouvirmos e nos emocionarmos com essa música.

Em muitas músicas ficamos tão sintonizados e alinhados na mensagem que transmitem, que quase imaginamos a história como se lá estivéssemos. Claro que, se essa história fosse positiva, até seria bom para nós, mas se avaliar melhor as músicas que ouve se calhar, vai ficar surpreendido com a mensagem negativa que transmitem e vai começar a perceber a razão de ser de alguns dos seus comportamentos e sofrimentos;

Devemos prestar atenção na letra das músicas que escutamos, pois elas podem estar a diminuir a nossa frequência vibracional. Não nos devemos deixar enganar por músicas que até podem ter uma melodia muito bonita e que até podem falar de amor, mas que na verdade, estão a falar de um amor possessivo, de traições, abandonos, de apego, e muito mais;

Vamos ficar negativamente surpreendidos, mesmo com aquelas canções mais *inocentes* e de que tanto gostamos, ao constatarmos que a mensagem que está nessas músicas não é na verdade aquilo que mais desejamos para nós;

Também a nível mais energético, quando começa a cantar para si mesmo aquela música de que tanto gosta, mas que a sua letra está carregada de energia negativa, o que está a fazer é a baixar-se ou a alinhar-se a esse tipo de energia, que vai equivaler na prática a ser atraído para vivenciar a mesma história da canção.

Ainda podemos ser mais subtilmente influenciados através da música, através de mensagens subliminares: quem nunca ouviu já referências a imagens subliminares de cariz sexual, comercial e outros, que foram colocadas em filmes da Disney para influenciarem e terem maiores vendas?

As mensagens subliminares, são muito fáceis de colocar, quer em músicas, quer em filmes e na sua generalidade podem ser de dois tipos: em imagens e em palavras.

Em relação às músicas, coloca-se uma mensagem de voz distorcida, ou muito lenta, ou muito rápida, ou de trás para a frente, etc., que a nossa mente inconsciente vai perceber, mas que conscientemente não vamos notar, fazendo com que aquela mensagem chegue até à nossa mente inconsciente, pela simples razão de que a nossa mente consciente não a consegue detetar e impedir, no estado (quase de transe) em que muitos ouvem as suas músicas favoritas e por isso, mais fácil se torna que essas mensagens fiquem bem gravadas na mente inconsciente da pessoa.

Em relação aos filmes, colocam-se algumas imagens no cenário, ou no tratamento técnico das imagens finais do filme: troca-se uma imagem de um fotograma *(que é cada uma das imagens impressas no filme cinematográfico a uma cadência constante de 24 imagens por segundo e depois projetados no mesmo ritmo sobre uma tela, os fotogramas produzem no espectador a ilusão de movimento)*, por outra para incentivar determinado comportamento, são as chamadas *imagens arquetípicas*.

Esta é uma técnica simples para condicionar pessoas, basta que, quer a música, quer o filme em questão cheguem a muita gente.

Como todos sabemos que quem está por detrás disto, também controla os meios de comunicação social, fácil será perceber que, com toda a certeza estamos a ser condicionados através destas técnicas, não fosse a ganância desses poucos, falar mais alto.

- *aquilo que optamos por ver nos meios de comunicação social:*

Quando assistimos a programas que abordam desgraças, mortes, traições, etc., o nosso cérebro aceita aquilo como uma realidade e liberta toda uma química no nosso corpo, fazendo com que a nossa frequência vibracional seja afetada e se nivele nessa frequência energética. Devemos, pois, ter sempre a noção se aquilo que optamos por ver nos meios de comunicação social nos faz sentir bem (boas energias) ou se pelo contrário nos fazem sentir más sensações (energia negativa).

Muitos argumentam que têm de ver TV's e ler jornais porque precisam de estar informados, no entanto se reparar bem, a maior parte da informação além de ser de carater negativo, o foco e a ênfase vai ser esse mesmo que de notícias mais positivas.

Claro que alguma situação menos boa que está a acontecer poderia ser informada, com a intenção de proteger, mas se reparar bem, não é isso que acontece na generalidade dos meios de comunicação social.

Para estarmos informados de algo menos positivo não temos de estar constantemente a ver isso, basta que, por breves instantes, retiremos o ensinamento devido e nos concentremos em energia positivas e de altas vibração, como esperança, confiança, etc., no entanto a maioria das pessoas está constantemente ligada a estas noticias de cariz negativo e de tanto ver, na mente delas fica criada a sensação de que aquela situação mais negativa poderá também chegar até si, começando com isso a alinhar-se com essas energias, que lhe vão trazer isso mesmo, mais tarde ou mais cedo.

- *o ambiente que nos rodeia:*

Seja na nossa casa ou no nosso trabalho, se passamos grande parte do tempo num ambiente desorganizado, sujo, feio, isso também afetará nossa energia, mas neste caso pela negativa, pelo que, se queremos atrair boa energia no local onde estamos devemos manter junto de nós aquilo que eleva as nossas energias e descartar (pois assim vamos criar espaço para as coisas boas chegarem) aquilo que não nos é útil ou que não traz consigo energia positiva.

- *a gratidão:*
  Como disse no capítulo da Energia da Gratidão, agradecer é porventura a energia que mais retorno imediato nos dá, até porque quando manifestamos gratidão a alguém de algo que essa pessoa nos deu, estamos desde logo a sinalizar a nossa aceitação para doações futuras e aquele que doou, vai desde logo saber que nós ao agradecermos foi porque gostamos da oferta que nos foi feita e por estamos disponíveis para continuar a receber.
  Também quem dá, vai beneficiar de ter dado, até porque o Universo e o Criador vão fazer com que aquela pessoa que tem consigo a energia da doação tenha cada vez mais para poder também doar mais.
  A Gratidão afeta positivamente a qualidade da nossa frequência vibracional e é um hábito que deveríamos incorporar agora e sempre na nossa vida.
  Comecemos por agradecer por tudo, pelas coisas boas e pelos ensinamentos das coisas menos boas, agradecer por todas as experiências que já vivenciamos e pelas que vamos vivenciar.
  A gratidão abre as portas para que o Universo nos faça chegar mais. Já agradeceu hoje?!

Quando tivermos a noção do que afeta a qualidade da nossa energia e por consequência afeta a nossa qualidade de vida a todos os níveis, desde: saúde, relacionamentos, prosperidade, etc., vamos ter de mudar muitas rotinas e muitos hábitos, com coragem e entusiasmo, na certeza de que vamos estar a fazer aquilo que não só nos vai acrescentar mais qualidade de vida, como também vai promover a nossa evolução espiritual.

Não podemos esperar que quando estamos constantemente a criar energia negativa à nossa volta, depois esperarmos estar rodeados de Seres de energias positivas.

É evidente que quando criamos energias negativas à nossa volta, vamos tornar mais fácil a atuação dos Seres de energia negativa, até porque eles se vão sentir mais confortáveis nessa energia, e com isso vamos também estar a dificultar a ajuda dos Seres de energia positiva.

Claro que os Seres de energia positiva ou a nossa Equipa do Plano Espiritual, vão estar sempre disponíveis para nos ajudar, no entanto quando nós criamos uma energia negativa à nossa volta (pelo que pensamos, falamos e fazemos), vamos dificultar a Sua ajuda, pela simples razão de que a comunicação ou influência vai ser muito mais difícil, por haver uma grande diferença em termos de qualidade/vibração energética.

A prece ou oração é da máxima importância, pois ao fazer com que elevemos as nossas energias, se por um lado, ficamos mais perto energeticamente das energias dos Seres positivos do Plano Espiritual, sendo assim mais facilmente ajudados, vamos também conseguir mais facilmente perceber e sentir essa ajuda; por outro lado vamos ficar mais protegidos das energias negativas, simplesmente porque nos afastamos desse tipo de energia e por consequência vai ser mais difícil sermos influenciados pelos Seres de energias negativas.

Para nos protegermos de energia negativa, vamos então ter de fazer aquilo que os negativos não gostam, ou não se sentem confortáveis. Como diz o Dr. Lair Ribeiro, a propósito dos animais, refere ele que:

> *- é muito fácil afastar os animais de uma determinada zona, basta que lhe alteremos as condições climáticas em que eles podem sobreviver... se, por exemplo através da desmatação, alteramos por exemplo o clima e o habitat desses animais, não vai ser preciso afastá-los de lá, porque eles se não conseguirem sobreviver vão embora para outros locais.*

Para nos protegermos temos, de tomar mais atenção nas sensações que temos, quando pensamos, falamos, fazemos, etc., para que quando tivermos boas sensações, podermos avaliar que essas são boas energias e quando tivermos más sensações podermos saber que isso significa que são energias negativas.

Com a perceção de como nos sentimos a cada instante, vamos poder avaliar se as energias que nos rodeiam são energias positivas ou negativas.

Porque a nossa essência é uma energia de amor, a energia que mais combina connosco vai ser sempre uma energia positiva, o desconforto significa que essa energia está muito longe da nossa essência energética, logo devemos afastar-nos dela (no entanto deveremos retirar o ensinamento que poderá ter associado).

A cada instante do dia temos de avaliar se o que estamos a sentir ou a energia que estamos a emitir é positiva ou negativa. Quando tivermos esta noção vamos criar o ambiente perfeito à nossa volta de energia positiva e, por consequência, vamos ficar protegidos contra energias negativas (pois vamos estar desalinhados destas energias), logo, uma maneira de nos protegermos energeticamente é criarmos um ambiente/energia em que os negativos (estejam eles encarnados ou desencarnados), se sintam desconfortáveis nesse lugar.

Acha que um Ser negativo vai gostar de estar consigo se você estiver a orar?

Acha que um Ser negativo vai gostar de estar consigo, se você for fazer caridade e ajudar?

Acha que um Ser negativo vai gostar de estar consigo, se você regularmente só ouve música com letras positivas?

Se uns têm pensamentos positivos e outros negativos... se uns têm bons relacionamentos e outros têm maus relacionamentos... se uns ouvem músicas negativas e com as quais se identificam e outros não ouvem ou ouvem outro tipo de músicas... se uns vêm muita comunicação social e sentem aquelas más sensações do que lhes é transmitido e outros, não vêm o que vem nos Meios de Comunicação Social... se uns se preocupam e se sentem bem em determinado lugar de boas energias e outros não... é fácil perceber que não há muito em comum entre estes dois grupos de pessoas, pelo que o mais natural é que uns e outros se acabem por afastar e acabem por estar acompanhados com quem tiver energias afins, logo, se estamos em lugares ou a fazer ações de energia negativa vamos estar, quer com pessoas humanas, quer com espíritos com energia equivalente e vice-versa.

Uns (de energia positiva) e outros (de energia negativa) vão acabar por se afastar, enquanto o grupo de cada uma das energias, vai ficar cada vez maior, pela simples razão de que essas pessoas vão acabar por encontrar-se, e sentirem-se bem entre si e vão notar, que além de juntas se sentirem melhor, vão poder ser ajudadas e ajudar dentro do grupo, isto vai acontecer, quer seja no grupo de energias positivas, quer seja no grupo de energias negativas.

Em resumo: *sempre que nos quisermos proteger ou afastar de alguém, basta que não façamos aquilo que ele faz, ou que façamos mesmo o oposto, pois assim, o outro não se vai sentir confortável na nossa presença que é isso que queremos.*

Já reparou que, tudo aquilo que permanece connosco é porque de alguma forma, manifestamos gratidão, carinho ou outro tipo de energia positiva equiparada.

Comece a tratar os seus animais de estimação mal com maus-tratos... comece por não cuidar ou ir regar a sua horta... comece por desprezar o seu marido/esposa... vai ver que não vai demorar muito que essas pessoas, coisas e animais se afastem de si e que as árvores e plantas da sua horta deixem de produzir e acabam por morrer.

Lembre-se que uma maneira que vai funcionar sempre (para o positivo e para o negativo) é: se quer que uma coisa, pessoa ou situação permaneça na sua vida, vai ter de fazer com que isso goste de estar perto de si e, para alguém ou alguma coisa, gostar de nós, vamos ter de gostar nós primeiro... até porque ninguém vai gostar de estar num lugar onde não gostam de si e isto vai funcionar, não só para pessoas, animais, plantas, mas também para as nossas doenças e tudo o mais...

Devemos ter sempre em conta que, se a nossa mente se acostuma a dar importância à dor que os outros e os eventos nos infligem, cada vez mais vamos ser atraídos para situações que nos provoquem dor e sofrimento cada vez maior e mais vezes.

Como a intensidade de um sentimento de dor aumenta com o hábito, tudo o que nos vier a acontecer vai acabar por nos provocar cada vez mais dor e, será cada vez mais difícil encontrarmos a paz dentro de nós mesmos.

Por exemplo, quando estamos a vibrar numa energia negativa de hostilidade (ou outras, quer sejam positiva ou negativas), todas as aparências assumirão um caráter hostil, até porque a nossa mente está focada em encontrar mais dessa energia e à mínima semelhança iremos ser atraídos para lá. No entanto como não temos noção de que fomos nós que criamos aquela energia, iremos lutar contra o nosso destino, chegando até a duvidar do próprio sentido da nossa vida.

Todo o sofrimento deseja sobreviver, mas para isso acontecer, ele precisa conseguir que nos identifiquemos inconscientemente com ele, portanto, quando o sofrimento toma conta de nós ele cria uma situação nas nossas vidas que reflete a própria frequência de energia da qual ele se alimenta.

Sofrimento só se alimenta de energia de sofrimento (ou equiparada), não se consegue alimentar de energia de alegria ou semelhante.

Quando o sofrimento nos domina, faz com que desejemos (de forma inconsciente) ter mais sofrimento e em consequência disso vamos passar a sentir-nos vítimas desse sofrimento ou então vamos infligir esse sofrimento a outros (despejar o nosso lixo), vamos querer infligir sofrimento, ou senti-lo, ou ambos os casos, pois *precisamos* de mais pessoas a vibrar nesse tipo de energia para termos mais pessoas com quem nos possamos *relacionar* energeticamente e só com pessoas com energia equiparada é que isso é possível.

Na verdade, não há muita diferença entre infligir sofrimento e sentir sofrimento, até porque nas duas situações é o mesmo tipo de energia que prevalece.

Embora não tenhamos consciência disso e embora afirmamos que não queremos sofrer, no entanto se prestarmos bem atenção veremos que, na maior parte das situações, fomos programados e aceitamos essa programação de forma mais ou menos consciente, para continuarmos com o sofrimento, tanto para nós mesmos, quanto para os outros, se estivermos conscientes disto a todo o instante, este padrão de pensamento irá desfazer-se, porque desejar mais sofrimento é uma insanidade e é contra a nossa essência – que é uma essência de energia de amor -, e ninguém é insano de forma consciente.

A propósito desta situação relato duas conversas, com duas pessoas diferentes, que por coincidência, aconteceram quase na mesma altura:

- Durante o ano de 2020, foi-me levantada a questão acerca do apocalipse e de algumas profecias que apontam para estarmos prestes a vivenciar o apocalipse com cataclismos naturais, como furações, erupção de vulcões, etc.. Nesta conversa estas pessoas acreditavam que estaríamos muito próximos de um apocalipse, na opinião delas, a ocorrência apocalítica que estaria prevista pelo dito vidente seria a inundação do planeta terra em pelo menos 3/4 da área, pelo que, só nos lugares com maior altitude se poderia sobreviver… e perguntaram o que eu pensava disso.

- Para mim (e para o Prof. Laércio Fonseca) não há cataclismos certos para acontecerem, até porque, mesmo que estivessem previstos (ou numa linha de tempo mais fortalecida), a energia das pessoas (neste caso teriam de ser a energia de muitas pessoas), poderá manter, reverter, ou aumentar esses acontecimentos previstos… logo, o que foi previsto, nada está definido com toda a certeza, nem as catástrofes mais trágicas são impossíveis de acontecer, nem há certezas sequer de que possam acontecer.

- Na questão das vidências (normalmente de eventos catastróficos), também há outro fator a ter em conta que é, os videntes até poderão ter visto ou pressentido com grande grau de probabilidade de isso vir a acontecer, só que, na altura que viram ou percecionaram isso, essa era a *linha do tempo (ou futuro previsto)* com mais probabilidade de vir a acontecer, no entanto como a maioria dessas previsões foram há muito tempo, a probabilidade de se manter a mesma linha de tempo fortalecida é pouco provável, até porque segundo os relatos que chegam, a energia que a humanidade está emitir, está cada vez mais positiva, logo, vai fortalecer as linhas do tempo mais positivas e enfraquecer as linhas de tempo mais negativas.

- Outra questão que o Prof. Laércio coloca em relação às profecias de grandes catástrofes prende-se ao fato de que, se fossem concretas e objetivas, ninguém iria estar nesses locais, logo, apenas poderia haver danos naturais, porque as pessoas abandonariam esses locais antecipadamente e os propósitos do Plano Espiritual para o desencarne dessas pessoas não seria possível, até porque para o Plano Espiritual, não há acidentes que não possam ser controlados, pelo que todos os acidentes, mesmo de cariz natural e mais generalizado só vão atingir as pessoas previstas pelo Plano Espiritual.

Também durante o ano de 2020, dito *pandémico,* foi muito referido através de canalizações ou relatos de cariz espiritual, que viriam três *ceifadores,* que não seriam mais do que eventos de cariz apocalíptico que desencadeariam mortes em maior quantidade. Estes ceifadores foram por muitos associados às três ondas de mortes da dita pandemia, no entanto, quer os acontecimentos apocalípticos de inundação do planeta, quer os *ceifadores* do vírus, não confirmaram aqueles receios que apontavam para ficarem na terra apenas alguns sortudos que teriam conseguido sobreviver a isso, logo o futuro, mesmo que previsto por videntes pode ser alterado pela energia (ou falta dela) que a maioria da população lhe vai dispensar, pelo que, todos os eventos desta natureza vão sempre ser aproveitados pelo Plano Espiritual, apara afetar as pessoas certas e não qualquer um.

O que se confirma é que a população mundial continua a crescer à média de mais de 1 milhão de pessoas por semana. É evidente, no entanto, que, como referi mais atrás, se a maioria das pessoas não equiparar a sua energia à energia do Planeta Terra, vai certamente ter de desencarnar, para poder voltar a encarnar num planeta compatível com as experiências que pretende ter e isso poderá implicar o desencarne, dessa maioria de pessoas, se calhar alguns biliões, até porque nesta altura serão mais aqueles que não se adequam às novas energias do que o contrário. Nesta situação, claro que o Plano Espiritual, pode fazer acontecer vários cataclismos naturais ou outros acidentes em mais larga escala, para permitir esse desencarne maior, podendo isso ser considerado como *ceifadores.*

O que é muito importante ter em conta que, se o número de pessoas que terão de desencarnar para saírem deste planeta, por as suas energias não serem compatíveis, nesta altura ser bastante elevado na ordem de 2/3 de pessoas não-compatíveis, para 1/3 de pessoas compatíveis, no entanto nada garante que as pessoas não-compatíveis não possam elevar as suas energias e evitar o seu desencarne, pelo que, tudo está em aberto, quer o cenário mais apocalíptico, quer cenários menos apocalípticos, cada um de nós é que vai contribuir para fortalecer uma situação ou outra, através do seu livre-arbítrio.

Por aquela altura em que aquelas pessoas que me contaram das profecias que apontavam para a inundação de 3/4 planeta terra, estava (e estou) eu e mais alguns amigos na iminência de constituir uma Comunidade de pessoas, em zona rural, em regime de agrofloresta e auto-sustentabilidade, logo uma dessas pessoas que estaria interessada em ir para a Comunidade, sugeriu que o terreno fosse num lugar com mais altitude para que estivéssemos protegidos das ditas inundações previstas.

Serve o que acabei de referir para enfatizar que, que não adianta fugirmos, esconder-nos (naquela situação seria ir para um lugar de maior altitude) se for só para nos protegermos, pois, a energia que vamos estar a emitir vai acompanhar-nos sempre, e atrair-nos para os lugares onde nos vamos sentir bem, que é aquele que está próximo da nossa energia. Pelo que, aquelas pessoas só estariam ali protegidas se a energia deles fosse equiparada ao local e pessoas que lá estivessem, pois caso isso, não fosse o caso, depressa essas pessoas iriam sair dali.

Para o Plano Espiritual, não adianta fugir, pois se estiver no Plano de Alma de alguém o desencarne por um determinado acidente, esse acidente vai mesmo acontecer, estejamos nós onde estivermos, mesmo que estejamos num lugar de energia positiva e rodeados de pessoas também de energia positiva.

Quando o que move este tipo de pessoas é o medo, que é uma energia negativa, o que as motiva pode não ser estar naqueles locais, mas antes para se protegerem de uma energia (medo) que carregam consigo, será fácil perceber que, mais tarde ou mais cedo irão sair daquele lugar, porque esse lugar tem energia positiva que é diferente da energia negativa de medo deles.

As opções que vamos fazer: em relação ao que pensamos que vamos ter..., em relação ao que vamos falar e... em relação a que vamos fazer, é o que vai ditar o tipo de energia que vamos estar a emitir e que nos vai atrair para uns locais e afastar de outros, logo, são essas energias que nos vão levar para os locais onde vamos estar (ou não estar) protegidos.

O lugar onde vamos estar, em vez de ser um objetivo em si mesmo, vai antes ser uma consequência ou resultado daquilo que estamos a fazer e/ou a vibrar energeticamente, até porque nenhum de nós vai conseguir estar por muito tempo num lugar onde se não sinta bem e confortável, sendo que, o que vai contribuir para isso vai ser o tipo de energia que vamos estar a emitir nessa altura e durante esse tempo, estar o não próximo da energia que nos vai estar a rodear.

Se estivermos num lugar, aparentemente mais protegido e isolado, mas de energia positiva, mas se estivermos a vibrar numa energia apocalítica ou energia de catástrofe, das duas uma: ou vamos atrair para aquele local esse tipo de energia (se conseguirmos que essa energia lá seja predominante); ou vamos ser atraídos para sair daquele lugar (se as energias positivas prevalecerem nesse local em maior quantidade) para outro, onde vão poder ocorrer aqueles acidentes naturais.

Imaginemos, por instantes que uma pessoa foge para as montanhas para se proteger das ditas inundações, mas continua a vibrar numa energia materialista, o que vai acontecer é que passados alguns dias, a pessoa vai começar a sentir falta das suas atividades materialistas, como, por exemplo, de ir passear na cidade, fazer compras no Centro Comercial ao domingo, etc., vai acabar por sair daquele local e vai para esses locais, onde vai estar mais exposta a atrair esse tipo de energias.

Todos aqueles que já despertaram para a realidade espiritual, o destino vai ser o mesmo e em algum ponto do caminho, podemos ir *esbarrando* uns contra os outros, em algum ponto do nosso caminho espiritual.

O que vai acontecer é que a pessoa não-desperta, vai sentir-se desconfortável não só no relacionamento com pessoas despertas, mas também em locais e situações que tenham tipo de energia oposta à sua e vice-versa em relação às pessoas despertas.

Certamente quando está triste e quando chega até si uma pessoa alegre e bem-disposta sente que está ali a mais... e o oposto também se verifica - quando está alegre e bem-disposto e chega até si uma pessoa mal-disposta, certamente tem menos vontade de estar ali manter um diálogo com uma pessoa destas, isto verifica-se pela simples razão de que, as energias de um e de outro são muito diferentes ou mesmo opostas.

Uma das primeiras consequências que vamos notar quando despertamos é o afastamento das pessoas mais próximas, pois uns e outros precisam e anseiam por experiências diferentes.

Para muitas pessoas que acabam de despertar, um choque inicial que vai doer muito (e se você for um dos que já passou por esta fase já sabe, ou um dos que vai passar, prepare-se para não sofrer tanto), é o afastamento em relação às pessoas mais próximas. Vamos notar que o nosso entusiasmo com as novas descobertas vai esbarrar na indiferença e até no mal-dizer das nossas práticas, a maioria por simples ignorância, mas que é um reflexo da diferença de energia entre nós e essas pessoas.

Nesta nossa ânsia de contar as nossas boas-novas, esquecemos que a nossa família continua com as mesmas crenças e convicções de antes (que nós conhecemos, porque também eram as nossas) e vamos sentir o choque da rejeição (natural) das nossas novas ideias e crenças, podendo esses outros chegar à ofensa ou afastamento, pela simples razão, que não compreendem nem aceitam a nossa mudança.

Aqui começamos a reparar que nós seguimos um caminho muito diferente daquele que as pessoas mais próximas ainda percorrem e onde nós estávamos até há pouco tempo.

Nesta altura vamos notar que o melhor para ambas as partes, é mesmo o afastamento, sob pena de não ser possível a convivência. Mais tarde, aquela dor da rejeição vai acabar, começando por diminuir a cada dia que passa cada vez mais, até se transformar numa paz cada vez mais sólida.

Naquela altura da rejeição vamos estar perante um dilema:
- ou aceitamos aquela rejeição e continuamos com o nosso novo estilo de vida e prioridades, porque acreditamos que

as nossas novas crenças são o que melhor serve os nossos interesses; ou

- voltamos para a nossa vida e prioridades de antes, porque não queremos sofrer ou não estamos preparados (podemos estar dependentes emocionalmente ou economicamente do outro) para seguirmos um rumo e estilo de vida, diferentes.

Na minha experiência (se calhar porque não estava dependente emocional ou financeiramente de outra pessoa ou família), foi fácil a opção de me afastar, até porque, voltar à antiga vida e às antigas prioridades, está fora de questão, pois, para mim seria regredir, porque teria de acreditar em ensinamentos que para mim já não fazem mais sentido.

Nesta altura, tenho a firme convicção de que a grande maioria dos ensinamentos que tive de rejeitar, além de não terem promovido a minha paz interior no passado, não a estavam a promover no presente e, por esse caminho, não a promoveriam no futuro.

Para mim foi fácil aceitar a dor de algumas rejeições, nomeadamente das pessoas mais próximas, até porque, desde cedo percebi que o melhor para ambas as partes seria o afastamento, para não haver choque de opiniões que se consubstancia em estilos de vida e prioridades diferentes.

Para facilitar todo o processo (que no início e quando ainda não entendia estes danos colaterais), a dor daquelas rejeições foi rapidamente substituída com ganhos muito significativos na paz interior que passei a sentir, na medida que comecei a compreender todo o processo e como aquele afastamento era na verdade o melhor para ambas as partes.

Cada vez sentia mais aquela paz-interior que eu tanto ansiava e procurava e aparecia para me dar mais força e confiança de que afinal estava no caminho certo.

Nas antigas vivências, a paz-interior era apenas uma miragem a conseguir num futuro muito distante e agora é uma paz cada vez mais presente, forte e solidificada a cada dia que passa, baseada no facto de que, agora, tudo o que faço, ou tento fazer, faz algum sentido e tem um Propósito-Maior, ao contrário de antes.

Agora para mim, tudo é uma Perfeita Criação Divina para um Bem-Maior.

Se calhar o maior ensinamento que pude retirar, é que a causa do sofrimento é mesmo a ignorância (embora eu próprio ainda não domine toda esta ignorância, mas estou no caminho...), pois quando soubermos que o Criador não permitiu que nada aparentemente negativo, possa ser um fim em si mesmo, mas antes um meio para algo muito melhor e que, as situações dolorosas, ao contrário de serem uma punição de Deus (hipótese que muitos referem, mesmo no meio espiritual), na minha opinião, estas situações que nos trazem desconforto, são antes de tudo, uma forma de nos obrigar a retirar ensinamentos que nos vão permitir fazer diferente e com isso até podemos eliminar essa dor, mas se isso não acontecer de imediato, podermos aprender mais, evoluir mais e estarmos cada vez melhor e mais em paz.

Mais uma vez enfatizo (já bastantes vezes neste livro, mas é importante que fique bem registado!!), aquelas situações dolorosas vão ser importantes para nos obrigar a fazer algo diferente, pois quando estamos confortáveis não vamos querer mudar nada, vamos sim querer que aquele conforto se mantenha e se prolongue no tempo.

Enquanto não formos capazes de viver a nossa Essência de Amor, vamos acumulando resíduos de sofrimento emocional, que se vão misturar ao sofrimento do passado e vão ficar alojados na nossa mente e mais tarde no nosso corpo sob a forma de mal-estar e doença.

O sofrimento não é mais do que falta de amor que se desprendeu do campo energético original e se tornou temporariamente autónomo, através de um processo artificial de identificação levado a cabo pela nossa mente. Esta energia de sofrimento é algo contrário à vida ou à nossa essência e só existe para um fim muito maior, pois se o nosso propósito ou fim fosse o sofrimento, por si mesmo, não haveria propósito elevado de vida.

A vantagem que vamos ter em relação à nossa antiga vida, em que assentávamos a nossa felicidade em bens materiais que acabavam por sair da nossa existência mais cedo ou mais tarde, agora os nossos meios, porque não são em primeiro lugar bens (embora precisemos de alguns para a nossa sobrevivência física) que morrem ou que estão dependentes de terceiros, mas apenas de nós, pois agora em vez de bens materiais, agora a base das nossas crenças são o nosso novo e diferente estilo de vida e isso vai-nos trazer uma segurança muito maior, até porque agora somos nós que controlamos a situação e não algo exterior a nós, que nós não controlamos e que ainda por cima não é duradouro e que acaba por desaparecer da nossa existência.

Vamos sentir-nos cada vez mais fortalecidos na nossa caminhada pela simples razão de que vamos começar a sentir, cada vez mais, um bem-estar imediato ou paz-interior. Este bem-estar vai fortalecer-nos cada vez mais, porque à medida que vamos avançando vamos solidificando cada vez mais as nossas práticas e assim entramos num ciclo-vicioso positivo, que se vai tornar num comportamento normal e prazeroso que se vai consolidando e aumentando ao longo do tempo.

Claro que sair de uma rotina não é fácil, quer pelos hábitos que adquirimos, mas também pelos ensinamentos e crenças que acabamos por adquirir de uma Sociedade disfuncional e que nos incutiu prioridades que não são compatíveis com o novo viver. Ao nos afastarmos dos valores mais tradicionais, devemos estar preparados também para ser rejeitados por essa Sociedade, simplesmente por fazermos diferente e termos prioridades diferentes.

Mudar uma rotina, mesmo indo contra uma Sociedade que a promove embora não sendo fácil de início, no entanto quando começarmos a perceber que foi essa rotina que nos levou a um ciclo-vicioso de comportamentos e reações, negativos, vamos conseguir ter mais coragem e esperança de que estamos no melhor caminho para nós e todos aqueles novos comportamentos vão ser cada vez mais fáceis de executar no nosso dia-a-dia.

Quando tivermos a noção que foram os nossos pensamentos que estiveram na origem (ou que iniciaram o processo de criação) de todo o sofrimento, até porque antecederam tudo aquilo que falamos e tudo aquilo que acabamos por fazer, nesta altura vamos perceber que se, o pensamento negativo funcionou (para termos dor e sofrimento), também o pensamento positivo pode funcionar para o oposto.

Devemos, pois manter-nos em estado de alerta consciente, pois só assim podemos destruir a ligação entre o sofrimento e o mecanismo do pensamento, e em consequência disso, acionarmos o processo de transformação consciente que nos vai levar ao nosso crescimento espiritual devidamente consolidado.

O PODER DA MEDITAÇÃO

Se quanto aos pensamentos todos sabem o que são, vamos passar à meditação, afinal o que é meditação ou o que é meditar?

A meditação não é mais do que promover a atenção focada em determinada situação, que pode ser, simplesmente a *mente em branco e corpo relaxado*, ou uma meditação guiada, que é imaginar determinada situação ou acontecimento que nos é verbalizado, é muito mais...

E porque é que a meditação à semelhança dos pensamentos que temos é muito importante?

Antes de mais a meditação é um estado muito parecido com o estado de auto-hipnose, que é um estado em que potencializamos as capacidades da nossa mente inconsciente.

Mas afinal o que é auto-hipnose?

A auto-hipnose, como nome indica não é mais do que a hipnose feita em nós mesmos, como nome indica e consiste num relaxamento profundo e de olhos fechados... neste estado de relaxamento, porque a parte consciente da nossa mente não vai ter necessidade de estar ativa e vigilante (porque não precisamos de fazer movimentos conscientes, como mexer-nos, olhar, caminhar, etc.), vai passar a ficar inativa e vai ficar predominante e ativa a nossa mente inconsciente, que é onde estão os programas automáticos de comportamento e reação do nosso organismo, etc.

Quando conseguimos ter acesso direto à nossa mente inconsciente (porque não estamos condicionados pelo *crivo* que a nossa mente consciente faz em relação ao que deixa entrar na nossa mente inconsciente), vamos estar a viver essa realidade como a realidade daquele momento, o que vai transformar aquelas palavras na nossa realidade daquele momento.

A parte inconsciente da nossa mente não tem outra alternativa que não seja aceitar aquilo que estamos a visualizar e/ou a pensar como verdade, pela simples razão de que a nossa mente inconsciente apenas executa não avalia, essa é uma função da mente consciente.

Pelo que acabei de referi ao nível mental a meditação ou auto-hipnose ajudam e potencializam um novo hábito e/ou comportamento, logo, estas técnicas vão ajudar-nos a incorporar mais energia positiva (embora também funcionem para energia negativa), até porque, se tudo é energia, a atenção, o pensamento ou a visualização criativa que estamos a ter numa meditação vai emitir essa energia, em primeiro lugar para nós mesmos e a seguir para o Universo e por consequência ara o Plano Espiritual.

A meditação vai ser mais ou menos forte consoante o número de pessoas que estiver a meditar no mesmo momento e com a mesma intenção. A meditação ainda vai ser mais potencializada se essas pessoas meditarem juntas fisicamente, pela simples razão de que essa energia vai ficar mais agrupada e ser mais facilmente percebida no Plano Espiritual.

Estima-se que quando as pessoas meditam juntas fisicamente o poder da meditação potencializa-se ainda mais e, em vez de somar a energia de cada meditante, essa energia é multiplicada.

O poder da meditação feito por um grande número de pessoas no mundo, foi medido recentemente (ano de 2021), tendo esta meditação influenciado e alterado a própria vibração energética do Planeta Terra, através da Ressunância Shumann (16) que chegou a picos energéticos nestas alturas. Outros estudos (25), mostram o efeito das meditações nas populações.

Quando começamos a pensar ou a meditar, começamos desde logo a criar, apenas não vemos ainda o resultado material dessa coisa aos nossos olhos, mas apenas porque ainda não dispensamos energia suficiente (sem nunca duvidar ou não pressionar e com aceitação) para aparecer visível aos nossos olhos.

Quando a meditação é uma meditação em branco, ou uma meditação sem uma intenção deliberada, só por si, este estado aparentemente neutro, vai-nos ligar à nossa essência que é uma energia de amor, que é a energia que o Criador coloca em todas as coisas que cria, logo, neste estado, estamos conectados com a nossa essência e não precisamos de fazer mais nada, basta apenas *sermos ou estarmos* neste estado.

Outro tipo de meditação é a meditação guiada para um determinado assunto ou situação, aqui, juntam-se o maior número de pessoas, quer fisicamente no mesmo espaço, quer ao mesmo tempo, mas em lugares diferentes e, através de uma meditação guiada (que mais não é do que um guião igual para todos) vão direcionar todos e ao mesmo tempo o mesmo tipo de energia para uma situação mais específica.

A meditação guiada quando junta muitas pessoas, cria muitas vezes e imediatamente aquilo que é meditado ou, através desta energia direcionada para determinado local ou acontecimento, faz com que essa energia limpe as energias negativas desse local, afastando muitos Seres negativos e possibilitando que o Plano Espiritual possa atuar com mais eficácia, até porque se a energias ficarem mais positivas os Seres de Plano Espiritual não precisam de baixar as suas energias para atuarem e se fazerem sentir.

Podemos pois então dizer que o que o pensamento é uma forma de meditação e a meditação é uma forma de pensar.

Na verdade, quando pensamos ou meditamos, o que que estamos a fazer é a libertar essa informação em forma de energia para o Universo, para criar determinada situação, energia esta que pode ser acedida por quem estiver nessa mesma frequência energética.

Se a energia dos nossos pensamentos e da nossa meditação pode ser acessada por quem estiver na mesma frequência energética ou na mesma qualidade energética, facilmente se compreende que, se estivermos conectados com energia positiva, vamos ser mais facilmente reconhecidos, *contactados* e influenciados por outros Seres que operem neste mesmo tipo de energia positiva, enquanto que, o oposto também se verifica, ou seja, se tivermos pensamentos ou fizermos algo negativo, esta nossa energia vai ser percebida por Seres negativos, estejam eles no Plano Espiritual ou estejam eles encarnados.

Quer estejamos a emitir energia positiva ou energia negativa, quer seja através dos pensamentos que temos, quer seja através de meditações que fazemos, quer seja através daquilo que fazemos, além desta nossa energia ser percebida (melhor pelos desencarnados, mas também pode ser sentida pelos encarnados), outros Seres que *operem* nesta mesma frequência energética vão poder ajudar-nos e os outros Seres negativos vão afastar-se por não se sentirem confortáveis ali.

Os Seres de Luz ou Seres Positivos podem fazer baixar as suas próprias energias para operarem e ajudarem em terreno ou zonas de energia negativa como no Umbral, embora com mais esforço, pois terão de adaptar o seu corpo energético a energias mais densas, já os Seres negativos não poderão aceder às dimensões superiores, onde a energia que predomina é uma energia positiva ou de altas vibrações.

Para estarmos protegidos de energias negativas ou mesmo para podermos não ser vistos ou notados pelo Seres de energia negativa e para sermos ajudados pelo Seres Positivos, a melhor forma é mesmo operarmos com energia positiva.

No Plano Espiritual vai haver ainda registos, como se de um filme da nossa biografia se tratasse, do que cada um de nós fez enquanto encarnado, pelo que, a boa noticia (ou talvez não, para aqueles que pensavam que poderiam enganar o Plano Espiritual), é que todos vamos parar ou ser atraídos para o lugar do Plano Espiritual que esteja de acordo com a vibração energética que levarmos connosco quando desencarnarmos, que vai ser um lugar mais ou menos positivo de acordo com as ações que tenhamos feito terem sido mais ou menos positivas, até porque só vamos poder estar confortáveis ou mesmo sobreviver energeticamente, num lugar que tenha uma energia equiparada à nossa.

Devemos sempre lembrar-nos que, não poderemos experienciar uma determinada experiência na matéria se não equipararmos a nossa própria energia à energia desse lugar, dessa coisa ou dessa situação, no entanto devemos ter a noção de que, todos nós temos à nossa disposição o pensamento, que é a ferramenta mais poderosa que pode iniciar esse processo de criação dessa experiência, no entanto temos de ter a noção se estamos a operar com energia negativo ou positiva, pois o resultado vai ser diferente, consoante estivermos a operar com uma (positiva) ou outra (negativa) energia.

É muito importante reter que, aquilo que pensamos ou que ouvimos para visualizarmos durante uma meditação, ou mesmo aquilo que pensamos ou falamos normalmente, porque essas palavras também carregam determinada energia, devemos sempre avaliar antecipadamente, quais as palavras que nos fazem sentir as melhores sensações e uma forma de descobrir isso é, dizer determinada palavra (que temos dúvida sobre o efeito que causa em nós) e avaliar como nos sentimos... se nos sentimo-nos mais calmos ou mais nervosos... mais relaxados ou mais tensos, etc., para avaliar se nos traz boas ou más sensações.

Para descobrir o poder das palavras, experimente, neste momento dizer para si mesmo a palavra *paz* ou a expressão, *eu sou a paz* e veja como se sente... depois diga para si mesmo a palavra *ódio* ou, *eu te odeio* e sinta as diferenças.

Uma das palavras que para mim tem um feito mais positivo e que uso geralmente é a palavra *paz* ou a frase: *Eu sou a paz...* de imediato experimento uma sensação de relaxamento e paz, profundos.

Outras palavras ou mantras que normalmente uso regularmente são:

- pela manhã:
  A paz reina no mundo
  Reina, reina, sim senhor
  A paz reina no mundo reina também o Amor.

  Eu mando paz pró mundo
  Eu mando sim senhor
  Eu mando paz pró mundo
  Mando também muito Amor.

- durante o dia:
  Eu sou a paz

Eu sou o Amor
Eu sou a alegria do Senhor.

- para limpar energia negativa:
  Eu sou um Ser da chama violeta
  Eu sou a pureza que Deus deseja

Além dos mantras que acabei de referir, ainda podemos e devemos complementar estes ou outros, com afirmações que nos envolvam mais, através de sensações físicas – que poderão potenciar muito mais o tratamento de alguma doença, comportamento ou crença, usando os nossos sentidos, como por exemplo:

- Para potenciar tratamento de visão:
  Eu vejo a paz e o amor no mundo;

- Para potenciar tratamento de audição:
  Eu ouço a paz e o amor no mundo;

- Para potenciar a paz-interior:
  Eu sinto a paz e o amor no mundo;

- Para potenciar a saúde (pode especificar, mas sempre com afirmação positiva – nunca referir a doença):
  Eu vejo, eu ouço e eu sinto em mim a energia de saúde (ou especificar);
  Eu vejo, eu ouço e eu sinto as minhas células cada vez mais alegres e saudáveis (ou especificar);

- Para potenciar a prosperidade:
  Eu vejo-me e sinto-me próspero;

- Para potenciar bons relacionamentos:
  Eu vejo, eu ouço e eu sinto os meus relacionamentos em harmonia, em paz e em amor;

- Etc.

Quando fazemos afirmações/mantras em que envolvemos os nossos sentidos físicos, como se estivéssemos a sentir essas sensações (deveríamos fazer estes exercícios no estado de auto-hipnose ou meditação, relaxados e com os olhos fechados, falando preferencialmente em voz alta), para a nossa mente inconsciente é como se estivéssemos a experienciar essas sensações, pelo que, a energia que vamos enviar (e por consequência a que vamos receber), vai ser maior e podemos assim até criar um novo programa de comportamento ou reação saudável a alguma doença ou desconforto.

Além das palavras há ainda imagens que podem funcionar como arquétipos (26), que mais não são do que imagens que têm associada uma determinada energia, à qual nos pretendemos alinhar, que podem ser imagens de animais, objetos, pessoas (ídolos), dos quais queiramos ter algumas capacidades ou talentos, etc.

A melhor forma de nos protegermos das energias negativas de uma pessoa é enviar a essa pessoa energias positivas.

VÍCIOS E SUICÍDIOS - O SOFRIMENTO AGRAVA-SE E PROLONGA-SE

Tanto os suicidas quanto os viciados que encurtam as suas vidas, para o plano espiritual são considerados como se fossem assassinos. Quem não se lembra do filme 'O Nosso Lar' quando André Luiz chega ao Plano Espiritual e foi chamado de assassino (veja no final do livro os 'Relatos Espirituais' desta situação – pag. 337) o que gerou nele enorme perplexidade e admiração, pois ele recordava-se que enquanto encarnado tinha sido médico e tinha prolongado muitas vidas e aliviado o sofrimento de muitos, como é que agora era considerado e intitulado como assassino? Mais tarde foi-lhe recordado que isso deveu-se ao seu desencarne ter sido antecipado por ele através de uma vida desregrada, nomeadamente através do consumo de bebidas alcoólicas, tabaco, etc., pelo que, embora ele tenha tratado de muitos, provocou o desencarne ou morte prematura de uma pessoa, ele próprio.

Embora os suicidas (veja um relato de suicídio na pag. 343 em 'Relatos Espirituais') tenham tirado a vida a si mesmos, para o Plano Espiritual foi uma vida que foi tirada, logo foi cometido um assassinato e o autor vai ser responsabilizado por esse corpo que destruiu, além do sofrimento que isso vai implicar, em especial quando estiver no Planto Espiritual ou num corpo espiritual, mas também em novas encarnações num corpo humano.

O corpo que cada um de nós *habita* não é nosso, apenas nos foi cedido temporariamente para realizarmos experiências na matéria, sendo cada um de nós responsável pelo bom uso e funcionamento que vai fazer durante essa encarnação.

Quando há um encurtamento da vida, quer ela seja através de um ato de suicídio voluntário ou quer seja através de um vicio mais ou menos voluntário e/ou consciente, que encurte o tempo previsto de funcionamento desse corpo, essa situação, para o Plano Espiritual é um ato de assassinato, embora cada suicídio e vício sejam analisados no Plano Espiritual com possíveis atenuantes, no entanto, a pessoa que comete suicídio ou abrevia a vida por algum vicio, mesmo que invoque o desconhecimento dessas atitudes ou até atenuantes, como doenças mentais, acontecimentos traumáticos, desconhecimento da 'vida eterna', etc., não vai inocentar de forma completa quem praticou este tipo de ações.

Será mais punido quem mais tiver conhecimento das consequências desse ato ao nível espiritual, pois se sabia das consequências e mesmo assim cometeu esses atos, logo, precisará do 'sofrimento' (pois o Plano Espiritual nunca obriga ninguém, pois respeita o livre-arbítrio de cada um, mas cria condições para ser mais fácil e vantajoso o novo comportamento), para poder ser induzido mais facilmente ao novo comportamento.

Vão ser muitos os arrependimentos quando um suicida ou um viciado desencarnam antecipadamente quando estiverem no Plano Espiritual, pois aqui vão ver o cenário completo e de como foram irresponsáveis no que fizeram enquanto encarnados. Vão começar por constatar que, por exemplo no suicídio, aquilo que pensavam que iria resolver tudo, afinal não resolveu nada, pois afinal não acabaram com a vida, pois vão continuar a sentir-se vivos (apenas num corpo energético) e todo o sofrimento vai continuar e até aumentar e prolongar-se no tempo, mas agora sem possibilidade de porem termo a essa vida, pois não é possível matar um espírito, embora seja possível sofrerem, como logo essas pessoas vão perceber.

Um dos sofrimentos que estas pessoas vão ter é o de reviver constantemente – que até pode ser até à data do desencarne previsto – o momento e as dores do suicídio, mas agora ainda com remorsos e arrependimentos do que fizeram, o que vai provocar um sofrimento muito maior e por tempo indeterminado, que até se pode prolongar em uma ou em mais reencarnações, até que a aprendizagem sobre esses comportamentos tenha sido assimilada e aceite.

Os sofrimentos devidos ao suicídios e em menor grau aos vícios que provocaram a morte antecipada, atingem tal grandeza que podem levar a uma deformação completa do corpo espiritual (que se nada de anormal acontecesse teria a forma do corpo humano, apenas com energia menos densa), mas com esse grande sofrimento ficam deformados, intitulando-se esses espíritos como 'ovoides'.

Todo o sofrimento provoca danos na nossa energia, quer enquanto encarnados, quer quando já estivermos desencarnados.

Se sofremos é porque o nosso campo energético que nos rodeia (a nossa aura e os nossos chacras) tem fugas que permitem que energia mal qualificada (que vai combinar com a nossa própria energia negativa) chegue até nós, acabando por nos causar desconforto, pois quando sofremos no nosso corpo, a anomalia também está no nosso corpo e campo energéticos.

O sofrimento constante ou os pensamentos, palavras e ações negativos constantes, resulta em energia negativa que vamos trazer para nós, primeiramente para o nosso corpo espiritual, aura e chacras, que vai acabar por deformar o nosso *corpo espiritual* fazendo com que progressivamente fiquemos cada vez mais vulneráveis e acabemos por sofrer de várias doenças ou desconfortos.

Na maioria das vezes somos nós que criamos a energia negativa, pelos pensamentos, palavras e ações negativos que temos, o que vai acabar por deformar e abrir brechas no nosso corpo energético, predispondo-nos assim a receber cada vez mais energia negativa, agora do exterior (que pode ser de obsessores desencarnados ou encarnados, etc.), que se vai traduzir em doenças e desconfortos ao nível físico/humano cada vez maiores.

Para podermos reverter todo o processo que levou a que primeiramente o nosso *corpo espiritual* deixasse de nos proteger das energias negativas e depois o nosso corpo humano acabasse por sofrer com doenças e desconfortos, vamos ter de fazer a nossa *reforma íntima*, que vai ser muito mais do que ir à missa ou às celebrações de caráter religioso: a nossa reforma íntima vai ter de traduzir-se em fazer aquilo que ouvimos nessas celebrações e não apenas ir ouvir porque nos disserem que se não fossemos seria pecado! Como alguém diz, o nosso bem-fazer reflete-se não no que fazemos quando ouvimos o sermão, mas no que vamos fazer depois de o ouvirmos.

Lembre-se, será sempre mais pecado ouvir e saber fazer o bem e não o fazer, do que não ouvir (ou ir a essas celebrações) mas acabar por fazer o bem.

Esqueça aquela máxima das religiões que 'obrigam' ao culto religioso (se calhar para proveito próprio), sob pena desses serem considerados pecadores, pois teriam de ser considerados mais pecadores aqueles que sabem e não fazem, do que aqueles que já sabem (mas que deixaram de frequentar essas práticas religiosas), ou ainda daqueles que não sabem, mas que aplicam na sua prática diária esses ensinamentos.

Desde que tenhamos consciência que devemos fazer o bem e porque é que o devemos fazer (ou evitar fazer o mal) ou quais as consequências de fazermos um (o bem) ou outro (o mal), a frequência dos cultos religiosos não é necessária, será sim necessária até que percebamos esses ensinamentos, sempre com o objetivo de os colocar em prática, pois 'sabedoria sem prática é teoria' e não vai elevar ninguém, antes pelo contrário.

O sofrimento acentuado dos suicidas e viciados, assim como dos assassinos comuns ou outros equiparados, quando estiverem no Plano Espiritual pode levar estas pessoas a uma deformação do corpo espiritual, que pode ficar sem forma definida, mas como a consciência dessas pessoas está nesse corpo espiritual, o sofrimento vai acentuar-se. Estes espíritos são apelidados de 'ovoides, que mais não são do que seres que perderam a sua forma humana (mesmo que em corpo energético ou espiritual), ficando sem forma definida ou em forma oval. Aqui está uma definição de ovoide: 'são espíritos que, ao estarem encarnados, fizeram ações que foram contra as Leis de Deus e quando desencarnam o seu perispírito é sujeito a um desgaste natural, perdendo progressivamente a sua forma'.

Uma agravante nos suicidas e também nos viciados é que, quando reencarnam, além de terem de completar numa nova encarnação o tempo da encarnação que encurtaram: por exemplo se um suicida provoca o seu próprio desencarne, quando ainda estava previsto viver mais 10 anos, numa próxima encarnação vai desencarnar aos 10 anos para completar aquela encarnação que não foi concluída, o mesmo se passa com aqueles viciados, que, por causa dos seus vícios encurtam a sua vida.

Com muita probabilidade, quer os suicidas, quer os viciados, vão reencarnar no futuro com mazelas resultantes do suicídio ou vicio que tiveram na vida anterior, sendo que a programação destas doenças que vão aparecer desde a nascença ou em determinada idade, feita pelo Plano Espiritual, na maioria das vezes com a concordância do reencarnante, pois, ao contrário do que muitos julgam, certas limitações ou doenças de caráter cármico, não são meramente para fazerem sofrer aquela que as sofre ou como punição, mas antes para os ajudarem a fazer diferente.

Por exemplo, aquele que deu um tiro na cabeça, pode vir com uma dor crónica na cabeça, que não vai passar com remédio ou tratamento algum... aquele que se envenenou, pode vir com um problema crónico de estomago que o vai acompanhar por toda a vida... aquele que tem tendência natural ao suicídio pode ficar paraplégico, para dificultar os movimentos para novo suicídio nessa encarnação... aquele que desencarnou mais cedo pelo vicio da bebida pode vir com problemas crónicos de fígado... aquele viciado em sexo ou pedófilo, pode vir com um problema de impotência e não conseguir ter filhos biológicos... etc., etc.

É muito importante ter em conta, que aquelas maleitas de carater cármico que foram programadas para aparecerem em determinada idade num corpo humano, regra geral não são passíveis de cura, a menos que, a aprendizagem relativa a essas situações tenha sido aprendida e o Plano Espiritual veja que já não são necessárias, mas, regra geral isso não acontece, pelo que essas maleitas vão mesmo aparecer nas idades previstas para ajudar a pessoa a fazer diferente.

Já reparou que há pessoas que detestam determinado alimento e outras que o adoram? Claro que isso pode ter outras origens ou razões, mas uma delas pode estar relacionado com o consumo desenfreado desse alimento numa vida passada que poderá ter causado o desencarne prematuro ou sofrimento dessa pessoa e por isso essa pessoa tanto pode ter a lembrança inconsciente do malefício desse alimento, como o Plano Espiritual pode ter programado a pessoa para detestar esse alimento com o intuito de a afastar de o consumir, pois tal poderia levá-la ao anterior comportamento viciante a que estaria inclinada. Se numa encarnação seguinte a pessoa não gostar de comer e/ou fazer aquilo que lhe provocou sofrimento e/ou o desencarne prematuro numa vida anterior, vai estar mais protegida de voltar a fazer o mesmo que antes.

Se numa vida anterior tivemos certos vícios ou comportamentos, se nada fosse feito pelo Plano Espiritual, a nossa tendência natural seria numa próxima encarnação repetirmos esses mesmos comportamentos, mas para evitar que isso se repita ao longo das novas encarnações vem a ajuda Divina que vai ajudar-nos, quer na programação de possíveis deficiências ou doenças que nos dificultem esses comportamentos, quer no não gostar disso, de forma, a escolhermos melhor e diferente e a nos afastarmos do que não nos convém.

Acredite que, porventura, a maior parte das doenças ou sofrimentos que nos aparecem, foram programadas pelo Plano Espiritual, mas nunca como um mero sofrimento ou para pagarmos uma dívida, mas antes para nos servir a um propósito de aprendizagem, que tem como objetivo último promover a nossa evolução espiritual.

Também nos sofrimentos de origem cármica a Justiça Divina é perfeita, pois nada é programado pelo Plano Espiritual, para sofrermos por sofrermos – qual seria a lógica do sofrimento nesta situação? -, mas antes, para, através do sofrimento serem evitadas as más escolhas do passado e criar as condições para serem feitas novas e positivas escolhas.

PORQUE DEVEMOS PERDOAR E COMO ISSO NOS VAI PROTEGER

A energia do perdão é uma parte essencial e indispensável para o nosso bem-estar, esta é, no entanto, uma virtude que a maior parte das pessoas não aceita nem compreende.

Devemos em primeiro lugar diferenciar entre a própria pessoa que nos fez mal e o mal que essa pessoa nos possa ter feito que nos fez sofrer, devemos diferenciar sempre entre a pessoa e a ação dessa pessoa.

Um comportamento ou ação, quando praticados isoladamente por uma pessoa não definem o seu carácter, até porque se foi uma ação isolada é porque não é habitual ser praticada, logo foi uma exceção.

Antes de avaliarmos a frio e pelo nosso ponto de vista, um comportamento, que outra pessoa teve para connosco, devemos dar sempre o benefício da dúvida a essa pessoa, até porque, enquanto não soubermos as razões dela, não podemos avaliar com toda a certeza o motivo que teve para fazer o que fez, até porque cada um tem os seus motivos, que muitas vezes são muito diferentes daqueles que nós pensamos.

Na maior parte das vezes, (excluindo os casos de vingança premeditada), aqueles que, algum dia nos fizeram sofrer, tinham uma razão muito válida para o fazer, só que era uma razão muito válida para eles e não para nós (que até pode ser só porque nós não conhecemos essa razão).

Muitas das vezes certas mágoas e sofrimentos que nos fizeram e às quais nós respondemos da mesma forma, foram devidas a mal-entendidos que se vão perpetuando no tempo e gerando cada vez mais dor e sofrimento. Se persistirmos num comportamento idêntico em relação àquele que nos fez sofrer, não vamos ter tempo nem condições para avaliar aquilo que esteve na origem dessa situação e reconhecer também a nossa culpa no prolongar desse conflito.

É em momentos de raiva ou irritação, que podemos ser rudes com pessoas amadas ou agressivos, no entanto depois, podemos sentir remorso ou arrependimento, mas ao recordarmos aquela nossa explosão, não deixamos de diferenciar entre o que fizemos e o que somos.

Muitos de nós até se conseguem perdoar pelo mal que um dia fizeram, então se o conseguimos fazer a nós mesmos, porque não estender essa mesma cortesia aos outros?

Para perdoarmos os outros não precisamos de passar a ser os melhores amigos, mas apenas passar a proceder diferente e positivo em relação a eles, para que eles possam passar a proceder diferente e positivo em relação a nós… certamente aceitará que irá ser menos fácil conseguir de alguém um comportamento positivo em relação a si, se continuar a ter em relação a ele, um comportamento negativo – se queremos que o outro mude, vamos nós ter de dar esse exemplo e começar por mudar o nosso comportamento em relação a ele, ou como a célebre frase de Gandhi: *sê a mudança que queres ver no mundo.*

É certo que nem todos se conseguem perdoar e isso pode ser um obstáculo, pois se não se perdoam a si mesmos, mais difícil será perdoar os outros. Para estas pessoas, pode ser importante praticar a compaixão e o perdão em relação a elas mesmas em primeiro lugar, como um primeiro passo para praticar a compaixão e o perdão para com os outros, pois se não admitem perdoar-se a si mesmas, muito menos admitirão perdoar os outros.

O ato de perdoar não significa desculpar ou relevar tudo o que o outro nos fez, mas sim libertarmo-nos a nós dessa dor que carregamos por uma coisa que foi feita por outros e não por nós.

Para que possamos perdoar o outro deveremos sempre procurar as razões que essa pessoa poderá ter tido para tomar aquela atitude em relação a nós, até porque quando nos colocarmos na pele do outro ao conhecer as suas razões, certamente vamos encontrar justificação para essas pessoas ter agido dessa forma e assim vamos estar mais perto e de compreender a razão de ser daquele comportamento e mais perto de perdoar esse comportamento.

É a nossa reação ao mal que o outro nos fez que vai determinar se somos iguais a ele ou não… se respondemos com o mesmo tipo de comportamento, vamos ser iguais. Se queremos sair desse ciclo-vicioso de comportamento negativo vamos ter de o quebrar, fazendo diferente e para fazermos diferente numa situação negativa, temos de fazer positivo, custe o que custar, sob pena de pararmos ou regredirmos no nosso processo de evolução espiritual.

Também uma das formas de nos afastarmos ou dificultarmos a influências dos chamados obsessores espirituais é vibrarmos em energia positiva, que mais não é do que pensar, falar e fazer o bem e positivo.

Quando um obsessor espiritual nos causa sofrimento, esse obsessor teve essa permissão ou 'autorização' da Justiça Divina, para tal, porque nós o fizemos sofrer noutra vida ou encarnação.

O sofrimento que esse obsessor nos está a impor só foi 'permitido' pelo Plano Espiritual ou pela Justiça Divina, não só para sofrermos em igual medida daquilo que fizemos sofrer, mas a razão principal é para com esse sofrimento aprendermos a fazer diferente numa próxima encarnação.

Se um determinado obsessor está a fazer-nos sofrer, mas se ele nota que nós agora já pensamos, falamos e fazemos o bom e positivo e até pedimos perdão e enviamos boas energias para ele e todos aqueles a quem prejudicamos um dia, se calhar um dia vai acabar por perdoar-nos, porque vai notar que nós estamos diferentes e que já não somos aquela mesma pessoa que lhe causou aquele sofrimento e a pouco e pouco vai afastar-se de nós.

Muitos acreditam que ir a Centro Espírita vai afastar os obsessores que têm consigo, mas na verdade o que acontece no Centro

Espírita é apenas uma doutrinação ou uma conversa com o obsessor (através do médium e do doutrinador do Centro) para lhe ser explicado quais foram as razões ou motivações que a outra parte teve para o ter feito sofrer (que até pode ter sido algum mal-entendido ou resultado de um primeiro mau comportamento dele próprio), no entanto se o encarnado obsidiado continuar com os mesmos comportamentos (pensamentos, palavras e ações), da mesma altura em que infligiu os sofrimentos no outro, mesmo que aquele obsessor que foi doutrinado acabe por afastar-se, outros virão, que vão ser atraídos pela energia negativa que vai continuar a emitir, pois a energia que cada um de nós emite é facilmente percebida, em especial pelos desencarnados.

Se vibramos numa determinada energia enquanto encarnados, devemos ter sempre a noção de que, não só vamos ser atraídos por eventuais espíritos desencarnados que, vão ser espíritos do bem ou positivos, se o nosso comportamento for positivo, ou, vão ser negativos se o nosso comportamento for mau e negativo. Uma nota a ter em conta é que, embora os obsessores sejam conotados com espíritos desencarnados, também podemos ser *obsidiados* por outros encarnados, que mais não são do que outras pessoas que têm comportamentos semelhantes aos nossos e que por isso nos podem influenciar de forma consciente se vibramos numa energia equiparada.

Lembre-se, pois que não é por muito meditar, por muito orar ou rezar, por fazer ioga, reiki, ser vegetariano, etc., que não vai atrair espíritos ou obsessores negativos para si, pois embora essas práticas possam ajudar, o que, na verdade o vai acabar por proteger, vão ser os comportamentos que vamos ter no nosso dia-a-dia, com o nosso vizinho, com a nossa família, com os animais, com a natureza, etc..

Mais uma vez deixo aqui uma máxima (nunca é demais repetir o que é importante que seja fixado):: *'aquilo que conta (para a nossa evolução) não é irmos a uma celebração religiosa, rezarmos, meditarmos, conhecermos as Escrituras, a Bíblia, etc., o que conta é o que vamos acabar por fazer depois disso'.*

O QUE SÃO MILAGRES

A tua fé te salvou – era com estas palavras que Jesus Cristo remetia para a crença de cada um a quem fazia algum milagre, o mérito daquele milagre e não a si mesmo. Por aqui se depreende que qualquer um de nós poderia fazer milagres, até porque foi a fé da pessoa que acreditou que poderia receber aquele milagre, que fez com que esse mesmo milagre se concretizasse.

Mas então se nós podemos e até gostávamos de fazer milagres, porque é que até agora este poder só foi reconhecido a muito poucos?

Na verdade, uma das principais (pois há mais) razões para não fazermos milagres é pelo facto de não termos fé, ou de não acreditarmos que temos esse poder, ou seja, não cremos (não temos fé ou não acreditamos), por isso não vamos fazer e por isso não vamos ter... logo, tudo se resume a: crer (ou ter fé), querer e a fazer.

Parece apenas uma simples palavra, mas é na crença ou na fé que reside o ingrediente principal para os milagres se tornarem realidade e esta fé, embora muitos digam que a têm, muito poucos a têm na generalidade das situações, ou seja, se não acreditam que podem fazer milagres, não os vão fazer, o máximo que vão fazer é delegar essa responsabilidades nos Santos ou outras entidades em que confiam, no entanto para este milagre se verificar, em alguma medida vai ter de haver esta crença, nem que seja, na *força e na certeza (crença)* que aquela entidade vai fazer aquele milagre.

Muitos esperam milagres, mas não acreditam em milagres... esperam que alguém de fora (Santos ou outras entidades em quem acreditam), façam o trabalho por eles, mas uma coisa os nossos devotados amigos do Plano Espiritual não podem fazer por nós que é acreditarem por nós.

Todo o milagre eventualmente feito a favor de alguém, encerra em si mesmo também uma aprendizagem que vai ser necessária fazer, pelo que, se aquele milagre fizer com que aquela pessoa não retire algum ensinamento e continue a fazer tudo igual forma, esse pedido, mesmo que com muita fé não vai realizar-se, pela simples razão de que iria impedir o ensinamento associado e as entidades positivas que podem fazer esses milagres em nós e por nós sabem muito bem disso.

Embora muitos milagres possam ter sido feitos por alguma entidade do Plano Espiritual, com o objetivo da pessoa vir a mudar o seu comportamento depois, muitas vezes isso não se verifica e a pessoa volta a cair no mesmo comportamento e a pedir novo milagre!! Esta situação é referida, em passagens da Bíblia, quando é dito que muitos daqueles a quem Jesus fez milagres, passado algum tempo voltavam a ter as mesmas doenças.

Uma verdade a ter em conta é que ninguém (exceto nós mesmos),cura ninguém (sim, nem mesmo os médicos e terapeutas, etc.), a cura tem de ser interna e de cada um, claro que os tratamentos que recebemos podem ajudar a eliminar algum sintoma, mas se persistirmos nos mesmos comportamentos que levaram àquela situação dolorosa, mais tarde ou mais cedo vamos voltar a ter aqueles mesmos sintomas, logo, quer nos tratamentos, quer nos milagres, para serem efetivos e duradouros, tem de haver algum ensinamento que temos de retirar.

Na verdade, um milagre começa a manifestar-se com a crença absoluta de que um pensamento que temos se vai concretizar com toda a certeza e sem a mínima dúvida, ou seja temos de ter uma fé inabalável de que aquilo vai mesmo acontecer e ter esta fé mais não é do que acreditar ou crer sem antes ter visto.

Parece simples, não parece? Mas não é... e não é assim tão simples, porque se assim fosse todos nós os faríamos, no entanto, este poder apenas é reconhecido a alguns denominados Seres de Luz, como Jesus Cristo, Buda, Maomé e outros Santos que a Igreja Católica venera, entre outros.

O que é então que Estes Seres de Luz têm que nós não temos?

Na verdade, é só mesmo a fé (ou certeza de que isso vai acontecer e depois na aceitação) que eles têm e que nós não temos, embora muitos de nós possamos pensar o contrário... até porque, muitos de nós até podemos querer, mas não cremos (acreditamos) e como não acreditamos nem sequer vamos tentar fazer.

A fé mais não é do que acreditar sem qualquer hesitação de que aquilo vai mesmo acontecer, claro que vamos ter de acreditar sem ainda termos visto… o que torna a crença menos fácil.

Até parece fácil fazer milagres, mas acredite que não é nada fácil, até porque, se, desde logo duvidamos ou não reconhecemos ter esse poder em nós, é evidente que não vamos fazer uso de um talento se julgamos não o possuir, logo não o vamos usar.

Embora muitas vezes até consigamos fazer milagres, *por milagre* (embora não os designemos como tais), que é quando manifestamos uma crença tão grande numa situação, que aquela situação acaba por se tornar real e palpável na nossa existência, mas na maioria das situações são de coisas e situações negativas, pois nessas acreditamos mais!!

Embora muitas terapias nos possam ajudar, refiro aqui duas, até porque tenho formação em ambas: a Hipnose Clínica e a Psych-K, já que, estas terapias nos podem ajudar a avaliar quais as crenças e/ou situações traumáticas que podem estar na origem de não reconhecermos em nós mesmos o poder de iniciar o processo de criação através do pensamento ou dos ditos milagres.

As terapias que referi, assim como a generalidade das terapias ditas holísticas, mais do que aliviar só o sintoma (que é o que faz a medicina tradicional), procura saber a sua origem ou sua causa e o ensinamento que lhe pode estar associado, para curar definitivamente em vez de tratar.

Em relação ao ensinamento que pode estar associado a uma situação de doença ou mal-estar mais ou menos passageiro, as terapias holísticas permitem que seja mais fácil à pessoa tomar consciência deste ensinamento.

Para mim, muito mais importante do que tratar do sintoma, é descobrir o que esteve na origem e ainda pode estar, que se traduz em descobrir o ensinamento que essa situação veio trazer, pois tendo conhecimento desse ensinamento (que tem de ser da pessoa que sofre, apenas pode ser ajudada a isso), todo o processo de tratamento se vai desenvolver de forma mais coerente, mais duradoura e mais eficaz, até porque o ensinamento retirado, certamente vai implicar um fazer diferente em alguma situação, que pode estar na origem desse sofrimento.

Mesmo sem que recorremos a um profissional destas ou de outras terapias, todos nós temos os meios para fazer milagres, até porque, se repararmos bem, todos nós somos peritos em fazer milagres, só que são milagres negativos, ou seja, a generalidade das pessoas é especialista já em criar dor, sofrimento, maus relacionamentos, etc., logo o poder de criação já existe, mesmo que não seja reconhecido, agora é só mudar o foco para a criação positiva para isso acontecer.

Para si que quer começar a criar *milagres positivos* deixo desde já algumas sugestões:

- comece por investigar ao nível da internet a mais variada informação sobre este assunto, veja testemunhos de pessoas que conseguiram fazer milagres nas suas vidas;
- veja quais as crenças e/ou traumas do passado, que podem estar a impedir ou a sabotar as suas intenções. Para descobrir aconselho algumas terapias como as que referi atrás.

O primeiro passa para criar, sejam milagres positivos, sejam milagres negativos de dor e sofrimento, tudo começa (mas não acaba) com o pensamento, segue-se depois a fé ou crença absoluta na sua materialização sem nunca duvidar e por fim permitir-se receber esse milagre.

É muito importante ter em mente que, sempre que cada um de nós emitir um mero e inofensivo pensamento, o que na verdade estamos a fazer é a emitir energia e a criar aquilo que começamos por pensar, por isso tome atenção no que está a pensar, pois está a criar a sua realidade desde já.

Ainda não termos visto pelos nossos olhos o resultado da criação do nosso pensamento, não quer dizer que não tenhamos iniciado o processo de criação, muito pelo contrário, o resultado da criação do nosso pensamento já existe, apenas não está ainda visível à nossa vista, pois está numa energia muito diferente (ou muito menos densa), que não é percetível pelos nossos sentidos, da visão e do tato, etc.

O que acaba por acontecer na maioria dos nossos pensamentos positivos, é que quase logo de seguida vamos emitir uma energia de dúvida que vai interromper o processo de crescimento e solidificação do nosso pensamento, impedindo assim de podermos ver com os nossos sentidos aquilo que começamos a criar, no entanto uma coisa é certa, embora, na maioria das vezes tenhamos interrompido o processo de criação que iniciamos com um pensamento que tivemos, essa energia não vai desaparecer, apenas fica, em estado latente à espera que alguém lhe dispense mais energia para crescer e/ou se solidificar aos nossos olhos.

Mas porque é que a nossa dúvida vai descriar ou anular todo este processo criativo?

A razão é simples: a dúvida vai emitir uma energia contrária a todo o processo de criação – se temos dúvida, não acreditamos.

A energia da dúvida vai provocar o efeito oposto que é o de anular toda a criação que já tinha sido feita. Se quando pensamos criamos essa coisa, seja a nossa saúde, seja a nossa doença, etc., isso só se vai manifestar na nossa realidade se tivermos absoluta certeza, (que por isso não é compatível com a dúvida) de que isso vai mesmo acontecer.

É fácil, pois, perceber porque é que há tanta dor e sofrimento... é pela simples razão de que a generalidade das pessoas foi ensinada que é natural e normal sofrer porque já os seus pais e avós sofreram... se calhar porque lhes ensinaram que é normal a vida ser de sofrimento, etc., por isso é que para estas pessoas é muito mais fácil criarem sofrimento ou milagres negativos nas suas vidas, pela simples razão que acreditam nisso.

Para que um milagre se manifeste na nossa realidade, até parece simples, só temos de manter o pensamento focado nessa coisa e nunca duvidar até que essa coisa ou situação se manifeste na nossa realidade e por fim aceitar isso.

Se duvidarmos, nem que seja por um milionésimo de segundo que isso vai acontecer, vamos anular tudo, ou seja, vamos descriar ou interromper todo o processo de criação e depois para isso se manifestar novamente na nossa realidade material, vamos ter de voltar a iniciar todo o processo de criação.

Como diz o prof. Hélio Couto, se você pensar no seu carro novo, ele já está criado (embora possa ter de esperar a sua materialização), ele já está na sua garagem, no entanto se duvidar que ele lá está e abrir a porta para verificar, vai anular todo o processo de criação e não vai ter carro algum.

Quando duvidamos ou não acreditarmos, vamos estar a desfazer tudo aquilo que acabamos de criar através do nosso pensamento, este é pois o principal motivo para não manifestarmos tudo aquilo que queremos na nossa realidade, falta-nos ter fé... a fé que só alguns têm, como teve Jesus, os Santos e os Seres Iluminados, ou seja, falta-nos sermos diferentes de São Tomé... falta-nos acreditar antes de termos visto e isso só poucos conseguem, pois caso contrário, se tivéssemos essa fé total e inabalável, manifestaríamos tudo de imediato na nossa realidade, como fizeram esses Avatares da humanidade.

Muitas vezes o que acontece é que, se nem mesmo nós na verdade sabemos o que queremos, ou se somos merecedores de ter o bom, etc., como poderemos criar essa realidade para nós?

Se calhar num dado momento até emitimos um pensamento que cria algo de bom para nós, mas no momento imediatamente a seguir já queremos outra coisa e assim sucessivamente, logo é natural que não criemos logo isso na nossa realidade e ainda bem, pois como não sabemos o que queremos, também não iriamos ficar satisfeitos com a nossa criação consciente.

A não materialização imediata da maioria das nossas criações mentais, até pode ser positiva, se atentarmos no facto de que, maioritariamente estamos a criar coisas e situações negativas.

Num planeta de terceira dimensão em que predomina a energia negativa, se fosse permitido que criássemos imediatamente (como acontece nas dimensões superiores, em que criamos no imediato) através do nosso pensamento é fácil prever que, entraríamos num ciclo-vicioso de criação negativa em que poderia tornar insustentável a vida mais ou menos digna daqueles que seriam subordinados a essa criação negativa.

Repare como os programas de TV, jornais, revistas, etc., nos puxam para a criação negativa, isto acontece pela simples razão de que que, ainda estamos num planeta de expiação e provas ou num planeta de terceira dimensão. Se notar bem são estas publicações e programas de TV, que mais leitores e telespectadores têm, ao contrário de publicações e programas com notícias positivas, isso reflete o nível ou qualidade energética da maioria da população em Portugal até esta altura. Mas a boa nova é que o panorama está a mudar, para cada vez mais criação positiva…

Por exemplo sabe qual é o jornal que mais tiragem tem? Sabe quais são os programas de TV mais vistos?

Se reparar bem um dos jornais que mais vende aqui em Portugal é o Correio da Manhã. Se não é leitor veja qual é o tipo de notícia que é mais destacado neste jornal nas primeiras páginas: violações, roubos, assaltos, assassinatos, etc.

Quanto aos programas de TV, os mais vistos são quase sempre os Telejornais e quanto mais noticias negativas, mais audiência têm… é assim que a maioria das pessoas se liga energeticamente.

Culturalmente, somos levados a acreditar e a valorizar mais as notícias negativas, e por isso a alinhar-nos com esse tipo de energias, ao invés das positivas e depois admiramo-nos de atraímos para nós mesmos também esse mesmo tipo de energias em vez de acontecimentos de energias positivos.

Muitas vezes nem nós nos apercebemos de forma consciente, mas se fizermos uma análise, aos programas de televisão que mais gostamos e damos atenção, dos jornais que mais lemos, das notícias de que mais gostamos, das revistas que mais folheamos, das músicas que mais ouvimos, dos locais onde vamos mais vezes, etc., vamos começar a perceber porque é que temos os pensamentos que temos, porque é que criamos aquilo que criamos e porque é que temos a qualidade de vida que temos.

Foi-nos dado o livre-arbítrio para criarmos e termos diversos tipos de experiências na matéria, logo vamos poder criar tanto experiências negativas, quanto experiências positivas, tanto para nós como para os outros, no entanto se somos livres de criar, também vamos ser obrigados a colher o resultado da nossa criação, que se vai traduzir no tipo de experiências que vamos ter.

A Perfeição da Criação Divina é de tal forma maravilhosa e justa que permite que cada um tenha as experiências que ache melhor para si, mas depois também faz com que essa pessoa colha no futuro as consequências, positivas ou negativas, daquilo que optou por fazer no passado.

Se a pessoa criou ou *plantou* energia positiva, no passado, vai colher no futuro o resultado dessa *plantação,* com experiências positivas, se por outro lado, optou por *plantar energia negativa* para si e para os outros, irá colher no futuro o resultado dessa criação negativa, com experiências de energia negativa.

O que é importante ressalvar e ter sempre em conta, é que, quer tenham sido as nossas experiências de criação, predominantemente negativas ou predominantemente positivas, todas as experiências que nos esperam (mais positivas se tivermos feito positivo e mais negativas se tivermos feito negativo), nesta ou numa futura encarnação, terão em vista, nunca o sofrimento ou uma punição pura e simples (como referem muitas religiões), mas antes aprendizagens e ensinamentos, que poderão ser possíveis através deste tipo de experiências de dor e/ou sofrimento.

É muito importante termos a noção de que muitas das provas mais dolorosas pelas quais poderemos estar ou vir a passar, são o último recurso que o Plano Espiritual, arranjou para que pudéssemos fazer diferente e evoluir.

Quantas vezes uma doença ou uma deficiência nos vai impedir de voltar a fazer sofrer outro… quantas vezes uma limitação física nos vai impedir de fazer mal a nós e aos outros… quantas vezes um mau relacionamento nos pode ensinar a respeitar mais o outro… quantas vezes as dificuldades económicas nos podem ajudar a dar mais valor à amizade e ao amor, etc..

Acredite que Deus o Criador, *não dá ponto se nó* e tudo o que fez, faz e fará por nós 'pode não ser aquilo que mais gostamos, mas é com   toda   a   certeza   o   melhor   que   precisamos.

Pela perfeição da Criação Divina eu sou grato a Deus, o Criador.

Se um dia acordarmos especialmente bem-dispostos, se calhar já morremos e ainda não demos conta.

RELATOS ESPIRITUAIS: OS EQUÍVOCOS DE FAZER O BEM OU TALVEZ NÃO...

A Perfeição da Criação Divina é tal que, nos permite desde já escolher o futuro que vamos ter pelas ações que escolhemos ter no presente e que tivemos no passado.

Optar por fazer o bem e positivo ou o mal e negativo, não é a mesma coisa e são ou foram essas nossas ações do presente ou do passado que vão determinar quais as experiências, mais ou menos dolorosas ou mais ou menos amorosas que vamos ter no futuro.

O que é reconfortante saber é que todo o bem que cada um de nós fez no passado ou que está a fazer no presente não caiu em saco roto, não foi esquecido.

Aquilo que de positivo um dia fizemos e que, se calhar, até ninguém notou, mas que mesmo assim até continuamos a fazer, tudo foi anotado e registado no Plano Espiritual e além de ter servido para definir o nosso carater e personalidade, essas ações, vão determinar se o que vamos experienciar no futuro, são experiências de energia negativa ou experiências de energia positiva.

Se relativamente a termos experiências positivas no futuro isso se vai verificar por termos feito no passado o positivo, pode parecer que os que optaram por energias negativas, vão ter experiências negativas como castigo, mas não é isso que vai acontecer... o que vai acontecer é que esses que, através do seu livre-arbítrio escolheram experiências de energia negativa, não vão estar predispostos para experimentar ações de energia positiva, logo, o Plano Espiritual vai providenciar no sentido de experimentarem mais situações de energia negativa, para que através deste tipo de energias, possam também tirar o ensinamento que precisam.

Devemos ter em conta também que este fazer o bem e não fazer o mal ou negativo, inclui não só fazer aos outros, mas também em relação a nós mesmos com os nossos corpos, ou seja, se nos tratamos mal a nós mesmos para o Plano Espiritual é igualmente energia negativa que vamos ter de resgatar e retirar o ensinamento devido.

Uma das razões pelas quais aquilo que fazemos mesmo em relação a nós mesmos e ao nosso corpo, contar como experiências de energia positiva ou negativa é porque o corpo que usamos, não é nosso (nós apenas o recebemos), apenas nos foi disponibilizado, mas na condição de o usarmos o melhor que soubermos durante a nossa encarnação.

O corpo que nos foi disponibilizado já veios com as faculdades ou talentos para desempenharmos a nossa missão com sucesso, logo, nós só vamos ter de fazer a nossa parte, as ferramentas estão ao nosso dispor.

Para ilustrar o que acabei de referir, vou passar a passar o relato de algumas pessoas que desencarnaram e que enquanto encarnados, não fizeram as melhores opções. Vamos saber em que estado é que chegaram ao Plano Espiritual depois de falecerem ou desencarnarem.

Que estes relatos sirvam como lição, pois muitos destes relatos até foram de pessoas que, enquanto encarnadas, pensavam que estavam a fazer o bem e positivo, mas na realidade, isso não era verdade, como facilmente agora lhes comprovam no Plano Espiritual, que, em vez de terem contribuído para o seu crescimento e evolução espiritual, foram, na verdade experiências equivocadas nesse propósito.

Vou passar aqui a citar passagens de alguns livros psicografados por Francisco Cândido Xavier (ou o 'famoso Xico Xavier', como diz o prefacista deste livro, o Paulo Marques), para ilustrar o tema deste capítulo, até porque, se calhar muitos de nós (mais conscientes) andamos equivocados, pensando que estamos a fazer o bom e positivo, quando na verdade (embora muitas vezes sem a intenção clara disso), o que estamos a fazer não é o melhor que podemos fazer ou ter feito.

Os relatos a seguir são de algumas pessoas que já estando no Plano Espiritual, vão ser confrontadas com o que fizeram enquanto estiveram encarnados e como isso contribuiu ou não, quer para a sua própria evolução, quer para a evolução daqueles que estavam mais perto.

Decidi aqui colocar estas citações, com as quais muitos de nós se identificarão, para que, enquanto é tempo (e é sempre tempo para tomarmos consciência que podemos fazer mais, melhor e mais positivo), fazermos diferente, até porque, podemos estar na convicção de que estamos a fazer o melhor que podemos, quando na verdade, podemos estar equivocados... equívocos esses que poderemos abreviar, logo que tenhamos a noção deles.

Devemos, pois, aproveitar para retirar os ensinamentos que pudermos de cada um dos relatos a seguir, se for caso disso:

- Vícios, da bebida, do tabaco, etc. – Livro de Francisco Cândido Xavier – Nosso Lar (ver Fonte 21):

  «Suicida! Suicida! Criminoso! Infame!" - gritos assim, cercavam-me de todos os lados.
  - Onde sicários de coração empedernido?
  Por vezes, enxergava-os de relance, escorregadios na treva espessa e, quando meu desespero atingia o auge, atacava-os, mobilizando extremas energias. Em vão, porém, esmurrava o ar nos paroxismos da cólera. Gargalhadas sarcásticas feriam-me os ouvidos, enquanto os vultos negros desapareciam na sombra.
  Tais objurgatórias, incessantemente repetidas, perturbavam-me o coração.
  - Infeliz, sim; mas, suicida? - nunca!
  Essas increpações, a meu ver, não eram procedentes. Eu havia deixado o corpo físico a contragosto.
  Recordava meu porfiado duelo com a morte. Ainda julgava ouvir os últimos pareceres médicos, enunciados na Casa de Saúde; lembrava a assistência desvelada que tivera, os curativos dolorosos que experimentara nos dias

longos que se seguiram à delicada operação dos intestinos. Sentia, no curso dessas reminiscências, o contacto do termômetro, o pique desagradável da agulha de injeções e, por fim, a última cena que precedera o grande sono: minha esposa ainda jovem e os três filhos contemplando-me, no terror da eterna separação. (...)

– É de lamentar que tenha vindo pelo suicídio.

Enquanto Clarêncio permanecia sereno, senti que singular assomo de revolta me borbulhava no íntimo.

- Suicídio?

Recordei as acusações dos seres perversos das sombras. Não obstante o cabedal de gratidão que começava a acumular, não calei a incriminação.

– Creio haja engano - asseverei, melindrado -, meu regresso do mundo não teve essa causa. Lutei mais de quarenta dias, na Casa de Saúde, tentando vencer a morte. Sofri duas operações graves, devido a oclusão intestinal...

– Sim - esclareceu o médico, demonstrando a mesma serenidade superior-, - mas a oclusão radicava-se em causas profundas.

- Talvez o amigo não tenha ponderado bastante. O organismo espiritual apresenta em si mesmo a história completa das ações praticadas no mundo. E inclinando-se, atencioso, indicava determinados pontos do meu corpo: – Vejamos a zona intestinal - exclamou.

- A oclusão derivava de elementos cancerosos, e estes, por sua vez, de algumas leviandades do meu estimado irmão, no campo da sífilis. A moléstia talvez não assumisse características tão graves, se o seu procedimento mental no planeta estivesse enquadrado nos princípios da fraternidade e da temperança. Entretanto, seu modo especial de conviver, muita vez exasperado e sombrio, captava destruidoras vibrações naqueles que o ouviam. Nunca imaginou que a cólera fosse manancial de forças negativas para nós mesmos?

A ausência de autodomínio, a inadvertência no trato com os semelhantes, aos quais muitas vezes ofendeu sem refletir, conduziam-no frequentemente à esfera dos seres doentes e inferiores. Tal circunstância agravou, de muito, o seu estado físico.

Depois de longa pausa, em que me examinava atentamente, continuou:

– Já observou, meu amigo, que seu fígado foi maltratado pela sua própria ação; que os rins foram esquecidos, com terrível menosprezo às dádivas sagradas?

Singular desapontamento invadira-me o coração. Parecendo desconhecer a angústia que me oprimia. Continuava o médico, esclarecendo:

– Os órgãos do corpo somático possuem incalculáveis reservas, segundo os desígnios do Senhor. O meu amigo, no entanto, iludiu excelentes oportunidades, esperdiçando patrimônios preciosos da experiência física. A longa tarefa, que lhe foi confiada pelos Maiores da Espiritualidade Superior, foi reduzida a meras tentativas de trabalho que não se consumou. Todo o aparelho gástrico foi destruído à custa de excessos de alimentação e bebidas alcoólicas, aparentemente sem importância. Devorou-lhe a sífilis energias essenciais. Como vê, o suicídio é incontestável.»

- Fazer aos outros e não fazer a nós – do livro de Francisco Cândido Xavier, Reportagens de Além Túmulo (ver Fonte 22)

«Severiano Fagundes era dos melhores doutrinadores do Espiritismo numa das grandes capitais brasileiras. Sua palavra vibrante era muito admirada nas tribunas doutrinárias; sua presença, um estímulo aos companheiros. Temperamento expansivo, era portador de expressões alegres e vivas. Ótimo organizador dos serviços de intercâmbio com o Invisível, tinha especial aptidão para convencer as entidades recalcitrantes, embora não as convencesse de todo, relativamente aos deveres

espirituais. Sabia elucidar os médiuns, formar as sessões práticas, transmitir verbalmente os ensinamentos recebidos. Surgiam obsidiados? Lá estava o Severiano combatendo os agentes da discórdia, esclarecendo obsessores infelizes.

Entretanto, o poderoso doutrinador, além de profundamente arbitrário em seus modos de agir, parecia comprazer-se em certas irregularidades da vida. Se algum companheiro se aproximava, prudentemente, e lhe falava dos perigos que semelhante situação poderia acarretar, Severiano dava de ombros e interrogava: - "Ora, mas que tem isso? São futilidades da existência humana. A verdade é que nunca me viram faltar aos deveres para com a Doutrina. Compareço pontualmente às reuniões, não me furto ao trabalho de esclarecimento dos irmãos perturbados, nem me nego ao concurso fraternal nas atividades mais pesadas do nosso grupo".

E a vida passava.
O nosso amigo tinha os seus casos tristes, suas situações escabrosas, mas continuava impávido no arrojo da pregação.
Não faltava às sessões, mas esquecia a família; doutrinava os Espíritos mais cruéis, entretanto, alegava não tolerar a esposa que Deus lhe havia confiado, porque não pudera compreender o Espiritismo à sua maneira; preparava bem os médiuns; contudo, não se interessava pelos filhos, como devia.
E era um companheiro valente o Severiano. Sabia animar, corrigir, resolver problemas difíceis, lançar incentivos eficazes.
Os anos passaram sobre o quadro, de seus serviços, o ardoroso doutrinador foi chamado à esfera espiritual.
Em virtude de seus conhecimentos, relativamente à Doutrina, Severiano percebeu que não mais pertencia ao

número dos adormecidos na carne. Estava plenamente convencido da transição fenoménica da morte do corpo. No entanto, como no plano invisível cada criatura somente poderá ver através da luz que acendeu na própria alma, o grande propagandista dos princípios doutrinários, com imensa surpresa, não encontrou os amigos espirituais com que contava, não obstante o esforço de todos em seu favor. Viu-se sem rumo, entre sombras e paisagens confusas. Ao contrário de suas ilusões no período de atividades que lhe antecedera ao desprendimento do mundo, começou a refletir mais seriamente na vida particular que a esponja do tempo havia absorvido. Revia, agora, os mínimos detalhes das ocorrências pequeninas. Ter-se-ia portado bem nessa ou naquela circunstância?

A consciência dizia-lhe que não, que ficaram muitas tarefas por fazer, em virtude da deficiência de seu esforço, sempre tão pronto para ensinar aos outros.

À medida que se escoavam os dias, observava a multiplicação dos remorsos e dores íntimas. O pobre amigo não sabia como explicar o seu mal-estar, qual o motivo da paisagem escura que o cercava.

Certo dia, Severiano chorou como criança, nas súplicas que procurou elevar a Deus.

Lembrou as reuniões em que ensinara austeras disciplinas, via-se à frente das entidades perturbadas que se comunicavam, e recordava as exortações que lhes dirigia corajosamente.

Severiano chorou.

É verdade que, como homem, havia errado muito, fugindo aos trabalhos próprios de sua vida; no entanto, devotara-se à doutrina dos Espíritos, espalhara consolações e conselhos. Nesse instante, uma sincera compunção parecia arrebatá-lo a lugar diferente. Viu-se numa paisagem mais leve, à frente de uma entidade de semblante divino, que o contemplava carinhosamente.

- Irmão querido - perguntou o ex-doutrinador, sensibilizado -, por que sofro tanto, em caminhos sem luz?

- É que acendeste muita claridade nos outros, mas esqueceste de ti mesmo - esclareceu a nobre entidade com amoroso sorriso.

Severiano começou a explicar-se: lamentou a sua situação, falou longamente, mas o mensageiro de Jesus interrogou com solicitude fraternal:

- Irmão Severiano, serviste de fato ao Evangelho?

- Sim - replicou o mísero, hesitante - disciplinei muitos Espíritos perturbadores, fazendo-lhes sentir os deveres que lhes competiam.

A generosa entidade tomou então de um grande volume e afirmou com bondade:

- Temos aqui o Evangelho, tal como o estudaste no mundo. Observemos o que nos diz a lição de Jesus, com respeito à tua primeira alegação.

E o livro abriu-se, automaticamente, impulsionado por energias luminosas, apresentando o versículo 4 do capítulo 23, de Mateus: "Pois atam fardos pesados e difíceis de suportar e os põem aos ombros dos homens; eles, porém, nem com o dedo querem movê-los."

Severiano Fagundes ficou muito pálido. Recordou, instintivamente, tudo o que deixara de fazer no círculo de suas obrigações justas. Como o generoso amigo espiritual o contemplava em silêncio, sorrindo com amor, o pobre irmão, que lembrava as lutas da Terra, murmurou:

- Sei que não cuidei de mim, como deveria, entretanto, tive muita fé.

Essas palavras foram proferidas com enorme desapontamento. Mas o emissário do Cristo voltou a dizer:

- Vejamos, então, o que nos diz o Evangelho, relativamente à tua segunda alegação.

E surgiu o vérsículo 17 do capítulo 2 da Epístola universal de Tiago, em caracteres - radiosos:

"Assim também a fé, se não tiver as obras, é morta em si mesma."

Severiano baixou os olhos e começou a chorar amargamente, pois só agora reconhecia que ensinara muito Evangelho aos outros, lendo-o com leviandade, todavia, não aplicara o código divìno à própria vida. Nada mais disse ao mentor carinhoso e justo quê, abraçando-o fraternalmente, murmurou com bondade infinita:

- Irmão Severiano, levanta os olhos para o Mestre e anima-te! Voltarás à Terra para o serviço redentor; mas, não te esqueças de que, como encarnado, serás também Espírito em doutrinação. É preciso escutar o dever, a luta e o sofrimento. São mensageiros de Jesus os que ensinam o Evangelho na Terra. Precisamos ser canal de verdade para os outros; mas não é só isso, porque é indispensável sejamos canais e reservatórios ao mesmo tempo, a fim de que, como discípulos de um Mestre tão rico de sabedoria e amor, não venhamos a sucumbir pela miséria própria.

A generosa entidade continuou a exaltar a beleza das obrigações cumpridas e, cheio de lágrimas e esperanças novas, Severiano Fagundes começou a preparar-se para recomeçar a lição na vida humana.»

- **Sobre o suicídio – Livro de Francisco Cândido Xavier – Reportagens de Além tumulo (22) - pag.35**

  «Irascível, teimoso, impermeável aos benefícios da fé religiosa, Tomasino Pereira manteve-se inacessível a todos os processos de socorro espiritual. E na ideia orgulhosa de que poderia enfrentar o próprio Deus, a fim de inquirir o Criador, quanto aos enigmas do destino, uma noite tranquila, sem que ninguém esperasse, estourou os miolos irrefletidamente.

  A, narração movimentada levou-me a recordar alguns companheiros das tarefas humanas, impressionando-me, vivamente.

– Esse é o Espírito que encontraremos daqui a alguns instantes – concluiu Rogério com um sorriso generoso.

De fato, sem despender maior esforço, descemos a uma região de sombras muito espessas.

Assemelhava-se, antes de tudo, a uma grande caverna pestilenta e húmida, como deveriam ser os calabouços da Idade Média. Viam-se ali criaturas estiradas, em gemidos lancinantes.

Conservando-se a distância, Rogério exortou-me a permanecer em sua companhia e enviou alguns auxiliares em busca do desventurado Tomasino.

O infeliz aproximou-se, de rastros. Parecia um monstro, tal a desfiguração pelo sofrimento.

Observando os fluidos luminosos que envolviam Rogério a esperá-la, mísero, supôs que defrontava um dos mais altos emissários de Deus. Enganado ainda pelas falsas conceções da Terra, começou a chorar, convulsivamente, acreditando que o Altíssimo lhe dispensava honrosas deferências, como se fora um herói esquecido, em revisão de processo.

– Anjo celeste – murmurou prostrando-se ante Rogério –, eu sabia que Deus me faria justiça. Fui um infortunado na Terra, vaguei como cão sem dono entre aqueles que desfrutavam o banquete da vida humana, atravessei a existência incompreendido e aqui estou, em abandono, em pavorosa caverna de martírios, aguardando a Providência Divina...

As lágrimas caiam-lhe em suprema desesperação.

O interpelado, porém, mantinha-se em serenidade impassível e disse-lhe com firmeza:

– Tomasino, esquece o vício da queixa. Não sou um anjo celestial, sou teu irmão no mesmo caminho evolutivo. Não vim até aqui para arquivar as tuas lamentações, mas para sugerir-te calma e boa-vontade, atendendo a muitas rogativas dos que se interessam por ti. Não consta, no plano espiritual mais elevado, que hajas sido tão infeliz e sim que sempre foste rebelde aos alvitres divinos, quanto preguiçoso nas realizações para a vida eterna.

O suicida experimentou indisfarçável surpresa. Esperava que todos os emissários do mundo superior fossem portadores de uma doçura de mel. Viciado como criança caprichosa e exigente, não entendia a bondade fora dos prismas da ternura. Assustado, Tomasino assumiu atitude diversa.

– Venho para ser útil às tuas necessidades presentes – continuou Rogério sem emoção –, prestando-te este ou aquele informe que julgues necessário ao soerguimento do teu espírito.

Via-se que o choque fora benéfico a Tomasino. Começando a compreender que a responsabilidade não dispensa a energia, fazia esforços para esquecer as velhas lamúrias e enveredar por expressões sérias, condizentes com a sua posição espiritual.

– Desejaria receber notícias de meus filhos! – disse num gesto mais digno.

– Todos realizam as suas tarefas satisfatoriamente – esclareceu Rogério, delicado. – Como deves saber, as obras de Deus não sofrem solução de continuidade, porque este ou aquele dos trabalhadores delibere escapar aos compromissos assumidos. Teus filhos são homens de bem, úteis à sociedade de que são parte integrante e ativa; tuas filhas, nos dias que correm, são mães devotadas e generosas. Eles confiavam em ti, quando não possuías nenhuma parcela de confiança em ti mesmo. E porque hajas fugido ao lar, desamparados, nunca te esqueceram nas intercessões amorosas.

– Infeliz que fui! – exclamou o suicida com acento amarguroso.

– Devias afirmar, antes de tudo, que foste tolo!

Extremamente desapontado, Tomasino quis desviar o assunto e interrogou:

– Creio que tendes poder para auxiliar-me. Que devo fazer para melhorar esta situação?

Sinto a cabeça tonta, sem direção.... Desejaria pelo menos, alcançar um tantinho de saúde...

– Perguntaste bem – disse-lhe o meu amigo –, esse desejo evidencia as tuas melhoras espirituais. O que te poderá restaurar a saúde e o equilíbrio é a nova aplicação de terra.

– Aplicação de terra? – revidou Tomasino assombrado.

– Sim, terás de ser revestido, novamente, de um corpo terrestre. No Planeta encontrarás o remédio para teus males. Despedaçaste o crânio e voltarás a exibir, no mundo, o crânio despedaçado. Não te faltará a medicação...

– Medicação?

– Perfeitamente – esclareceu Rogério –, o idiotismo, a loucura, o equilíbrio nervoso...

– São doenças – atalhou o suicida prontamente.

– É verdade, Tomasino, os seres terrenos ainda não compreenderam, mas, enquanto curam as enfermidades, acabam curados por elas. Aceitas, pois, o remédio do porvir?

Reconhecia-se o pavor do infeliz, em face da indicação, mas, ao cabo de longos minutos de meditação, murmurou humilhado:

– Aceito... Quando deverei voltar?

– Quando nossa irmã Olinda estiver em condições de te receber nos braços maternos. O suicida compreendeu e entrou em profundo silêncio.»

- ***Sobre as obrigações do Lar – livro de Francisco Cândido Xavier – Reportagens de Além Tumulo (22) - pag.64***

  «A primeira caridade da dona de casa – continuou o mentor delicadamente – é atender ao lar; a da esposa é

ajudar o companheiro; a da mãe é amamentar e nortear os filhos. Sem isso, o trabalho do bem não seria completo.

Fundamente admirada e sem ocultar o desapontamento que lhe ia na alma, a senhora Cardoso objetou:

– Mas o próprio orientador de nossas reuniões me aconselhou o desenvolvimento, sempre desejei atender a benefício dos que sofrem nas trevas e, por isso, tenho tentado o desabrochar de minhas faculdades mediúnicas...

– Quando o amigo espiritual te aconselhou desenvolvimento, procedeu sabiamente. Todos precisamos desenvolver sentimentos nobres, compreensões justas, noções santificantes. Quanto a faculdades psíquicas, é indispensável considerar que toda criatura as possui, em maior ou menor grau. Há, sim, trabalhadores com tarefas definidas, nesse particular; no entanto, não podem fugir à espontaneidade, como não escapaste à missão de mãe. E olvidaste, porventura, que ser mãe é ser médium da vida? Ignoras que o lar constitui sessão permanente, onde a doutrinação e a caridade com os filhos pedem, às vezes, sacrifício secular? Não abandones a cooperação de amor junto às amigas do mundo, prossegue servindo aos semelhantes, dentro das possibilidades justas, alivia o sofrimento dos que choram no plano invisível, mas não esqueças a reunião permanente da família, onde tens evangelizações e testemunhos, a todos os minutos do dia e da noite. Para poder cooperar nos campos imensos da esfera visível e invisível é preciso saber cultivar o canteiro da obrigação própria. Volta, minha amiga, e que Deus te abençoe.

Dona Laurentina acordou assombrada. Radiosa alegria estampara-se-lhe no semblante. Num transporte de júbilo contou ao marido a curiosa ocorrência.»

- Caso extra-conjugal - plano Espiritual ajuda com doença – Livro de Francisco Cândido Xavier – Reportagens de Além tumulo (22) - pag.85

«*Cérebro escaldando, Antonino refletia: não via tantos amigos, aparentemente respeitáveis, sustentando episódios afetivos longe do lar? Possuindo recursos financeiros para atender às suas obrigações, como deixar Gildete em abandono? Afinal, não seria generosidade amparar uma criatura sem arrimo e sem família? O nosso Antonino aproximava-se da capitulação integral.*

Preocupado, nervoso, esperou o dia imediato e, à noite, procurou ansiosamente a perigosa diva.

Depois de trivialidades usuais, penetraram o terreno das considerações afetivas. Gildete parecia-lhe mais sedutora que nunca.

– O dever é cruz bem pesada – suspirou ele com amargura.

– Mas não se trata de fugir ao dever – tentou ela esclarecer sutilmente –, longe de mim a ideia de comprometer teu nome, arruinar tua paz doméstica. Não achas, porém, que também eu tenho direito à vida? Sou o faminto atormentado, junto ao celeiro rico de afetos. Teus escrúpulos são naturais e respeitáveis e sou a primeira a louvar a nobreza do teu proceder, entretanto, não podes desconhecer minha condição de mendigo batendo-te à porta. Há quanto tempo suplico migalhas de amor que te sobram no lar? Encontrando-te, supus-me acompanharam a vida e os pensamentos. Nossa primeira noite de baile pareceu-me a entrada em paraísos maravilhosos. Guardei a impressão de que tua voz chegava de longe, do País delicioso do sonho... Depois, Antonino, informei-me da tua vida. Estavas preso a outra, eras pai de filhinhos que não são meus. A realidade encheu-me de sombras e, não obstante a sorte adversa, nunca desanimei. Amo-te com ardor sempre novo, esperando-te ansiosa.

E porque o rapaz lhe guardava as mãos entre as dele, a revelar carinho, Gildete tinha os olhos húmidos, brilhando à luz cariciosa e discreta, e continuava:

– Não exijo que sacrifiques teus deveres, não desejo te transformes em marido execrado, mas suplico a migalha de afeto, algo que alivie os pesares imensos desta minha solidão angustiosa...

A essa altura, desfez-se em pranto convulsivo, que Tinoco procurava estancar carinhosamente. Abraçando-a, comovido, renovou protestos amorosos e tudo prometeu, decidido a todas as consequências:

– Não chores assim; deves saber que vives comigo em toda a parte, no coração e no pensamento. Ouve, Gildete! Iremos amanhã para Petrópolis, organizaremos nossa vida. Não posso desprezar a família, mas passarei a manter o lar e o ninho, a mãe de meus filhos e a companheira ideal.

A pérfida criatura exibia gestos de felicidade imensa.

Depois de venturosos votos muitas vezes renovados, separaram-se com a promessa de união definitiva, para o dia seguinte.

Nessa noite, todavia, enquanto Tinoco tentava a custo conciliar o sono, absorvido em projetos de voluptuosa exaltação, Omar, aflito, trazia um nobre amigo da Espiritualidade, mais experiente que ele próprio, a fim de opinar na difícil conjuntura.

Anacleto, o venerando guia, examinou Antonino atentamente meneou a cabeça e esclareceu:

– Toda a zona mental está invadida de larvas venenosas. As zonas de recetividade permanecem fechadas à influenciação superior. Teu protegido está absolutamente hipnotizado pela mulher que lhe armou o laço de mel.

Abismando-se. Ornar em amargurosa tristeza, Anacleto explicou:

– Só há um meio de salvá-lo.

– Qual? – perguntou o generoso amigo.

– A enfermidade grave e longa, algo que, abalando-o nos recessos da personalidade, lhe esgote o terrível conteúdo psíquico.

Trocaram ideias durante alguns minutos e, voltando Anacleto à esfera superior, podia-se ver Omar em agitação intensa.

Alta madrugada, Tinoco despertou de breve sono, experimentando dores agudas. Levantou-se, mas as cólicas e vômitos incoercíveis obrigaram-no a deitar-se novamente.

A esposa abnegada, depois de mobilizar os recursos possíveis, telefonou inquieta ao médico da casa. O facultativo atendeu prontamente. Após minucioso exame, prescreveu banhos quentes e injeções intravenosas de água salgada. Ao despedir-se, falou à Sra. Tinoco em caráter confidencial:

– O caso é muito grave. Tenho a perfeita impressão da cólera morbus. A fraqueza, a algidez, os vômitos e contrações, são sintomáticos. Voltarei mais tarde para colher elementos necessários ao exame bacteriológico.

Mal clareava o dia e Antonino já apresentava lividez cadavérica.

O dia correu entre inquietudes angustiosas. À noite apareceu Gildete, acompanhada de amigos, para visita aparentemente sem significação. Acercando-se do leito, não dissimulou a surpresa profunda ao ver Antonino palidíssimo, ofegante, aguilhoado de cólicas dolorosas.

Não obstante as pesquisas de laboratório e renovação de tratamento, Tinoco piorava dia a dia.

Acabrunhado e lacrimoso, na fase culminante do sofrimento, suplicou a presença da mãezinha querida, que desencarnara dois anos antes. Evocado com veemência, o Espírito materno não se fez demorado. Reconhecendo-lhe os padecimentos rudes, a velhinha venerável *abraçava-o, rezando. Nesse instante, aproximou-se Omar e lhe falou entre enérgico e compassivo:*

– Minha irmã, não implore a Deus providências favoráveis à saúde de seu filho.

– Oh! generoso amigo – objetou emocionada –, acaso não sou mãe afetuosa? Como poderia ver meu filho atormentado, sem rogar a Deus lhe devolva o equilíbrio indispensável à vida?

– Sim, você foi mãe dele por trinta e cinco anos, mas eu estou em serviço ativo pela saúde espiritual de Antonino há mais de quinze séculos. A moléstia não o abandonará, até que se anulem os perigos. Enquanto há condensação de vapores, a nuvem não desaparece do céu.

De facto, somente depois de onze meses voltava Tinoco do consultório, fisionomia radiante, ao lado da esposa carinhosa. O médico afirmara, abraçando-o:

– Você deve orgulhar-se do organismo que possui.

A princípio, alarmei-me com os sintomas da cólera; todavia, embora lhe descobrisse a forma benigna, eram tantas as complicações que cheguei a duvidar da sua resistência. Na verdade, a Natureza o dotou de reservas vigorosas.

Tinoco, restabelecido, não sabia como agradecer a Deus a bênção da harmonia orgânica, e quando, mais tarde, perguntou por Gildete, soube que a perigosa mulher residia em Madureira, ligada a outro homem. Só então compreendeu que, se o amor é capaz de todos os sacrifícios, o desejo costuma extinguir-se ao primeiro sinal de falência orgânica, ou de mocidade evanescente.»

- Ociosidade – do Livro de Francisco Cândido Xavier – Reportagens de Além túmulo (22) – pag. 89

«Não era mau companheiro o Pedroso, mas, em matéria de serviço, era de uma negação absoluta. Assinava o livro de ponto regularmente, sentava-se à mesa de trabalho rodeado de documentos e fichários volumosos; todavia, se

o superior hierárquico tardava em aparecer, ele se erguia vagaroso, mãos nos bolsos, e procurava o primeiro colega em disponibilidade para conversações ociosas. Visitava as diversas seções de serviço, criticava os que trabalhassem, distribuía anedotas insossas, e, quando o chefe se instalava no gabinete, retomava o lugar, de mãos ocupadas e cérebro vazio.

– Januário, poderá informar-me o que há com o processo de construção do Parque Avícola? – indagava o diretor, preocupado.

– Aqueles papéis que me entregou no mês passado para guardar? – respondia o funcionário pausadamente, em longa frase, complicando o assunto em vez de explicá-la.

– Sim, sim, mas não lhe dei para arquivar e sim para informar.

Pedroso fungava ruidosamente, movimentava a mão pesada no monte de documentos, espraiava o olhar preguiçoso e, muito depois, no segundo expediente, aproximava-se do chefe e esclarecia:

– Eis aqui o processo; no entanto, precisa ser selado.

O diretor fixava-o entre a piedade e a impaciência, e dizia:

– Pedroso, não ignoro a falta dos selos e creio que, ao lhe confiar o trabalho, referi-me à providência.

– Sim, senhor.

Com estas duas palavras, voltava à mesa e a papelada continuava a esperar solução.

No dia imediato, encontrando-se ambos a sós, o diretor tornava a palavra com benevolência:

– Você, Januário, necessita despertar na profissão escolhida. É moço, inteligente, culto; contudo, faltam-lhe iniciativa e diligência. Não se comove, porventura, ante a perspetiva de serviços que nos requisitam esforço?

Anime-se, mobilize energias. Dê andamento aos processos, procure interessar-se pelo trabalho ativo. Deve compreender que não estamos aqui para cruzar os braços ou deixar que as circunstâncias nos governem.

O rapaz baixava a cabeça e respondia:

– Sim, senhor.

Ante o silêncio e a humildade postiça, rematava o diretor bondosamente:

– Pois bem; vamos então pensar e trabalhar. Traga-me a relação dos núcleos pecuários do Norte.

Dai a pouco, Pedroso vinha dizer que a relação estava incompleta.

Quando ouvia advertências diretas do superior, o funcionário mostrava-se tímido, no íntimo, porém, andava cheio de considerações tendentes à rebeldia. Que era o serviço público, em seu modo de ver, senão o lugar do menor esforço? Achava-se garantido pelo decreto de nomeação.

Não poderia ser alijado sem rumoroso processo administrativo e recebia, por isso, as advertências da chefia sem maior preocupação. Concitado energicamente ao dever, curvava-se cuidadoso e prosseguia nos velhos hábitos.

Compreendendo a dificuldade, o superior resolveu observar-lhe as possibilidades de outro modo e enviou-o à zona do Norte, conferindo-lhe honrosas responsabilidades no fomento da produção agrícola e pecuária.

Pedroso demorou-se mais de um ano sem dar notícias de suas atividades.

Impressionado, o chefe chama-o à sede dos trabalhos.

– Então, Januário? diga-nos alguma coisa. Que fez neste ano de tarefas novas? – perguntou bem-humorado.

– Não foi possível realizar coisa alguma – replicou o funcionário preguiçoso –, a região é muito seca.

Sorriu o chefe paciente e explicou:

– Mudará, então, de zona: designá-lo-ei para serviços no Sul.

E assim foi. Decorrido, porém, um ano, voltou o subordinado informando que o Sul não lhe oferecera elementos adequados. O chefe tolerante exclamou, antecipando-se às justificativas:

– Compreendo. Se você encontrou tanta seca no Norte, certo foi surpreendido por água excessiva no Sul; todavia, poderei mudar sua rota. Irá agora para Oeste.

O funcionário obedeceu, mas, decorridos oito meses, regressava declarando que o Oeste não passava de florestas selvagens.

Nova designação para Leste. No entanto, após dois anos em que Pedroso apenas remetia notificação telegráfica de ponto, para efeito do pagamento mensal, voltava à sede, alegando que nada pudera fazer, devido às derrubadas extensas e ao espírito ruralista da região, refratário aos métodos modernos de agricultura e criação animal.

O superior olhou-o, consternado, e assentou com resignação:

– Vá ficando por aqui mesmo...

Não queria o subordinado outra coisa, e a velha vidinha continuou entre processos por despachar e obrigações por atender. Concluiu o diretor que Pedroso era impermeável a conselhos e esclarecimentos, e, conformado, passou a considerá-lo um mal irremediável na repartição confiada à sua guarda.

O tempo correu e Januário sempre se manteve no mesmo lugar. Se lhe perguntassem quanto a preferências na vida, talvez respondesse que, acima de tudo, apreciava comer e dormir.

A morte do corpo foi encontrá-la nessa atitude de inércia incompreensível. Atirado, então, a verdadeiro torvelinho de necessidades espirituais, em vão buscava esclarecimento nas rodas de serviço, onde permaneciam velhos companheiros.

A maneira do idiota que acordasse subitamente, ignorando o verdadeiro caminho para compreensão de si próprio, queria explicações e conselhos. Agora, porém, os amigos da Terra não lhe percebiam a presença e estavam muito ocupados para recordá-lo com intercessões espontâneas. Debalde chamou, suplicou, insistiu e não poucos anos gastou na ansiedade penosa.

Somente muito mais tarde, colhido na desesperação, por entidades caridosas, foi conduzido à presença de antigo orientador espiritual em condições de prestar-lhe ajuda eficiente. Enfrentando o generoso trabalhador da Espiritualidade, queixou-se ruidosamente, exteriorizando as mágoas íntimas.

– Não necessita expor tão minuciosas explicações – exclamou o sábio mentor –, não é você.

Januário Pedroso, antiga servidor de tarefas rurais no Planeta?

– Pois quê? Conhecem-me aqui? – indagou boquiaberto.

– Esperava-o há muito tempo – tornou o benfeitor – e pode crer que demorou no caminho, porque desejava ainda escorar-se nos amigos encarnados, mesmo depois da transição da morte.

Enumerou Januário as dificuldades, em pranto copioso. Sentia-se desventurado, sem a dedicação de ninguém. Implorou, ansioso, a renovação da experiência terrestre. Queria trabalhar, entendia agora o valor do espírito de serviço. O instrutor, porém, depois de ouvi-lo, tolerante, esclareceu serenamente:

– De suas anotações, em meu poder, não consta motivo para tantas lágrimas e sim apontamentos convidando a reflexões muito sérias, de sua parte. A permanência no mundo não lhe foi senão longa série de repousos, sestas, licenças, férias, abonos. Poltronas e leitos instruem a história da sua última encarnação.

Assombrado, o ex-funcionário objetou:

– Mas eu trabalhava no serviço público.

– Tal circunstância lhe agrava a situação. Se houvesse lesado alguém, na esfera particular, a intercessão e a tolerância facilitariam a solução dos seus problemas; todavia, você é obrigado a prestar contas à coletividade, destacando-se uma classe inteira, sobre a qual sua vida pesou como parasita indesejável.

– Não poderei, entretanto, voltar à Terra, para retificar meus erros? Será crível que se me fechem as portas da renovação?

– Sim, suas lágrimas de arrependimento são dolorosas e sinceras. Não ficará sem recursos.

– Ah! graças a Deus! – falou o mísero.

– Regressarei ao mundo, voltarei à minha repartição, compreenderei, agora, os meus companheiros!...

– Isto é que não – explicou o mentor com serenidade –, na Terra a senha ainda é: «contra a preguiça, diligência». Agora, porém, não estamos na esfera do Globo. Você está enfermo e precisa remédio. A senha há de ser diferente...

– Como? – interrogou o infeliz, aterrado.

O magnânimo orientador dirigiu-lhe significativo olhar e perguntou:

– Que indicava você, na qualidade de servidor do campo, quando o fogo invadia a pastagem?

Pedroso, embora intrigado, respondeu:

– Aconselhava o contra-fogo.

O generoso amigo esboçou um gesto de bondade tranquila e esclareceu:

– Tenho de partir do mesmo princípio. A ociosidade invadiu sua vida. Contra a sua preguiça devo receitar a imobilidade. Para que aprenda a estimar o trabalho e a criar o sublime desejo de movimentação no mundo, você renascerá paralítico.

■ *Morte antecipada para ensinamento – Livro de Francisco Cândido Xavier – Reportagens de Além Túmulo (22) - pag. 93*

«Recebia Finisterra o salário e entregava-o pontualmente à mulher. Frequentemente, contudo, Dona Mariana reclamava:

– Joaquim, com estes pobres vinténs acabaremos nas casas de prego. Por que não te mexes? É preciso encarar o futuro. Parece incrível que um chefe de escritório ganhe esta miséria. Procura o diretor-geral, expõe-lhe nossa situação, do contrário eu mesma assumirei a responsabilidade dessa iniciativa. Este mês o dinheiro não chegou para satisfazer às necessidades mais prementes. Preciso mais novecentos cruzeiros.

– Não tenho – explicava o marido sacrificado.

– Lança novo empréstimo. Devo pagar antes de domingo os vestidos de Helena e Libertina.

Finisterra, mobilizando os sentimentos mais justos, ponderava receoso:

– Não tenho dúvida em pedir nova quantia ao meu procurador; mas tu não achas razoável que as meninas se coloquem dignamente? Há concursos valiosos para os ministérios públicos e, ainda que elas não alcançassem remunerações compensadoras, ganhariam algo para auxiliar-me no elevado padrão de vida que defrontamos atualmente.

A palavra de Joaquim, de inflexão carinhosa que a caracterizava, era de esclarecer o coração mais inculto; no entanto, a companheira replicava colérica:

– Nossas filhas no serviço? Nunca! Sempre foste pai desnaturado e indiferente. Como se haverão as pobrezinhas em face das exigências descabidas do serviço público? Esqueces que o pai é responsável pelo sustento dos filhos?

– Não é isto – explicava Finisterra calmamente –, trata-se de providência lógica no mecanismo doméstico. Na juventude não trabalhamos por auxiliar os pais devotados e generosos? Em que nos tornamos menos dignos? O trabalho nobilita sempre, aproximando-nos de Deus.

Dona Mariana desfechava-lhe um olhar de feroz egoísmo e rematava:

– Essas teorias são tuas, reflexo do teu Espiritismo inconsequente. Não reduzirei meus filhos
à condição de animais de carga.

Argumentos do esposo tornavam-se inúteis. A companheira comentava o assunto, desabridamente, com os filhos. Na semana que Finisterra conversasse sobre trabalho, choviam ditérios, zombarias, observações ásperas e ingratas.

O tempo não remediava a situação, antes agravava os problemas. Os rapazes tornavam-se mais vadios, as jovens mais ociosas. Ao atingir sessenta e cinco anos, apresentava-se Joaquim tão recurvado, tão encanecido que aparentava mais de um século de idade.

Foi nessa altura que os negócios da família se complicaram ao extremo. Atirados ao jogo de azar, os rapazes consumiam somas consideráveis, drenadas do bolso paterno pela falsa ternura maternal. Completamente bloqueado de dividas vultosas, Finisterra não pôde recorrer a novos empréstimos para atender aos caprichos da esposa e aos desmandos dos filhos. Multiplicavam-se atritos, discussões e queixas amargas.

Quando a tormenta doméstica atingiu o ponto culminante, com a insolência de cobradores exigentes e atrevidos, à porta, Dona Mariana procurou o refúgio da oração, na noite que lhe pareceu mais cruel.

– Oh! meu Deus – clamava a infeliz –, por que nos esquecestes em vossa infinita bondade?

E, mãe cega pelo próprio egoísmo, continuava:

– Meus filhos sofrem injustiças, são feridos pelo destino humilhante. Acolhei minhas súplicas!

Ajudai-me a levantar as energias do meu desventurado esposo, vencido e desanimado deste mundo! Inspirai a seus chefes que lhe aumentem o ordenado miserável!...

Estou cansada de exigências, Senhor! Dignai-vos ajudar-me o coração aflito de mãe, não me abandoneis!

Tende piedade de meus filhos, de meus pobres filhinhos!...

Embargada de lágrimas, soluçou baixinho, terrivelmente desalentada. Não viu, porém, a forma luminosa que a abraçou de leve, em sinal de assistência e carinho.

A prece de Dona Mariana fora ouvida.

Henrique, dedicado amigo de outras eras, que sempre tentava auxiliá-la inutilmente, depois de ungir-lhe o coração de brandas esperanças, reuniu nessa noite as entidades generosas, cooperadoras assíduas a favor da paz dos Finisterras, e explicou delicadamente:

– Meus irmãos, a súplica de nossa amiga comoveu-me fundamente. Precisamos auxiliá-la de forma decisiva. Creio que a solução caridosa e justa será chamarmos o nosso Joaquim à vida espiritual. Roguemos ao Senhor a permissão de romper os laços frágeis que o retêm nas esferas do Planeta. Subtraindo-o ao lar, a esposa e os filhos abrirão as portas de recetividade à inspiração superior, curando-se-lhes a cegueira. Vejo na medida a única providência aconselhável.

Ninguém divergiu do alvitre valioso e a amorosa assembleia, após sincera súplica, foi atendido no propósito de libertar o velho companheiro.

Com efeito, dentro de quatro dias Joaquim Finisterra desencarnava repentinamente num ataque de angina.

Somente nessa hora, reconheceu a família quem era aquele velhinho recurvado, de fisionomia inalterável.

Dona Mariana lamentava estentoricamente a perda irremediável, os filhos soluçavam de dor.

Entretanto, semanas depois, vizinhos e amigos notaram a tirânica Sr. Finisterra exprimindo-se em gestos nobres e *humildes, pela primeira vez, e quando recebeu o prêmio de seguro deixado por Joaquim, cada filho se encontrava no serviço honesto, consagrando o dia ao suor do trabalho digno, e a noite ao repouso da bênção familiar.»*

- *Provas da Vida de pobre e de rico – Livro de Francisco Cândido Xavier – Reportagens de Além Túmulo (22) - pag. 108*

    «Leonel e Benjamim, dois velhos amigos do plano espiritual, mutuamente associados no erro e na repararão, depois de minucioso exame do passado, decidiram-se a pedir concessão de novas experiências no mundo. Esposando opiniões diversas entre si, buscaram o orientador, ansiosos da necessária permissão para pronto regresso à luta humana.

    Após anotar-lhes as observações, sorriu o mentor amigo e obtemperou:

    – E oportuna a solicitação: Vocês necessitam intensificar o aprendizado, iluminar o entendimento, adquirir sabedoria. Escolheram ambos o mesmo gênero de provas?

    Levantou-se Leonel, explicando:

    – Estamos acordes no pedido, mas, não temos a mesma preferência no capítulo das tarefas. Por minha parte, desejaria a oportunidade de movimentar patrimônios terrestres, nos círculos da fortuna e da autoridade...

    Antes que ele terminasse, Benjamim embargou-lhe a palavra e esclareceu:

    – Cá por mim, escolhi a condição de pobreza e sofrimento. Pediria, se possível, a supressão de toda possibilidade de contentamento na Terra. Encareço problemas de penúria e dificuldades, a fim de valorizar o que hei recebido da Providência.

    Estampando no semblante o sorriso sereno da sabedoria, o generoso orientador considerou:

    - Não posso interferir na liberdade de ambos. Conhecem vocês a extensão dos débitos contraídos.

- De algum tempo, sou testemunha da luta enorme em que se empenharam para o resgate.

Fizeram jus, por isto, a novo ensejo de trabalho e elevação. Devo ponderar, todavia, que, embora divergentes na escolha, ainda não poderão afastar-se um do outro, na próxima experiência de redenção. Partilha, no erro, determina partilha de responsabilidades e consequências. Ser-lhes-ão abertas as portas do serviço santificador. Não se desunam, pois; nos caminhos da purificação, jamais desprezem a possibilidade de aprender. Fortuna e pobreza são bancas de provas na escola das experiências terrestres. São continentes da probabilidade. Ambos oferecem horizontes largos e divinas realizações. Que saibam receber as bênçãos de Jesus, são os meus votos.

Leonel e Benjamim ouviram os conceitos judiciosos, renovaram promessas e partiram mais tarde. Atendendo a própria escolha, nasceu o primeiro na casa farta de rico proprietário rural, que lhe fora muito amado noutras existências. Daí a dias, velha serva da casa rica era igualmente mãe, fornecendo ao segundo o ensejo de realizar os planos traçados.

Enquanto houve paisagens risonhas de infância, ambos os companheiros, tão unidos pelo coração e tão distantes pelo nascimento, viveram no róseo céu da harmonia; mas, quando Leonel começou a sorver o conteúdo dos livros propriamente do mundo, verificaram-se os primeiros sinais de incompreensão. Cada vez que o jovem bem-nascido regressava ao círculo doméstico em gozo de férias escolares, assinalava-se maior distância entre ele e o camarada da meninice. Quando o anel de grau lhe brilhou nos dedos, estava consumada a separação.

Passando a administrar interesses da família nos estabelecimentos do campo e da cidade, era ele o chefe, enquanto Benjamim se classificava no extenso quadro dos servidores.

Nessa zona de testemunho ativo, entenderam que deviam proceder como estranhos,
absolutamente separados entre si. No fundo, admiravam-se e amavam-se reciprocamente; contudo, as ilusões terrestres os encegueciam.

Se Leonel se mostrava mais enérgico, atento às responsabilidades de administrador, desfazia-se Benjamim em críticas acerbas e gratuitas, levado pelo despeito. Se Benjamim aumentava, involuntariamente, a lista de necessidades pessoais, multiplicava Leonel o rigor, levado pelo autoritarismo.

A certa altura da experiência, não mais se saudaram um ao outro. Atritaram-se, trocaram acusações mútuas. O servo abandonou o trabalho diversas vezes, desejoso de experimentar a sorte em regiões diferentes; todavia, incapaz de iludir o espírito da Lei, voltava sempre, implorando readmissão. Leonel, por sua vez, renovava a concessão de serviço, embora com agravo crescente de exaspero e tirania recíprocos. Se o empregado solicitava melhoria de salário, o patrão restringia a remuneração e os benefícios.

Embriagado na visão de lucros fabulosos, Leonel pusera a mente no egoísmo total. Desvairado de inconformação, Benjamim concentrava-se na rebeldia, daí resultando aumento intensivo de vaidade, orgulho, presunção, ciúme, despeito e indisciplina no coração de ambos.

A Providência Divina, que jamais deixou criaturas em abandono, enviou-lhes socorro através da assistência religiosa. Mas o patrão, afeiçoado ao Catolicismo Romano, inclinava toda leitura edificante a favor da própria causa, valia-se dos conselhos do sacerdote amigo que o assistia, para justificar os erros e o seu feitio egoístico. Obcecavam-no o apego ao dinheiro e a ideia de lucros fáceis. Quanto ao empregado, tornara-se espiritista *convicto, porém, cegavam-no a inconformação e a revolta.*

Qualquer advertência dos instrutores espirituais era interpretada ao inverso. Se o amigo do outro lado da vida aludia à paciência, não enxergava ele a informação própria e sim o defeito alheio, ou a insuficiência dos outros. Se ouvia dissertações sobre a caridade, lembrava os afortunados do mundo, com ironia.

Benjamim era, afinal, desses enfermos que consideram o remédio excelente para outrem, mas, nunca para si mesmos. Enquanto Leonel se valia das consolações da Igreja Católica para consolidar tradições autocráticas, Benjamim esquecia as lições do Espiritismo, para armazenar indisciplinas e difundir desesperações.

Absolutamente envenenados de teorias mentirosas, terminaram ambos a experiência humana, na posição de inimigos irreconciliáveis.

Despertando na vida real, sentiam-se estranhamente algemados um ao outro. Cercavam-nos sombras espessas e tristes; e como se houvessem enlouquecido, perdendo a luz da memória, somente a custo de muitos anos conseguiram fixar recordações das existências obscuras.

Quando a lembrança lhes felicitou o espírito abatido, compreenderam a situação, desolados, e puseram-se à procura daquele mentor generoso que lhes havia banhado o coração de sábios conselhos.

Depois de longo tempo, que lhes marcou angústias dilacerantes, foram readmitidos à presença do carinhoso orientador, que, ante as lágrimas de ambos, exclamou serenamente:

– Não estranho a dor que lhes fere o espírito enfermo, à face do tempo perdido e do ensejo malbaratado.

Não lhes faltou inspiração divina para o êxito necessário. Entretanto, esqueceram, mais uma vez, a lei do uso, internando-se no abuso criminoso, olvidando que pobreza e fortuna constituem oportunidades do serviço divino na Terra.

Os que administram são mordomos, os que obedecem são operários, mas, no coração augusto de Nosso Pai, estamos inscritos indistintamente na categoria de cooperadores de suas obras. Se era justo obter moderação, paciência, confiança, fé e resistência sublime com os valores da pobreza, e ganhar humildade, ponderação, entendimento, autodomínio, bondade e paz com os valores da riqueza, adquiriram vocês desesperação, rebeldia, vaidade e ruína. Não posso asseverar que voltaram piores que no passado escabroso, porque ninguém regride na evolução perpétua da vida; mas posso afiançar que voltaram mais sujos. A crise de ambos é de estacionamento complicado. Enquanto outros irmãos nossos costumam deter a marcha em jardins ou florestas, preferiram vocês a parada em lamaçal inconcebível.

Valeram-se das sagradas posições de administrar e obedecer, tão-só no propósito de oprimir e menosprezar.

Esqueceram que todo trabalho honesto, no mundo, é título da Confiança Divina. Não observo qualquer traço de superioridade moral entre um e outro. Ambos faliram desastradamente. É a dolorosa experiência dos que prometem sem saberem cumprir, é o fracasso do aprendiz pelo descuido próprio. Não vos declarei que pobreza e riqueza são continentes da probabilidade?

Cultivaram, porém, a terra das concessões benditas, enchendo-a de ervas venenosas e povoando-a de monstros e fantasmas. Mascararam-se a si mesmos e caíram no pântano.

Que posso fazer, agora, senão lamentar a imprevidência?

Ambos os companheiros de infortúnio ouviam-no em pranto.

Reunindo todo o cabedal de energias próprias, Leonel adquiriu coragem e interrogou:

– Não poderíamos, entretanto, recomeçar juntos a prova da fortuna e da pobreza? Estou convencido de que venceremos agora.

– Sim – respondeu o instrutor sabiamente –, a medida é possível. No entanto, segundo observei, vocês regressaram enlameados. A oportunidade desejável, por enquanto, e a de se lavarem convenientemente, a fim de prosseguir caminho.

Calou-se o mentor amigo. Leonel e Benjamim entenderam sem dificuldade. E depois de algum tempo renasciam na Terra, procurando o tanque fundo e vasto do sofrimento.

Eu mando paz pró mundo.

FONTES

(1) Einstein e a equivalência entre matéria e energia:
https://educacao.uol.com.br/disciplinas/fisica/emcsup2sup-einstein-e-a-equivalencia-entre-materia-e-energia.htm

(2) A força da nossa mente:
https://www.youtube.com/watch?v=u0U70GqFlsl

(3) Energia da Baía de Guanabara
https://pt.wikipedia.org/wiki/Ba%C3%ADa_de_Guanabara

(4) Experiência da Dupla Fenda:
https://www.youtube.com/watch?v=QWYOzUX1gcA

(5) Filme Salvo pela Luz: https://youtu.be/5dYCoCjaKl0

(6) Livros de Chico Xavier:
https://dirceurabelo.wordpress.com/2011/12/09/chico-xavier-obra-completa-em-ordem-cronologica/

(7) Polinização: https://clikaki.com.br/a-importancia-dos-insetos-polinizadores/

(8) Para ser vegetariano é preciso ter coragem – Prof. DeRose:
https://www.youtube.com/watch?v=BC746pKt4_k

(9) Não fomos projetados para comer carne- Prfof. De Rose:
https://www.youtube.com/watch?v=2-RDRR5TO8Q&t=1158s

(10) Dr. Rob Williams – Terapia Psich-K: https://youtu.be/NGuT7byrjFM

(11) Ressonância Shuman:
https://interconexao.org/2017/06/27/ressonancia-schumann-uma-ligacao-direta-entre-humanos-e-sua-conexao-com-o-pulso-da-terra/

(12) Ressonância Shumann aumentou durante a meditação:
https://www.ovnihoje.com/2020/04/09/meditacao-global-coincide-com-pico-do-campo-magnetico-da-terra-ressonancia-de-schumann/

(13) Livro (E-book) Ação e Reação de Chico Xavier:
http://www.oconsolador.com.br/linkfixo/bibliotecavirtual/chicoxavier/acao
ereacao.pdf

(14) O amor é a única coisa que aumenta sua frequência - Hélio Couto:
https://www.youtube.com/watch?v=XV3bvQ8P7fc

(15) As 7 dimensões astrais Prof. Laércio Fonseca:
https://www.youtube.com/watch?v=4V8FLqdH

(16) Ressonância Shumann: o pulso da terra parou e a mudança de
frequência está nos afetando:
https://www.hypeness.com.br/2020/09/ressonancia-de-schumann-o-
pulso-da-terra-parou-e-a-mudanca-de-frequencia-esta-nos-afetando/

(17)   A Relação do KARMA Individual com uma PANDEMIA | Prof.
Laércio Fonseca: https://www.youtube.com/watch?v=f2dtl8AAt2w

(18) O KARMA Coletivo | Prof. Laércio Fonseca:
https://www.youtube.com/watch?v=tgKJLhzLmuw;

(19) O Projeto Terra e o KARMA INDIVIDUAL | Prof. Laércio Fonseca:
https://www.youtube.com/watch?v=mQSIxtPd2aE&t=10s

(20) O KARMA Planetário e a ORIGEM de Todos os KARMAS

  https://youtu.be/M-_eaVoxZIY

(21) Livro Nosso Lar de Chico Xavier:
http://www.oconsolador.com.br/linkfixo/bibliotecavirtual/chicoxavier/noss
olar.pdf

(22) Reportagens de Além Túmulo:
http://www.oconsolador.com.br/linkfixo/bibliotecavirtual/chicoxavier/chic
o11a20.html#REPORTAGENS_DE_AL%C3%89M-T%C3%9AMULO

(23) Sexo no Plano Astral | Prof. Laércio Fonseca:
https://www.youtube.com/watch?v=SNdkcPzmv0o&t=745s

(24) Planetary Situation
Update:https://2012portal.blogspot.com/2021/05/planetary-situation-
update.html?utm_source=feedburner&utm_medium=email&utm_campai
gn=Feed%3A+blogspot%2FnbCls+%28Portal+2012%29

(25) Estudos sobre meditação e impacto: https://moacyrmartinnsterapias.wordpress.com/2018/08/03/estudos-mostram-que-a-meditacao-em-grupo-reduz-o-crime-o-suicidio-e-os-obitos-nas-redondezas/

(26) Dinheiro e arquétipos – Hélio Couto: https://www.youtube.com/watch?v=WSYd8TLaK_A

(27) Link de compra do livro O Poder da mente- Como usar o poder da sua mente a seu favor: https://www.amazon.com/poder-mente-Como-favor-Portuguese/dp/9892045122

(28) 70% da humanidade será transferida para Mundos Primitivos!: https://www.youtube.com/watch?v=kPx7g2kjvvA

(29) Livro: A Biologia da Crença, de Bruce Lipton